高等院校新形态精品教材

新电商工学结合项目实训教程

新型活页式教材

主　编　李　柯

北京理工大学出版社
BEIJING INSTITUTE OF TECHNOLOGY PRESS

版权专有　侵权必究

图书在版编目(CIP)数据

新电商工学结合项目实训教程 / 李柯主编. -- 北京：北京理工大学出版社，2023.6
ISBN 978-7-5763-2535-5

Ⅰ.①新… Ⅱ.①李… Ⅲ.①电子商务-运营管理-产学合作-教材 Ⅳ.①F713.365.1

中国国家版本馆 CIP 数据核字(2023)第 119489 号

责任编辑：王晓莉	文案编辑：王晓莉
责任校对：刘亚男	责任印制：施胜娟

出版发行 / 北京理工大学出版社有限责任公司
社　　址 / 北京市丰台区四合庄路 6 号
邮　　编 / 100070
电　　话 / (010) 68914026（教材售后服务热线）
　　　　　　(010) 68944437（课件资源服务热线）
网　　址 / http://www.bitpress.com.cn

版 印 次 / 2023 年 6 月第 1 版第 1 次印刷
印　　刷 / 河北盛世彩捷印刷有限公司
开　　本 / 787 mm×1092 mm　1/16
印　　张 / 18
字　　数 / 411 千字
定　　价 / 59.80 元

图书出现印装质量问题，请拨打售后服务热线，负责调换

前　言

随着互联网技术的迅猛发展和普及，中国的电子商务市场也在逐渐壮大，目前已成为全球最大的电子商务市场之一，且仍具有巨大潜力。近年来，电子商务产业链的不断延长、电子商务相关企业的不断增长，促使电子商务新业态新模式不断涌现，电子商务行业对于电子商务各类人才的需求也在快速增长。同时，电子商务岗位随着业务的变化不断更新，岗位对能力和素质的要求也变得更高，业务岗位细分得更精准，这也对电子商务从业者提出了新的更大的挑战。

党的二十大报告指出，"统筹职业教育、高等教育、继续教育协同创新，推进职普融通、产教融合、科教融汇，优化职业教育类型定位"，再次明确了职业教育的发展方向，也对职业教育提出了更高的要求。从国内外职业教育实践来看，产教融合是职业教育的基本办学模式，也是职业教育发展的本质要求。职业教育围绕产业结构升级而"转"，随着市场需求转变而"动"，紧跟社会发展需要而"变"，职业教育必将大有可为、大有作为，为高质量发展提供坚实的人才保障。

为了更好地帮助读者步入电子商务领域，了解电子商务运营新模式，掌握电子商务运营的流程、思路及方法，编者在对课程的教学方式、教学内容等多方面的教学积累与实践调研的基础上，以市场需求为导向，以产教融合为主线，以培养高素质技术技能人才为目标，特别组织策划和编写了本教材。

本教材在结构上主要分为两部分：活页式教材导论部分和学习任务活页部分。活页式教材导论部分，主要包括典型工作任务描述、课程的学习目标、工作与学习内容、教学组织形式与方法、学习情境设计、学习评价等。学习任务活页部分，对每一个学习任务的学习情境进行具体描述，主要分为新电商团队打造、新电商网店运营、新电商营销推广、新电商品牌打造及区域产品升级与运营五大学习情境，每个情境下为典型的工作流程任务，即学习任务，共20个。每个学习情境的栏目设计都确保工作过程的流程引导性和结构完整性，满足工作场景中从明确任务、制订计划、做出决策、工作实施到评价反馈的基本流程，穿插引导问题等引导及协助学生思考和完成学习任务。在"行动导向"教学中，从信息收集、计划制订、方案选择、目标实施到工作检查和成果评估，引导学生参与整个过程的每个环节，体现学生的主体性。

本教材坚持以习近平新时代中国特色社会主义思想为指导，以习近平总书记关于教育的重要论述为根本遵循，主要目标是促进学生综合职业能力的发展，在编写过程中更注重知识的系统化和实用性，主要具有以下特色：

第一，贯穿电子商务项目运营全流程研究，注重新职业能力培养。基于电子商务项目的工作流程，解析新职业工作场景，有针对性地进行核心知识提炼、思维方法总结、工作流程制定、工具模板研发等，以"新项目—新网店—新营销—新品牌"的主题流程组织方式进行内容编排。内容紧密贴合企业的实际工作岗位和典型工作任务需求，不堆积知识点，侧重于解决问题时的思路启发与方案实施，实现教材内容设置与行业企业岗位群工作任务的"零距离"、读者专业技能与企业岗位需求的"零距离"。

第二，创新电子商务知识体系呈现形式，教材内容工具实用赋能。本教材充分发挥活页式教材的优势和特色，基于对电子商务项目主题流程的拆解，每个情境任务流程均强调问题场景下知识点、技能点和能力点的学习，有助于培养读者的专项技能。采用导图展示主题知识体系、图表展示任务流程结构，协助读者进行专业知识体系搭建与完善。读者学完本教材后能够有成套的电商项目运营解决方案和模板工具，有利于提升技能素养。

第三，本教材针对不同主题流程匹配真实、鲜活的电子商务项目案例，并进行拆解分析，帮助读者对知识和技能的理解学习和内化应用。每个主题下设置不同的真实项目案例，各项目再通过具体流程任务进行讲解。列举项目案例包含农村电商、区域品牌电商、社交电商等方向，为新电商运营中的项目管理、网店运营、营销推广、品牌打造等各类工作场景的学习和实践提供对照和借鉴，可操作性强，引导读者融会贯通。

第四，充分发挥教材的德育功能，运用德育的学科思维，提炼电子商务项目运营环节中蕴含的文化基因和价值范式。在以人为本、促进人的发展，全过程育人、全方位育人的理念下，将电子商务类专业岗位素质应该具备的法律意识、安全意识、创新意识、质量意识等育人要素有机融入教材情境，并贯穿形势与政策、民族文化、职业生涯规划与就业创业指导、心理健康教育等内容，辅助电子商务专业岗位育人目标的实现，体现教材育人功能。

本教材由洛阳师范学院李柯博士任主编。具体分工如下：李柯、苏志渊负责总体架构设计和统稿审校；李柯负责撰写课程导论和情境一部分的主要内容；苏志渊负责撰写情境五部分的主要内容；杨本君负责撰写情境二部分的主要内容；史慧丽负责撰写情境三部分的主要内容；刘盼盼负责撰写情境四部分的主要内容，并负责全书文字、图片等的基本校对工作等。此外，北京理工大学出版社徐春英老师、李薇老师、王晓莉老师等为本教程的顺利出版付出了大量心血。她们严谨、认真、细致、敬业的精神令人感动，在此特别向她们表示崇高的敬意和衷心的感谢。

本教材获得了"2021年河南省高等教育教学改革研究与实践项目（项目编号：2021SJGLX1022）：高质量发展背景下高校毕业生精准化就业指导服务体系建设与实践"的支持。

尽管编者在编写本教材的过程中力求精益求精，但由于时间仓促、水平有限，难免有疏漏和不妥之处，恳请广大读者批评指正。

编　者

"新电商工学结合项目实训教程"
大纲

"新电商工学结合项目实训教程"
教案

"新电商工学结合项目实训教程"
进度表

目 录

课程导论 ··· 1
 一　课程介绍 ·· 1
 二　课程实施 ·· 2
 三　课程考评 ·· 5

情境一　新电商团队打造 ·· 11
 导论　情境描述 ··· 11
 流程一　项目团队组建 ··· 13
 流程二　电商项目策划 ··· 22

情境二　新电商网店运营 ·· 33
 导论　情境描述 ··· 33
 流程一　网店规划与开设 ··· 35
 流程二　网店商品运营 ··· 47
 流程三　网店客户管理 ··· 55
 流程四　网店流量获取 ··· 72
 流程五　网店营销转化 ··· 83
 流程六　网店运营分析 ··· 93

情境三　新电商营销推广 ·· 105
 导论　情境描述 ··· 105
 流程一　媒体营销方案策划 ·· 108
 流程二　软文营销与运营 ··· 122
 流程三　短视频营销与运营 ·· 137
 流程四　直播营销与运营 ··· 155
 流程五　社群营销与运营 ··· 185

情境四　新电商品牌打造 　　211

导论　情境描述 　　211
流程一　品牌认知定位 　　213
流程二　品牌形象设计 　　224
流程三　产品规划设计 　　234
流程四　品牌传播推广 　　243

情境五　区域产品升级与运营 　　251

导论　情境描述 　　251
流程一　数字品牌策划 　　253
流程二　区域产品营销链升级 　　259
流程三　区域产品营销链升级 　　272

参考文献 　　282

课程导论

一、课程介绍

（一）课程性质描述

本教材主要以电子商务真实项目运营为主线，以实际岗位需求为导向，以国家职业框架研究为基准，致力于对职业教育的教学内容和组织方式进行变革与创新。本教材重点解析国家人力资源和社会保障部发布的互联网营销师、全媒体运营师等新职业的技能标准，使之与行业企业内实际工作场景相匹配，从而设计学习情境和学习任务，让学生在教师的指导下经历完整的工作过程，并在过程中建构专业知识体系，训练专业技能，提高综合职业能力。

通过最贴切、最真实、最鲜活的项目及工作场景案例，全面、系统地阐述电子商务项目运营环节的理论、方法、流程、模板与工具等，帮助学生强化熟悉网店数据化运营、营销活动策划与执行、销售方案执行与优化、品牌塑造与传播等重点工作流程和工作方式方法。学生在学习时，通过活页式教材中已经设置好的多样性引导问题，明确任务，进行思考，采取行动。教材中的主体内容是项目学习情境和学习任务流程，对每一个学习任务的学习情境进行具体描述，主要包括每个任务的导论，即情境描述（含学习情境、角色能力、工作规程）、学习目标、明确任务、获取资讯、制订计划、做出决策、工作实施、评价反馈、知识园地等模块。

本教材着重构建新型教学模式，以学生的学习为本，通过小组团队协作、学习资源赋能、活动设计引导、学习过程评价、教学方法革新等方面来调动学生各方面的积极性和学习能动性，打破单一的知识教材、书本教材过分重视知识传授而忽视能力培养的弊端，为职业教育技能型人才培养创造良好的条件。

本教材属于电子商务工学结合项目实训教材，重点巩固和强化学生综合性的专业知识技能及能力，具有全面性、体系化和实战化，应在学完"网店运营""互联网营销""视觉设计""新媒体运营"等专业课程后进行，更有助于专业知识和职业工作场景的互联互通。首先在教学实施方面应当以培养学生的综合职业能力为目标，在教学过程中，不能单纯考虑应传授哪些知识或如何传授知识，而是在通过恰当真实的工作任务场景，引导学生完成教材上的任务，培养学生的专业知识技能和综合职业能力。其次则是以学生为中心进行教学综合设计及实施，教师应成为学生学习的引导者，在学生执行工作任务时，为学生提供必要的帮助，让学生有明确的目标和清晰的思路，以积极、主动的状态去学习。最后就是能够让学生按照教材内容经历完整的工作过程，培养学生系统工作和处理问题的能力，按时保质完成学习任务。

（二）课程学习目标

通过本课程的学习，你应该做到以下几方面：

（1）具有搭建数据运营指标体系，进行行业运营、网店运营、社群运营的运营规划、渠道引流、活动策划、供应链整合的能力；

（2）具有整合营销和销售方案制定与实施、营销活动的数据分析与评估，以及细化销售目标、构建销售漏斗的能力；

（3）具有客户日常管理、客户投诉受理、客户风控管理及服务质量监控的能力；

（4）具有结合企业市场定位和产品营销推广目标，完成线上线下视觉设计与展示的能力；

（5）具有规划互联网产品战略和制定开发方案的能力，具备根据市场和客户数据分析结果进行电商产品设计与开发的能力；

（6）具有预测市场走势，开发农产品供应渠道，跟进农产品采购、仓储、运输、破损管理，改造供应链数字化等能力；

（7）具有农产品策划，销售渠道开发，店铺产品管理、交易管理、用户运营和活动运营管理，运营数据分析，运营决策优化的能力；

（8）具有诚实守信的职业道德，遵守电子商务相关的法律法规；

（9）具有适应产业数字化发展需求的基本数字技能和专业信息技术能力，具备终身学习和可持续发展的能力；

（10）具有良好的学习能力、表达沟通能力、团队协作能力、创新思维和创业能力；

（11）具有探究学习、终身学习和可持续发展的能力，具有批判性思维及较强的分析问题和解决问题的能力。

二、课程实施

（一）学习组织形式（学生）

1. 主动学习

在学习过程中，你将获得与以往完全不同的学习体验，你会发现本课程教学与传统课堂教学有着本质的区别——你是学习的主体，自主学习将成为本课程的主旋律。工作能力只有通过自己亲自实践才能获得，而不能完全依靠教师的知识传授与技能指导。在工作过程中获取的知识最为牢固，而教师在你的学习和工作过程中只能对你进行方法指导，为你的学习与工作提供帮助。比如，教师可以给你传授如何撰写新媒体软文，给你解释软文的类型及软文的传播途径，教你如何进行图文编撰、如何进行软文投放的效果分析管理等。

但在学习和个人成长中，这些都是外部因素，只有发自内心想要去学习和开展工作，才能够有意想不到的收获。你想成为电子商务运营的技术能手，就必须主动、积极、亲自去完成从平台注册到基础运营直至运营数据分析整个电子商务运营过程，通过完成工作任务学会更好地工作。主动学习将伴随你的职业生涯成长，可以使你快速适应新模式、新方法。

2. 用好活页教材

本教材是按照电子商务典型工作场景整理工作任务，具有发现问题、分析问题、明确问题、解决问题的框架结构。所以，首先，你需要深刻理解每个学习情境下的学习目标和评价反馈表，利用这些内容去指导自己的学习并评价自己的学习效果。其次，你要明确每个学习情境下需要学习内容的结构，借助引导问题，尽量独自去学习并完成每个学习流程下的实训任务；也可通过回顾或查阅《电子商务平台运营》《新媒体运营》《品牌传播》等资料，学习重要工作情境下的过程知识和技能，并建立已有知识和问题场景的关联性。再次，应当积极主动地去参与小组讨论，尝试解决电子商务运营链条中较复杂和综合性的问题，进行工作质量的自检和小组互检，在多种工作场景实践活动中形成自己的技术思维方式。最后，在完成一个工作任务后，反思是否有更好的方法或更高的工作效率来完成工作目标。

3. 团队协作

课程的每个学习情境都是一个完整的工作过程，大部分工作需要团队协作才能完成。教师会帮助大家划分学习小组，但要求各小组成员在组长的带领下，制订可行的学习与工作计划，并能合理安排学习与工作时间，分工协作、互相帮助、互相学习，广泛开展交流，大胆发表你的观点和见解，按时、保质、保量地完成任务。你是小组中的一员，你的参与和努力是团队完成任务的重要保证。

4. 把握好学习过程和学习资源

每个学习情境下的学习过程是由工作构思、准备、计划与实施和评价反馈所组成的完整过程。在学习的过程中要养成将理论与实践紧密结合的习惯，具有知识内化和能力培养的思维，学习中的独立思考、教师引导、同学交流、操作实践和评价反思都是专业学习的重要环节。

每个学习情境下的学习资源可以参阅每个学习任务结束后所列的相关知识点。此外，你也可以通过图书馆、互联网等途径获得更多的专业技术信息，这将为你的学习与工作提供更多的帮助和技术支持，拓展你的学习视野。

你在职业院校的核心任务是在学习中学会工作，这要通过在工作中学会学习来实现。学会学习和学会工作是我们对你的期待。同时，我们也希望你能将学习感受反馈给我们，以便我们更好地为你提供教学服务。

预祝你学习取得成功，早日成为电商运营领域的技术能手！

（二）学习组织形式（教师）

尊敬的老师：

您好！感谢您选择《新电商工学结合项目实训教程》这本教材！

本教材是针对电子商务运营职业典型工作任务学习领域课程开发的教材，是一本强

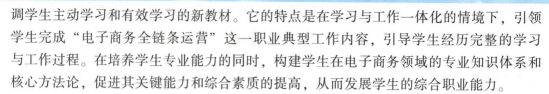

调学生主动学习和有效学习的新教材。它的特点是在学习与工作一体化的情境下,引领学生完成"电子商务全链条运营"这一职业典型工作内容,引导学生经历完整的学习与工作过程。在培养学生专业能力的同时,构建学生在电子商务领域的专业知识体系和核心方法论,促进其关键能力和综合素质的提高,从而发展学生的综合职业能力。

为对您的教学有所帮助,在教学实施过程中,有以下建议:

1. 教师作用与有效教学

由于本教材是基于项目的工学结合实训,需要有电子商务真实项目场景支撑。故本课程的实施有以下要求:首先,在教学组织与实施方面,需要您去组建专业教学团队,构建和改善教学环境,开发电子商务工作场景任务,对接电子商务企业项目,以实现工作过程系统化的教学;其次,在指导学生的情境任务学习时,请您尽量改善学生的学习实训环境,为其提供引导性的学习资源及实训辅助资源,充分调动学生学习的主观能动性,让学生在小组协作与交流的氛围中,通过实操实践来学习,并通过明确任务交付目标及交付成果标准来加强学习过程的质量控制。您的耐心引导和有效的学习过程管理将使学生的学习更加有效。

2. 学习目标与成果评价

本教材内每个情境内的学习目标主要反映学生完成学习任务后预期达到的素质、能力和职业水平,含专业能力与关键能力,既有针对本学习情境任务的过程和结果的质量要求,也有对今后完成类似工作任务的能力要求。每个学习目标都要落实到具体的教学实训活动中,对学生的学习成果评价要在学习过程中体现。您可以通过学生的自评、小组同学的互评以及您对项目任务执行情况的检查与评价来实现对学生学习成果的综合评价。

3. 学习内容与流程设计

本课程的学习内容是电子商务运营全链条流程化、一体化的学习任务。在教学时,教师可以根据当前的实际情况自行设计或者从企业引进一个真实的电商运营项目任务情境作为教学的载体。重要的是要建立完成情境任务场景与知识、技能学习之间的内在联系,将需要完成的项目情境任务分解为一系列可以让学生独立学习和实操的相对完整的教学活动。这些教学活动可以依据实际教学情况及教学资源、环境来设计,在实施时,主要以引导者的角色给予学生支持,充分相信学生并发挥学生的主体作用,与学生共同进行项目情境学习活动过程的质量控制。

4. 教学方法与组织形式

本课程倡导项目贯穿式教学及任务行动导向的教学方法,通过工作场景涉及问题的引导,促进学生主动思考和学习,并利用所学积极推动项目执行。请您根据学习情境所需要的工作要求,组建学生学习小组即项目团队,学生在合作中共同完成项目工作任务。分组时请注意兼顾学生的学习能力、性格、兴趣意向和态度等个体差异,以学生的职业发展规划为参照,以自愿为原则,且能保证学习小组人员能力具有互补性。

5. 其他建议

本教材的教学须在工学结合一体化的真实环境或电商企业仿真环境里完成。建议您在教学过程中，加强对教学环境和项目实训流程的管理，强调按照运营流程进行操作实施，做好教学实训管理。希望这套活页式教材使您的教学更为有效！

（三）学习情境设计

学习情境设计如表 0-1 所示。

表 0-1　学习情境设计

序列	学习情境	学习任务简介
1	团队打造	掌握在企业电子商务发展不同阶段对团队配置及要求的不同之处，了解电子商务团队核心的人员配置及管理考核。合理排兵布阵，达到集中优势兵力、万箭齐发的效果
2	网店运营	包括网上开店、商品发布与管理、网店装修、网店搜索引擎优化、网店推广与营销、客户与服务管理、运营数据分析等环节操作。通过教学与实践，学生应掌握网店推广营销的基本技能，并能承担网店运营的相关工作。重点培养学生在网店推广活动中将商业与技术综合运用的能力
3	营销推广	主要学习新媒体运营模块的文案策划、自媒体运营、活动运营以及推广、短视频自媒体运营、直播运营、用户运营的通用方法等。通过实践学习本情境，学生应具备创建并运营管理各自媒体平台的能力，成为一名合格的自媒体人
4	品牌打造	从企业在品牌建设层面的实际需求出发，系统构建品牌、产品、渠道、传播等理论体系，并从品牌定位策划、品牌形象设计、产品规划、品牌推广营销等方面设计情境任务，重点培养学生品牌策划及推广传播的能力
5	区域产品升级与运营	为保障产品的区域特色与唯一性，对产品进行区域化运营可以有效提高产品价值。通过数字品牌策划、供应链优化、销售链优化等区域化运营方式的讲解，引导学生掌握区域化产品运营技巧

三、课程考评

学业评价主要用于教师对学生每个学习任务的完成情况进行评价，可以采用表格的形式进行设计，并标明每个学习情境任务在全部课程中的权重等，具体考核要求及标准以学院及实际课程实施情况为准，课程考核方案样例如下：

为了全面推行实训项目，带动学生的学习实训积极性，激发学生的创新创造力，提升学生的职业能力素养，营造真实的工作环境及工作氛围，帮助学生完成职业人身份转变，课程考核采用项目化考核，教学过程中实施以项目成果为导向、以实训过程管理为基础的激励约束机制，客观评价学生的职业素质、专业技能和知识水平等，为学生的实习就业及职业规划提供客观指导。

课程教学根据电子商务行业相关岗位的技能要求，教师引导学生以电子商务项目组为主体，对接相应的企业真实项目，采取过程性考核和项目成果考核的方法，确保在培养学生职业能力的同时又能高质量完成企业项目。课程学业考核改革传统的学生评价手段和方法，采用日常评价、过程性评价与目标结果评价相结合的评价模式。

课程学习的基础目标为百分制，考核评价主要分为30%的个人日常表现考核和70%的项目整体考核（50%项目阶段考核和20%期末答辩考核）。项目指导教师和项目经理分别依据考勤、理论学习、团队配合、执行力、工作量和项目阶段成果等围绕项目组和个人多维度评价指标进行评价，并生成记录。除此之外，如果在实训过程中，项目小组或学生参与学校、学院组织的大赛或活动可视情况额外加分。

（一）日常：基本素质考核

围绕个人进行考评，主要考核点为规章制度下学生的考勤记录、职业道德、实训表现、团队精神、应知应会等内容，共计 100 分。每周评分由项目指导教师严格参照评分点进行，对学生异常项进行登记入档，总成绩占比 30%，核算为 30 分。评分项及评分标准如表 0-2 所示。

表 0-2　评分项及评分标准

评分项	评分标准
日常表现	（1）项目实训期间正常上下班，按时打卡； （2）按照上课流程，手机放入手机袋中； （3）实训期间无旷课、早退等行为； （4）实训期间保持实训环境卫生干净； （5）遵守课堂纪律，没有打游戏、看电视等与实训无关的行为； （6）按项目实训管理制度请假并办理了相关手续时不认定为异常项
实训表现	（1）能够参与到项目推动中，执行具体项目任务； （2）对交办的本职工作能够认真、有效率地完成； （3）实训任务能够按时交付，并且交付文档有质量； （4）实训过程中能够服从管理、积极进取，与项目成员友好沟通； （5）项目外出调研能够服从安排，不迟到早退、不乱跑等
知识测评	（1）如无其他情况，按时参加每周五知识测评； （2）知识测评成绩高于及格分 60 分
主要贡献	如对项目有主要贡献，经项目经理和指导教师认可后可抵消异常
实践活动	参与学院组织的活动，例如京东"618"电商节活动、天猫"双十一"电商节活动、简历大赛、感恩节活动、营销节活动等，经学校及指导教师认证评估后可适当加分

（二）情境：阶段成果考核

围绕项目进行考评，为项目阶段成果考核，主要考核点为课堂作业完成情况、活动策划参与情况、商业计划书的增量程度、项目物料的完成程度。每月评分由项目指导教师组建项目评审组对项目组阶段成果进行评分，观察学生项目表现、解决问题的能力及项目阶段成果，对学生前期工作及学习情况进行评分，或组织项目团队以阶段汇报的形式进行打分，月评的项目组分数作为各项目组成员成绩进行核算。总成绩占比为 50%，核算 50 分。评分项及评分标准如表 0-3 所示。

表 0-3　评分项及评分标准

评分项	评分标准
项目管理	（1）团队组织结构合理，管理分工明确，团队成员的能力具有互补性； （2）项目团队整体实训态度积极，事事有回应； （3）思路清晰，运营目标明确，有明确规划并且能够主动延伸项目进程； （4）产品设计、产品运营方案等内容能够得到企业认可； （5）与项目企业对接，能够较为顺畅地沟通问题、解决问题； （6）项目商业模式构建合理，有良好的市场前景和盈利能力
项目推进	（1）能够结合项目实际情况积极认真地完成课程作业，能够对项目执行物料（文档、素材等）进行补充与完善； （2）项目有创新，交付文档内容、产品设计等突出、优秀； （3）能够对商业计划书形成增量补充与完善； （4）综合考量项目前期工作量及项目实际成果，并对项目现存问题进行总结分析，提出解决方案和后期计划； （5）项目运营计划明确，资源分配合理
阶段汇报	（1）针对项目里程碑阶段实训内容进行汇报，内容清晰、目标明确； （2）汇报时使用的文档、数据及内容真实可信； （3）每位项目成员都比较熟悉目前项目的进展情况； （4）针对每个阶段遇到的运营问题能够做出合理的解决方案； （5）针对提出的问题，能够详细叙述内容，给出满意答案； （6）阶段汇报内容逻辑清晰、语言流畅
实践活动	（1）能够参与学校组织的电子商务专业相关技能大赛，经学校及指导教师认证评估后可适当加分，原则上参与一项大赛可加 1~3 分； （2）能够参与或组织学校或学院级的活动，经学院及指导教师认证评估后可适当加分，原则上一项活动可加 1~3 分
阶段考核评分依据	
情境一： 新电商团队打造	（1）能够对项目团队进行合理分工，绘制组织架构图，撰写岗位说明书； （2）结合岗位分工及具体项目方向和工作制定团队管理制度
情境二： 新电商网店运营	（1）有清晰、明确的店铺运营计划，包含产品日常管理、店铺运营与优化、产品订单管理及发货处理等； （2）店铺产品及服务定位清晰，目标客户群体明确； （3）店铺装修与美化，店铺页面设计新颖、富有创意，具有良好的人机交互界面和视觉营销效果； （4）产品标题关键词设置与优化； （5）有清晰的店铺交易流程，包含下单、物流、退换货等事项； （6）能够根据店铺销售情况，及时设定合适的产品价格； （7）参与淘宝站内（如 U 站、试用中心）、站外（如聚划算）活动等； （8）设置店铺促销活动，如包邮、打折、满就送等； （9）能够持续更新店铺微淘动态； （10）店铺数据分析，根据数据结果优化店铺运营方向； （11）有良好的客户沟通与反馈机制

续表

评分项	评分标准
情境三： 新电商营销推广	（1）有完整的媒体推广运营执行方案，并能获得较好的数据； （2）有清晰合理的市场营销/平台推广预算； （3）进行新媒体运营推广工作，平台粉丝数量可观； （4）进行用户细分管理，能够根据用户行为，精准互动营销； （5）进行活动营销全套方案撰写并推动执行与复盘； （6）进行社群营销全套方案撰写并推动执行与复盘； （7）进行软文营销方案制定并对营销效果进行评估分析； （8）有不少于 50 篇的软文写作与发布，单篇阅读量在 500 人次以上； （9）有不少于 30 个短视频的制作与发布，单个点击量在 500 人次以上； （10）进行短视频/直播平台营销推广，并对效果数据进行分析
情境四： 新电商品牌打造	（1）有清晰的产品调研计划，并撰写对应调研报告； （2）对竞争对手有深刻的了解，有战胜竞争对手的方案； （3）能够挖掘出产品卖点，并能够清楚描绘产品/服务给客户带来的价值，说明产品/服务竞争优势； （4）有清晰、明确的产品销售渠道和产品运营计划； （5）产品及服务定位清晰，目标客户群体明确； （6）品牌理念打造，包含产品整体风格设计、品牌设计、包装设计等； （7）有比较清晰的产品供应链规划与物流管理； （8）有明确的产品更新迭代规划； （9）有比较明确的用户管理规划，有围绕产品售前、售中、售后三阶段的用户管理计划与服务流程
情境五： 区域产品升级与运营	（1）对接企业调研，分析企业品牌现状，找到品牌现存问题； （2）结合企业品牌问题进行重新构思，提供数字品牌升级优化方案； （3）针对数字品牌运营传播，提出相应的策划方案； （4）针对区域产品特性及现状制定媒体营销方案，明确营销渠道策略； （5）能够整合营销话题/事件/活动，并对营销效果进行分析，总结原因并优化； （6）能够熟悉电商企业常用的物流运作模式，并结合项目情况进行产品物流体系构建； （7）项目组构建供应链相关方案需科学、合理、有效且具备创新性

（三）路演：期末答辩考核

围绕项目进行考评，为期末答辩考核，主要考核点为团队结构、项目商业计划书、计划与成果的完成度等，期末答辩路演评分由学院和相关公司人员组成的考查小组，负责学生学业成绩的考查并结合项目组整体汇报情况进行评分，路演时间为 10 分钟左右。总成绩占比 20%，核算为 20 分。评分项及评分标准如表 0-4 所示。

表 0-4 评分项及评分标准

评分项	评分标准
项目可行	（1）项目产品及服务定位清晰，目标客户群体明确； （2）项目运营计划明确，商业模式或盈利方式构建合理； （3）市场环境及竞争因素分析准确，项目核心竞争力清晰明显； （4）项目具备可操作性，相关内容和数据真实可靠； （5）项目具有明确的创新点，如新产品研发、新技术应用、新商业模式创立、新服务内容、新营销推广手段等
项目管理	（1）团队结构合理，团队资源及成员能力与项目需求高度匹配； （2）列出团队成员熟知项目，表述清晰准确，与项目高度一致； （3）团队在运营实操过程中表现出对专业知识的熟练运用，体现出较高的电子商务专业素养
运营效果	（1）运营思路清晰，清楚所负责产品的情况，营销思维突出； （2）列出项目业绩成效数据，如用户数、访问量、订单数、交易额、销售收入、转化率、播放量、粉丝数等； （3）综合考量项目工作量、项目实际成果与项目计划的完成度； （4）参与企业项目活动，保证企业指定任务的完成度及生产效益； （5）团队提交的项目材料完整有效，商业计划书结构清晰、内容完整、逻辑合理、文字严谨、图表丰富、资料充分； （6）能够结合效果对项目进行整体复盘，发现问题，并提出解决方案，结构清晰、重点突出、观点明确且有数据支撑； （7）有明确、完整的新媒体营销方案或活动策划方案，有清晰合理的市场营销/平台推广预算，并能获得较好的数据； （8）销售与成本核算准确，并能获得较好利润； （9）进行新媒体运营推广工作，对效果数据进行分析，且内容数量和粉丝数量可观； （10）结合数据分析，挖掘用户行为，能够根据用户行为，精准地互动营销； （11）社交媒体平台营销得到推广； （12）短视频/软文得到推广，单个爆款视频点赞 2 000 个以上，单篇阅读量在 1 000 人次以上
项目总结及规划	（1）项目前期运营情况分析； （2）项目不足、困难及亮点分析； （3）项目后期规划，即下一步工作计划的制定
答辩表现	（1）团队精神风貌好，仪表整洁大方，表现得体； （2）声音清晰，语言流利，层次分明，表达准确； （3）逻辑连贯，条理清晰，能够在规定时间内完成； （4）PPT 结构清晰、排版精致、页面美观，内容有逻辑，重点突出； （5）正确理解评委提问，并能准确回答专家所提出的问题，内容完整； （6）答辩现场语言表达能力较好、逻辑清晰、内容可信、团队配合得当； （7）对问题应变处理得当，思路敏捷，现场把控能力强； （8）在规定时间内有效回答
实践活动	（1）在项目推动过程中，进行并完成企业注册或进行电商创业（作证材料充分），项目组额外加 5 分； （2）在项目推动过程中，承担创新平台孵化企业电商平台运营工作，项目组额外加 3 分

（四）总评：课程成绩核算

课程成绩核算表如表 0-5 所示。

表 0-5　课程成绩核算表

学号	班级	姓名	基本素质考核		阶段成果考核		期末答辩考核		总评
			分值	比例（30%）	分值	比例（50%）	分值	比例（20%）	

情境一　新电商团队打造

导论　情境描述

（一）学习情境

电子商务项目的管理与实施不能只是简单地组建一个团队或者建设一个系统。想要完成项目，还需要考虑资源的整合及过程的监管，在项目实施过程中运用知识、工具、策略、方法等可以让项目在有限的资源下超过预期目标。同时，项目运营中如果团队人员能力不能互补，或者不能以明确目标为导向，则团队很有可能完不成项目任务。所以对于电子商务项目团队来说，项目管理的思维及方法尤为重要，要学会借助项目管理的方式来开展项目运作模式策划、项目团队管理协作、项目工作任务统筹、项目运营及系统建设等工作。

首先在前期计划阶段，应当对电子商务项目实施的可行性进行研究、评估、策划，要用科学且严谨的管理手段对电商项目的目标市场、客户群体、竞争对手、自身资源情况进行分析评估，精准把握其可行性是项目开展的必要条件。需要制订一个精准的运营计划以保证电商项目的正常运营，从而获得超出预期的收益，对实施过程中的每一项工作进行全面、系统、精准的安排和计划，例如，人员组织安排、项目管理制度、项目管理工具、产品运营规划、推广营销方案、预计费用等多方面。电子商务中的项目管理特点是能够在前期计划阶段为电子商务项目提供较为科学、高效、合理的策略方法及实施方案，构思业务模式及营销模式，制订电商项目商业计划及实施计划。

其次是电子商务中期实施阶段，该阶段是整个项目进行中最重要的阶段，直接对后期是否达到或超出预期收益有着直接的关系和作用。这一阶段主要通过对运营平台、推广渠道、人员角色、沟通协调、项目成本、计划变更的有效控制来达到项目计划的目标。因此中期阶段的特点是资源消耗较多，相对来说时间也较长，工作计划用于实践的内容也比较多，想要在资金、实践、效益、质量方面达到最佳化就一定要保障电商中期实施阶段的成功。

最后是电商项目收尾复盘阶段，在课程项目后期，需要对项目进行总结、归纳及复盘。项目收尾需要完成客户沟通对接、项目资料归档、项目资金结算等工作。复盘阶段主要围绕前期目标展开，通过回顾目标，评估现阶段的结果，判断项目完成情况，找到亮点与不足，进而总结导致成功或失败的关键要素。在分析原因的基础上，优化解决方案，总结经验教训，探索规律，沉淀和迭代攻略，以便更有效地制定和达成目标。让个人和团队在项目实践中总结问题与经验，发掘新的思路，认清问题本质，找到规律，避免重复犯错，进而提升人员能力。

在确定新电商项目管理的核心环节后，接下来的重点就是构建团队支撑体系。团队支撑体系包括：业务角色分工、团队岗位职责、项目管理机制、团队激励机制及考核机制等。

（二）角色能力

本情境的角色划分主要围绕电商项目团队管理及项目管理，需要确定项目经理、项目专员、行政专员等角色。本阶段设置角色及明确职责后，贯穿整个项目实施，与后期情境中设置的角色叠加，角色对应人员需要持续围绕职责开展工作，在不同的情境流程下带领团队成员完成阶段任务，直到最后结项进行项目总结及考核答辩。角色划分及角色职责如表1-1所示。

表1-1 角色划分及角色职责

序号	角色	角色职责（典型工作任务）
1	项目经理	（1）负责组建项目团队，设定电子商务项目团队人员职责并进行角色绩效考核方案的制定； （2）负责组织制定团队各项管理制度及奖惩措施； （3）负责启动、规划、执行、监控、收尾项目的业务流程制定，并组织制定相应的沟通机制和项目管理机制； （4）带领团队针对目标市场、竞争态势、客户需求等进行相关调查，商议商业模式，制订项目商业计划书； （5）带领团队明确项目总目标，拆分阶段目标，制订项目实施计划； （6）带领团队制定产品优化、店铺运营、媒体营销、客户管理等业务费用预算； （7）负责协调处理项目内部及外部事项； （8）统筹项目相关各方资源，带领团队完成既定目标； （9）负责商业计划书的持续完善及实施统筹工作，带领团队进行项目复盘及答辩
2	项目专员	（1）协助建立团队各项管理制度及绩效考核制度，建设有目标、有战斗力的团队； （2）负责统计分析电商行业环境，了解团队需求，结合市场情况构建商业模式； （3）负责开拓新的网络营销资源和合作渠道； （4）负责项目的商务对接、客户维系和微信群管理，与客户进行有效沟通，了解项目、产品情况及客户需求； （5）负责解答项目相关内部群和客户群的问题； （6）结合项目运营目标以及项目产品特性制订项目阶段销售计划及费用预算； （7）根据项目需求及商业计划制定相应的营销策划及推广策划方案； （8）负责项目执行文档及模板的收集、整理及保存工作，设置电商运营项目文档

续表

序号	角色	角色职责（典型工作任务）
3	行政专员	（1）负责相关管理制度的制定及优化，负责团队各项规章制度的推行、执行与追踪，维护团队各项规章制度的权威； （2）负责团队沟通机制及项目管理机制搭建，利用钉钉作为沟通协作及项目管理工具，进行项目任务、文件及资金管理； （3）负责监控团队办公秩序、纪律状况及考勤情况，督促执行及改进，确保项目工作正常有序进行，无违纪现象； （4）负责团队行政杂项的购买和报销等日常行政工作，负责团队资金管理，处理运营过程中的相关报销事宜； （5）协助项目经理进行团队任务跟进、绩效考核及成员奖惩工作； （6）负责团队固定资产、项目工具及运营账号资产管理维护； （7）负责团队简历及团队成员简历审核与维护，引导成员在实训实践过程中不断优化个人简历

（三）工作规程

工作规程如图 1-1 所示。

图 1-1　工作规程

流程一　项目团队组建

（一）学习目标

学习目标如表 1-2 所示。

表 1-2　学习目标

知识目标	（1）了解电商项目团队常见的组织架构体系； （2）了解电商团队运营的基本内容； （3）了解电商项目团队管理办法及机制； （4）了解电商团队管理制度制定方法； （5）了解电商团队运营的基本技能要求； （6）掌握获取知识提升自身的方法

续表

技能目标	（1）能够整合团队内部制度和规范，有章可循； （2）能够合理搭建组织架构并分配组织内部资源； （3）能够调研了解电商岗位要求及职责，制定岗位说明书； （4）能够编制团队管理制度和奖惩制度； （5）能够规划个人发展路径，撰写个人简历
素质目标	（1）发展应用意识，体验成功的乐趣； （2）具备信息收集、分析的能力； （3）具备系统思考和独立思考的能力； （4）具备团队协作及表达沟通的能力； （5）具备自我管理和自我领导能力，以及善于倾听和果断决策的能力； （6）具备敢于以身作则和挑战现状的意识，以及适应环境和自我调节的能力； （7）营造相互欣赏、相互理解、相互激励的团队氛围

（二）明确任务

开展电商项目首先要组建团队，通过调研小型电子商务企业了解以店铺运营、营销推广、品牌打造为核心工作的电商项目组织架构，梳理各个岗位角色的岗位职责及任职要求，了解电商企业用人标准。其次根据每项工作方向所需能力匹配胜任成员，组建团队，撰写岗位角色说明书，制定对应绩效考核标准，便于后期进行角色匹配及工作考核。最后为了提升团队凝聚力和执行力，保证电商业务能够顺利高效进行，需要制定团队管理制度并搭建沟通机制。除此之外，团队成员需要完成个人职业发展规划及个人简历制作，以便后期在项目执行过程中，不断学习专业知识，锻炼个人能力，完善个人简历。

（三）获取资讯

了解本流程需要掌握的内容，包括团队组建、团队管理及个人生涯规划等，首先需要收集相关资料。

☞**引导问题1**：通过前期对电商运营的了解及对电商企业的调研，说一说组建一个电商团队需要哪些岗位角色？

☞**引导问题2**：根据自身的兴趣爱好、优势及已具备的能力，明确自己的就业岗位方向（电商方向）。

☞**引导问题3**：自身能力和想要得到的岗位能力相比，还需要掌握哪些能力？

☞**引导问题4**：掌握提升自身能力的途径和方法是什么？

☞**引导问题5**：在组建电商团队时，主要考虑哪些因素？如何进行项目团队管理？

☞**引导问题6**：在团队管理过程中，需要制定哪些制度规则来保障团队健康运行？

（四）制订计划

制订计划如表1-3所示。

表1-3 制订计划

序号	项目	任务明细	开始时间	完成时间	负责人	备注
1	项目团队组建	撰写个人简历				
2		选择成员组建团队				
3		确定团队组织架构				
4		制作团队简历				
5		撰写角色说明书				
6	钉钉平台入驻	注册钉钉账号				
7		搭建组织架构				
8	管理制度拟定	撰写团队考勤制度				
9		撰写团队奖惩制度				

（五）做出决策

（1）结合职业意向撰写个人简历；

（2）参考其他同学的简历，选择项目合作伙伴，确定团队成员，组建项目团队；

（3）了解情境配置角色及职责要求，进行角色划分，明确团队架构；

（4）完善团队基本信息，制作团队简历，包括不限于团队名称、团队 Logo、团队口号、团队合照、团队介绍、团队能力说明等；

（5）商议并撰写本情境角色说明书，并设定角色任务考核目标；

（6）团队成员注册钉钉并搭建组织架构，完成个人名称及头像的职业化设置；

（7）商议并撰写项目成员需要遵守的团队规章制度和奖惩制度。

（六）工作实施

1. 项目团队组建

任务交付1：综合考虑外在环境（包括电商行业现状、行业发展趋势、就业趋势、企业用人要求等）及个人情况（包括兴趣、爱好、价值观、能力、个人职业规划等因素），参照表1-4，撰写提交个人简历（Word版），吸引有能力的成员组成团队。

表1-4 个人简历必备模块

简历模块	内容
个人基本信息概况	
教育经历	
工作/实践经历	
获得荣誉/奖励	
技能证书和专业技能	
自我评价	

任务交付2：一个团队的成立首先要有一个团队名称，对外以团队形式出现时能增加队员的团队意识、增强团队的整体性；其次团队口号是一个团队精神面貌的象征，是一个团队热血激情的延伸，能时时提醒团队保持积极的态度。确定项目名称和口号，填入表1-5。

表1-5 项目名称和口号

项目	内容	意义
项目名称		
项目口号		

任务交付 3：优秀的团队 Logo 具有个性鲜明、视觉冲击力，便于识别、记忆，有引导、促进消费，产生美好联想的作用，利于在众多的项目团队中脱颖而出。Logo 不仅代表团队，也可代表品牌，可提前商量确定电商项目方向、项目品类，作为 Logo 设计依据。参照表 1-6，完成团队 Logo 设计。

表 1-6　团队 Logo 标识设计思路

项目	内容
Logo 中要包含的元素	
Logo 要表达的精神	

任务交付 4：选择项目合作伙伴组建项目团队，确定岗位角色分工，商讨确定团队精神、优势及竞争力，完成团队简历制作并提交（Word 版），内容包括团队名称、Logo、口号、合照、团队成员介绍、团队组织架构、团队人员分工、团队核心能力等内容。

2. 钉钉平台入驻

任务交付：团队成员注册个人钉钉账号，并完成个人账号对外形象设置，例如，昵称换成个人姓名，头像换成个人照片。团队创建组织架构及项目群。

3. 管理制度拟定

任务交付 1：为了提高团队学习及工作效率，提升团队成员工作能力，加强团队凝聚力和向心力，团队需商议撰写内部规章制度，即成员行为准则，包含团队考勤、团队纪律、团队管理、文档管理、财务管理等，以 Word 形式提交。

任务交付 2：奖惩制度旨在提高成员积极性，对表现好的成员给予奖励，对表现不积极的成员加以鞭策，保证团队目标一致，推动项目任务高效执行。团队沟通确定内部奖惩制度，并填入表 1-7。

表 1-7　奖惩制度撰写内容

项目	内容
鼓励行为	
禁止行为	

（七）评价反馈

评价说明：在本次任务完成后，由任课教师主导，采用学习过程评价与学习结果评价相结合的方式，综合运用自我评价、小组评价及教师评价三种方式进行评价。由教师确定三种评价方式分别占总成绩的比例，并加权计算出学生个人本次任务的考核评价分。任务完成考核评价表如表 1-8 所示。

表 1-8 任务完成考核评价表

流程名称		项目团队组建	班级	
项目组名称			学生姓名	
评价方式	评价内容		分值	成绩
自我评价	负责任务的完成情况		20	
	对团队管理及个人简历撰写相关知识和技能的掌握程度		40	
	是否胜任小组内的工作		25	
	能否积极认真负责地完成组内分配的任务		15	
	合计			
小组评价	本小组的本次任务交付情况及完成质量		30	
	个人本次任务交付情况及完成质量		30	
	个人的合作精神和沟通能力		20	
	个人针对问题的理解、分析和处理能力		20	
	合计			
教师评价	团队组建情况，组建过程中的成员整体表现		10	
	对电商项目团队架构及工作流程的了解程度，成员能力是否互补，人员角色划分是否合理		15	
	团队自身定位是否明确，团队简历的完成情况，是否体现优势及竞争力		10	
	团队的角色说明书完成情况及完成质量，对该情境设置角色是否理解		10	
	团队是否完成钉钉平台入驻，并创建组织架构和项目沟通群		10	
	团队制定的规章制度是否全面且合规合理，是否具有约束力		15	
	团队信息收集、分析、文字总结提炼能力		10	
	数据分析应用能力		10	
	团队的沟通协作情况，是否共同完成任务且分工明确		10	
	合计			
成绩=自我评价×(　　)×0.2+小组评价(　　)×0.2+教师评价(　　)×0.6=				

（八）知识园地

1. 个人发展规划

个人发展规划是指针对个人职业选择的主观和客观因素进行分析和测定，确定个人的奋斗目标并努力实现这一目标。首先要弄清自己想要干什么、能干什么、环境允许自己干什么，自己的兴趣、才能、学识适合干什么，要确立人生方向和奋斗的策略。其次准确评价个人特点和强项，评估个人目标与现实差距，准确定位。最后明确个人职业意向及今后各阶段的发展方向，认识自身的价值，制订个人发展计划，增强自身竞争力。个人发展计划制订参照表 1-9。

表 1-9 IDP（个人发展计划）制订

我想到哪里	我怎样到那里			我现在在哪儿			做什么能到达那里
发展目标	基本素质	个人能力	工作经历	个人基本情况	SWOT分析	个人发展选择	发展元素及行动计划
业务目标	政治素质	计划能力	成功经验	个性特点（DISC）	我的优势	S+O战略选择	重点发展的知识
管理目标	思想素质	实施能力	失败经验	职业兴趣	我的劣势	W+O战略选择	重点发展的技能
技能目标	道德素质	沟通能力	习得性经验	职业能力	我的机会	S+T战略选择	重点发展的素质
素质目标	业务素质	学习能力	推理性经验	个人特质	我的挑战	W+T战略选择	
	审美素质	换位思考					
	劳技素质	组织能力					
	身体素质	适应能力					
	心理素质	领导能力					

2. 团队基本素质

（1）团队文化及理念。

一个团队的团队理念不仅决定了整个团队本身的性质，而且关乎项目的目标和共同的行为准则。团队文化及理念甚至比一份商业计划书更加重要，我们是为什么而工作？努力工作的意义是什么？团队的目标是什么？团队需要遵循的行为准则是什么？这些都需要在团队内部达成共识。如果无法调动每个成员的工作激情，那么这个团队永远也取得不了实质性的成功。电商团队是一个综合的集结体，它涉及运营、推广、内容、产品、管理等方面，因此对人才的要求更加全面，人员的组成及各自负责的事情也更加复杂。在这种情况下，只有整个团队建立起共同的理念才能消除各方面的矛盾，共同前进，取得成功。

（2）团队成员的互补。

组成一个团队的成员在兴趣、性格、思维方式、专业技能、项目角色等方面上需要实现互补，这就需要考虑到团队的整体性。在项目架构下，哪些人在哪些方面可以互相弥补，从而使团队更加和谐向上。团队成员可能擅长一方面技能，但不可能样样技能娴熟无比，这就需要其他团队成员或外部资源来弥补。优秀的团队必须包括下面几种人：具备领导才能的人，充当"凝聚者"的角色，具备组织协调能力，在团队出现困难时可以很好地把大家凝聚在一起，从而渡过难关；扩展能力强，具有营销推广、开拓市场能力的人；具有创新精神，内容创作能力强的人；等等。互补的团队才能发挥出团队百分之百的力量。

(3) 合理的规章制度。

一个团队必须在组建时期就建立并秉持公平、公开、透明化的规章制度，合理公平的规章制度是保证团队成员不产生分歧的重点。不能因为某个人拥有特权就可以得到更好的待遇或者福利，团队最重要的是人心齐，如果一个团队的内部出现"不公平"的情况，一定要找出源头并解决。如果一个团队充斥着特权、不公、不透明化的思想，那么这个团队无论如何是存在不了太长时间的。

(4) 团队良好的沟通。

项目初期每个成员大多能够齐心协力地去解决问题，但是随着项目实施，许多矛盾和问题的出现会使整个团队出现分歧。优秀的团队不会逃避这些问题，而是会想办法解决这些问题。除了搭建良好的沟通机制外，还可以组织更多的集体活动，增进成员之间的感情，在团队之间营造一种轻松的沟通交流氛围，使成员之间更加了解，从而更好地推动成员间的沟通协作。

3. 团队管理方法

(1) 一个成功团队的特点。

成功团队的特点往往都是一致的，例如在团队总体与团队成员的关系上，团队成员要对团队有强烈的归属感。此外，团队内部成员之间互帮互助，既竞争又合作，团结在一起努力为实现团队的目标而打拼。在对待团队公共事物的态度上，团队成员应积极参与，积极筹划，为团队的发展尽心尽力。

(2) 团队的角色定位。

建立一个优秀的基础团队首先要做好团队的角色定位，这是这个团队能否成功创建的战略基础。任何一个企业，任何一个部门，要想创造价值实现目标，就必须对其中的每个成员进行准确定位。某个团队业绩不佳的原因，往往就是成员对自身在该团队项目中的定位不准确，以至于不能发挥出作用，甚至还拖团队的后腿。

(3) 选人和用人。

选人和用人是团队建设中最难做的事情，挑选队员时要考虑的因素很多，比如队员的个人技能是否达到了岗位职责的要求，队员的性格是不是能适合团队内部的生活环境等。只有把这些因素考虑周全了，一个活力勃发、积极向上的团队才能形成。具体来说，建立一个团队至少需要有三种类型的成员：其一是有技术专长的成员，能在团队遇到技术难题时挺身而出将难题排解掉；其二是有领导力和决策力的成员，善于发现问题，并能高效地做出排解问题的决策；其三是能活跃团队气氛、调解人际关系的成员，善于倾听团队内部成员的各种诉求，并能维护团队的正常运转。

(4) 尊重与信任。

尊重与信任是对团队成员最好的肯定，无论是团队成员之间，还是成员与领导之间，相互尊重和相互信任都有助于维护团队的稳定，促进团队的发展。尤其是团队领导，在日常工作中要能为队员做出表率。另外，建立一个公平合理的激励机制，是建设好团队的必要条件。能者多劳，多劳多得，团队领导要力求让成员都能获得与自己的贡献相等的回报。

4. 团队制度制定

(1) 制定团队总纲。

团队内部可以制定一个明确的规章制度，将每一位团队成员/角色的责任和义务都以文字的形式进行规范,推送给所有的成员,能够做到心中有数、有"法"可依。

(2) 明确权利和义务。

团队成员需要做什么,不能做什么,做的时候如何做等问题同样需要明确地规定出来。如果出现违规事件,要及时在内部沟通,及时制止违规行为。另外,团队负责人需要给成员灌输共同维护团队形象、不违规的意识,互相监督,让成员都意识到守规矩的重要性。

(3) 确定奖惩措施。

有效的奖惩激励措施可以调动项目成员的积极性和主动性,而通过奖励和惩罚的强烈对比,则可以激发成员的潜在发展动力,团队可沟通确定共同认可的奖惩措施。

5. 项目角色设置

按照小型企业电子商务标准组织架构进行团队项目角色定义,可在项目实训的过程中设置项目负责人、产品经理、平台运营经理、媒体营销经理、客户管理经理等岗位角色。基于"大专业,微资历"理念,学生能够在实训起始首选某一个岗位方向进行锤炼,熟悉岗位职责、岗位任务、工作流程等,全方位锻炼岗位相关技能,而且在实训的过程中项目组能够结合项目实际进行轮岗,遵循"T"字形人才发展战略。以下岗位角色设置为标准电商团队定义,需根据每个情境流程具体工作内容调整设定对应角色。

(1) 项目经理。

负责产品、客服、营销、运营和渠道等部门的搭建,日常运作以及协调;负责跟进团队项目的产品规划,制定分解目标,确定团队考核指标并进行绩效考核;负责电商平台建设、平台营销、促销方案策划等审核、监督执行和数据诊断;负责团队培训、文化活动组织等,提升团队凝聚力和执行力。

(2) 产品经理。

负责产品选品、产品开发、洽谈、促成合作;负责产品加工、生产、包装等各环节高品质标准体系建立;负责商品的溯源管理,确保商品品质,负责完成商品品类组合;根据团队目标时尚定位,确定商品核心卖点,规划商品详情页以及页面风格;负责商品拍摄与优化。

(3) 运营经理。

根据项目团队对品牌与产品的定位,规划长期发展方向,确定店铺与产品的风格;负责平台规划与建设,完成模块搭建、风格确定、布局设计与优化等;负责对平台或店铺进行日常维护,包括价格调整、折扣确定、图片设计与更换、商品上下架管理、库存管理、图标设计等;负责商品、服务与活动的上线,并对内容与活动进度进行跟踪,评估内容与活动效果。

(4) 客户经理。

项目产品话术体系设计;在线上为用户提供咨询解答服务,准确理解用户需求,引导用户完成在线下单;负责处理订单和跟进事宜,保证商品快速顺利完好地送达用户手中,保证用户良好的体验;负责用户评价的处理与响应;负责接收用户在体验中的意见与建议,并及时予以响应;负责客户分级管理,制定并执行促销方案,提高客户复购率。

(5) 内容策划。

负责网络推广营销规划,负责线上与线下活动策划;负责相应文案的创意与编写;负责新品上市策划与制订产品促销活动推广计划；负责对行业资源网站进行挖掘，并推广资源互换合作；负责审定、评估和分析关键词与网络广告效果，并提出调整建议；负责相关内容与活动的推广效果数据评估；利用各媒介，完成企业品牌推广、产品与服务的知名度打造；利用各种资源，提高内容与活动的点击量与访问量，不断提升项目影响力。

流程二　电商项目策划

（一）学习目标

学习目标如表 1-10 所示。

表 1-10　学习目标

知识目标	（1）了解商业策划的要点及重要性； （2）掌握市场分析的方向及方法； （3）了解商业计划书撰写的内容结构； （4）了解商业计划书各模块撰写的目的； （5）了解商业计划书撰写技巧； （6）掌握商业计划书美化格式技巧
技能目标	（1）能够通过目标市场分析确定项目定位和项目切入点； （2）能够正确分析竞争对手，针对项目优劣势，明确核心竞争力和差异化战略； （3）能够对团队内部可获取资源进行梳理，系统评估自身能力，进而与外部竞争环境做匹配，推导出科学的营销目标； （4）能够明确项目定位，并通过产品、渠道、推广、促销四个维度制定营销策略； （5）能够针对项目绘制商业模式和对应发展规划； （6）能够进行项目财务预测与计划； （7）能够进行商业计划书优化，并进行商业计划书讲解
素质目标	（1）具有高尚的人格素养，商业计划书是对外展示的媒介，良好的素养能使对方更加认可； （2）具备健康的审美情趣和良好的审美素养，设计商业计划书版面和品牌形象时有驾驭美、表达美的能力； （3）具备发现问题、分析问题和解决问题的能力； （4）具备系统思考和独立思考的能力； （5）具备积极乐观向上的态度

（二）明确任务

商业计划书也称为营销策划书，是团队以品牌为基点、以市场为导向、以产品为核心，制定的市场营销方案。在完成电商团队组建后，接下来就是项目团队对商业计划书的撰写工作，通过撰写商业计划书，梳理项目定位、商业模式、运营战略、业务流程等内容，成员通过商业计划书达成项目定位、战略及计划的共识，从而更好地完成项目目标。

一份高质量的商业计划书，具备两大特点，一是其结构的完整性，二是内容的系统性，在此基础上，再去评估方案的可执行性和落地性。该阶段制定的商业计划书同样是最终进行项目汇报答辩的材料，需要在项目执行的过程中不断完善和优化。

（三）获取资讯

了解本流程需要掌握的内容，包括目标市场分析、商业模式的制定、商业计划书框架结构、资料的获取整理、产品服务的差异化创新等，首先需要收集了解相关信息。

☞**引导问题1**：根据对商业计划书的了解，商业计划书的主要框架是什么？

☞**引导问题2**：商业计划书中的市场分析主要分析什么内容？

☞**引导问题3**：商业计划书中商业模式制定的方法和原则是什么？

☞**引导问题4**：商业计划书中分析运营现状和制定未来策略时应该注意什么问题？

☞**引导问题5**：商业计划书中内容检查主要应注意哪些方面？

☞**引导问题6**：商业计划书演讲时需要注意哪些事项？

（四）制订计划

制订计划如表1-11所示。

表1-11 制订计划

序号	项目	任务明细	开始时间	完成时间	负责人	备注
1	市场分析	政策背景及行业背景分析				
2		竞争对手分析				
3		目标用户分析				
4	商业计划	产品/服务梳理				
5		商业模式制定				
6		项目团队介绍				
7		财务规划与预测				
8	运营计划	项目运营规划制定				
9	商业计划书路演	商业计划书美化				
10		商业计划书路演				

（五）做出决策

（1）明确产品或服务针对市场，通过市场分析了解市场规模和潜在远景；
（2）正确分析竞争对手，比较各自的优势，明确核心竞争力，分析战胜他们的策略；
（3）写好项目定位及产品/服务介绍，明确面向的人群、要做的事情和解决的痛点；
（4）进行团队包装，突出团队能力、经验、资源，以及和当前项目的匹配之处；
（5）结合项目定位明确商业模式，包括人均客户价值、销售和渠道等战略思想；
（6）结合商业模式，制订财务预测与计划；
（7）制订项目发展计划、运营计划及阶段目标；
（8）检查美化商业计划书并进行商业路演。

（六）工作实施

1. 市场分析

任务交付：需对项目团队所处的细分行业的特性、市场状况、发展前景、竞争环境、盈利状况等方面进行深入分析、论证，从分析市场机遇、展示行业前景以及如何在竞争中立于不败之地入手。参照表1-12，完成项目市场调研。

表1-12 调研市场情况与行业情况思路

目标	细分	思路
分析市场机遇	（1）展示好的市场环境； （2）市场容量分析； （3）市场结构分析	

续表

目标	细分	思路
展示行业前景	(1) 发展趋势是否良好； (2) 行业竞争度情况	
如何在竞争中立于不败之地	(1) 竞争对手分析； (2) 自身具备的竞争优势； (3) 未来竞争中的优势	

2. 商业计划

任务交付1：介绍产品时从产品详情、产品优势、产品盈利模式来介绍，能够很好地体现产品价值。参照表1-13，完成商业计划书中的产品介绍模块。

表1-13 产品介绍思路

项目	细分	思路
产品详情	(1) 清楚地陈述产品特色； (2) 避免过多的技术或理论解释； (3) 产品详情展示	
产品优势	(1) 产品竞争优势介绍； (2) 说明如何击中用户的痛点； (3) 阐述产品的运营数据； (4) 产品具有的优势	
产品盈利模式	(1) 充分说明产品如何盈利； (2) 不要避讳可能出现的问题； (3) 产品盈利模式介绍	

任务交付2：运营策略既是决定项目团队正常运营的关键因素，也是项目团队实现运营目标的前提条件，还是项目团队成员的行动纲领，好的运营策略能够指引项目团队走向成功。参照表1-14，完成项目运营策略制定。

表1-14 运营策略思路

目标	细分	思路
产品策略	(1) 产品组合； (2) 产品品牌； (3) 产品服务	
价格策略	(1) 第一次定价； (2) 修改定价适应市场； (3) 调整价格应对竞争	
渠道策略	(1) 直接渠道或间接渠道； (2) 长渠道或短渠道； (3) 宽渠道或窄渠道	
促销策略	(1) 直接促销； (2) 间接促销	

任务交付 3：商业模式真正包含的不仅是盈利能力，还有渠道、销售、营销、客户关系等构成商业模式的闭环和一套成熟的商业逻辑。商业画布是一种能够帮助创业者催生创意、降低猜测、确保团队找对目标用户及合理解决问题的工具，是一种能帮助大家系统审视概念、降低项目失败风险，并将复杂的商业模式进行清晰的可视化操作的工具。我们可以用它来描述如何创造价值、传递价值和获取价值。团队结合前期沟通，参照图1-2，填写项目商业画布。

重要伙伴	关键业务	价值主张	客户关系	客户细分
商业模式有效运作所需要的供应商和合作伙伴 谁能帮我	为确保商业模式可行，必须做的事情 我要做什么 核心资源 商业模式运转所必需的重要因素 我是谁，我有什么	为特定用户群体创造价值的系列产品和服务 解决什么问题	企业与特定细分客户建立的关系形态 怎样和客户打交道 渠道通路 如何接触和沟通细分客户来传递其价值主张 怎样让用户找到	一个企业（产品）想要接触或服务的不同人群或组织 解决谁的问题
成本结构			收入来源	
运营商业模式所引发的所有成本 我要付出什么			已经扣除成本的现金收入 我能得到什么	
战略控制点和组织				

图1-2　项目商业画布

任务交付 4：从项目团队组长自身开始介绍团队能够体现团队带头人的能力，能够体现他带领团队走多快；同时，团队核心人员的能力体现团队能够走多远。一个合适的组织结构和管理模式也是一个团队健康发展的前提。参照表1-15，完成团队简历制作。

表1-15　团队介绍与展示思路

项目	细分	思路
核心人物介绍	(1) 项目组长介绍； (2) 团队核心成员介绍	
团队展示与管理	(1) 组织结构； (2) 属性展示； (3) 管理模式； (4) 工作模式	

任务交付 5：展现团队的财务规划能让投资者了解团队的经营状况，展现团队盈利的能力，投资回报能让投资者放心投资。参照表1-16，确定项目财务规划与投资回报思路。

表 1-16 财务规划与投资回报思路

项目	细分	思路
财务规划	（1）展现财务报表数据； （2）财务报表分析； （3）合理进行财务预测	
投资回报	（1）投资亮点； （2）资金需求与用途	

任务交付 6：展现出正确看待风险的态度，才能传达出一切尽在掌控的感觉。参照表 1-17，确定看待风险的思路。

表 1-17 正确看待风险的思路

项目	细分	思路
认识风险	（1）风险的特征； （2）风险的构成要素； （3）风险的类型	
如何介绍风险	（1）政策风险； （2）技术风险； （3）市场风险； （4）管理风险； （5）财务风险	

任务交付 7：风险是无处不在的，只是不同机构或团队对风险的抵抗能力不同，作为项目团队对风险的抵抗能力较低，所以要对风险有更严格的管控。参照表 1-18，确定风险管控思路。

表 1-18 风险管控思路

项目	细分	思路
风险政策	（1）反向性政策风险管控； （2）突变性政策风险管控	
技术风险	（1）技术风险的转移； （2）技术风险的分散； （3）技术风险的控制	
市场风险	（1）价格风险； （2）销量风险； （3）信用风险； （4）经销商风险	
管理风险	（1）对管理者的管控； （2）对组织结构的管控； （3）对企业文化的管控； （4）对管理过程的管控	

续表

项目	细分	思路
财务风险	（1）分析财务管理环境； （2）提供财务管理人员风险意识； （3）正确出现的财务风险； （4）提高财务决策水平； （5）理顺财务关系	

3. 运营计划

任务交付：结合前期设定运营策略，选择电商渠道平台及媒体营销平台，明确未来一段时间需要做的事情，并制定相应的目标。确定项目运营计划，并填入表1-19。

表1-19　项目运营计划

运营阶段	开展工作	开始时间	阶段目标

4. 商业计划书路演

任务交付：结合前期对项目的构思，完成对项目商业计划书的设计、制作与美化，商业计划的框架主要包括事（对内和对外）、人和钱三个部分。商业计划书的框架可参考图1-3商业计划书设计框架模型来搭建，主要分为四大部分和十二小节。最终以PPT版本提交，并进行立项答辩。

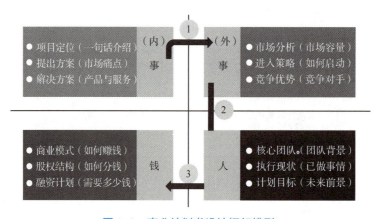

图1-3　商业计划书设计框架模型

（七）评价反馈

评价说明：在本次任务完成后，由任课教师主导，采用学习过程评价与学习结果评价相结合的方式，综合运用自我评价、小组评价及教师评价三种方式进行评价。由教师确定三种评价方式分别占总成绩的比例,并加权计算出学生个人本次任务的考核评价分。任务完成考核评价表如表1-20所示。

表1-20 任务完成考核评价表

流程名称	电商项目策划	班级	
项目组名称		学生姓名	
评价方式	评价内容	分值	成绩
自我评价	负责任务的完成情况	20	
	对项目策划与管理相关知识和技能的掌握程度	40	
	是否胜任小组内的工作	25	
	能否积极认真负责地完成组内分配的任务	15	
	合计		
小组评价	本小组的本次任务交付情况及完成质量	30	
	个人本次任务交付情况及完成质量	30	
	个人的合作精神和沟通能力	20	
	个人针对问题的理解、分析和处理能力	20	
	合计		
教师评价	是否进行市场调研分析,了解市场容量及竞争对手情况,并采取差异化定位和策略	10	
	是否对行业有深度理解,提出的项目策划中的产品/服务是否抓住用户的痛点,需求是否刚性	10	
	商业模式是否合理,是否能够落地,是否有明确的盈利模式	10	
	项目的发展规划是否明确,是否有一套市场推广方案,资源是否充足	10	
	是否对项目中可能遇到的风险进行预设并有具体的应对策略	10	
	是否有明确的财务规划与投资回报,即能够解决钱从哪里来、怎么花钱及怎么分钱的问题	10	
	商业计划书路演答辩表现,整体思路是否清晰,能否准确回答提问	10	
	信息收集、分析、文字总结提炼能力	10	
	数据分析应用能力	10	
	团队的沟通协作情况,共同完成任务且分工明确	10	
	合计		
成绩=自我评价×( )×0.2+小组评价( )×0.2+教师评价( )×0.6=			

(八) 知识园地

1. 什么是商业计划书

商业计划书,是公司、企业或项目团队的作战地图,在经过前期对项目进行调研、分析、搜集及整理有关资料的基础上,构思商业模式及运营模式,并根据一定的格式和内容具体要求,编辑整理的全面展示公司或项目目前状况、未来发展潜力的书面材料。商业计划书，不止用于融资、招商和拿补贴，同样可参与创业比赛或进行项目汇报答辩。它详尽地介绍了一个公司或项目的产品服务、核心竞争力、市场和客户、营销策略、组织架构、外部资源、对基础设施和供给的需求、融资需求，以及资源和资金的利用规划等。

一份好的商业计划书的特点是：关注需求、强调产品（服务、技术）、有竞争优势、有充分的市场调研、有有力的资料说明、有清晰的商业模式、有表明营销的策略、展示了优秀团队、有良好的财务规划、有出色的运营计划概要等。商业计划书应该做到面向需求、基于事实、结构清晰、内容完整、突出亮点、意愿真诚、通俗易懂。

2. 商业计划书的结构

商业计划书要能够反映团队对项目的认识及运营取得成功的把握，并且应当突出团队及项目的核心竞争力，首先团队需要回答：你要做什么（What）（你的产品或服务到底有什么价值）？市场为什么需要你这类的项目（是否刚需）？怎么做（How）（你是不是有执行能力和成功的把握）？为什么是你而不是别人（竞争优势）？怎么赚钱（商业模式，如何在市场中脱颖而出）？如何争取较大的市场份额，如何发展和拓展、强化商业计划书的说服力。

简单来说，商业计划书制作的基本要领就是"结构化思考，形象化表达"。所谓"结构化思考"，就是从需求出发系统性地阐述项目成功的各种"充要条件"（或关键成功因素）。所谓"形象化表达"，就是尽可能用图形化、数据化的呈现形式让团队的商业计划书精准地传递项目的价值。

商业技术书需要的内容结构是什么？可以重点放在需求、产品、团队、模式、营销五个方面，具体可从以下几个方面展开：

（1）项目定位（1页）：通过一句话简明扼要地介绍要做的项目是什么，项目定位介绍写在商业计划书首页，让人一眼就知道项目是干什么的。

（2）战略定位（1页）：用简单的语言描述项目的战略定位（我们做什么、不做什么）和愿景（我们未来会是什么）。

（3）市场分析（1~3页）：对项目所处的行业细分市场情况进行分析：市场容量（及增长速度）、行业发展趋势、目标客户及需求痛点。在对需求进行分析时，要着重从目前未被满足的痛点需求出发，分析目标市场及目标客户的核心需求。市场分析需要分析三个环境：宏观环境（SWOT分析、波特五力分析、PESTEL分析等）、微观环境（供应商分析、用户需求分析、目标客户分析等）、内部环境（员工、资金、设备、原料、市场分析等）。

（4）服务及产品（1~2页）：我们提供的产品及服务是什么？针对的目标客户有哪些主要特征？产品或服务解决用户的核心需求是什么？有哪些方法和方式的改变与创新（如技术、商业模式等创新）解决目前的市场痛点？能否解决用户的核心痛点和满足用户的爽点？

（5）商业模式（1~2页）：近期和远期的盈利模式分别是什么？核心的业务流程是什么？拥有什么核心资源？展示为什么现在的产品形态及发展趋势能够支撑未来的盈利模式。

（6）竞争分析（1~2页）：针对本项目与潜在竞争对手进行对比分析，例如可以从技术壁垒、核心团队、用户数据、资源优势、运营策略、融资情况等方面进行比较。

（7）进入策略（1~2页）：项目从无到有，如何启动？

（8）营销推广（1~2页）：阐述团队已采取或拟采取的市场推广策略及竞争策略。有哪些核心资源或合作伙伴可以利用？计划使用哪些渠道和方法？

（9）核心团队（1~2页）：简单介绍核心团队的从业经历及擅长的领域，重点强调团队成员的从业/项目经验，团队的互补性和完整性，有效说明团队的配置适合干这件事情。

（10）运营现状（1~2页）：目前项目的进展情况，包括项目产品对接情况、资源协调情况、平台入驻情况、媒体推广情况、社群搭建情况、活动开展情况、近期销售收入情况等；项目推进的计划和已经执行的计划。

（11）计划目标（1~2页）：未来一段时间需要干的事情有哪些？介绍项目启动之后的发展规划，以图表的形式直观说明团队在各阶段的目标市场、拓展区域、商业模式等战略计划。

（12）财务规划预测（1页）：综合考虑团队现状及可协调资源情况，合理制订财务计划，即在未来6~12个月内，推进计划需要多少钱干这个事情，以及资金主要用在哪些方面。

3. 商业计划书思路梳理

在制定完商业计划书之后，需要对整体思路进行梳理，判断是否具备说服力，投资人或评审人员的关注点是什么？这些需要在商业计划书中有所涉及和体现，可从以下方面进行梳理：

（1）你们是谁——是否有大公司背景？是不是连续的创业者或连续的项目？是否具有自身行业背景？团队成员是否完备？项目团队是否有魄力？

（2）你们要做什么——产品或服务到底有什么价值？目标市场多大？市场容量是否足够大？可拓展性如何？

（3）为什么要做这件事情？有没有抓住用户的痛点？需求是否刚性？是否对行业有深度理解？

（4）计划怎么做——你们是不是有执行能力和成功的把握？为什么你们能做这件事情（产品、技术、团队、市场营销、销售、竞争、里程碑）？

（5）怎么做赚钱——商业模式是否成立？是否能够落地？商业模式是否有颠覆性？是否有明确的盈利模式？是否看得到现金流？是否具备清晰、可信、明确、精准、看得见摸得着的收入模式？

（6）竞争对手如何——是否能够了解竞争对手？竞争优势是否明显强于对手？是否采取了差异化定位和策略？

（7）运营现状及未来策略是什么——项目推进速度是否快？目前的节点是否是好的介入时机？下一步的发展规划是否明确？是否有一套市场推广方案？资源是否充足？

（8）资金规划——是否真的需要那么多钱？资金规划和使用率高吗？在商业计划书中表现出对资金需求做过认真规划，而且确实需要那么多钱。

4. 商业计划书注意事项

做一份好的商业计划书，下面几点是需要注意的：

（1）重点突出：每个项目都有差异之处，关键要展现差异化的地方；少用描述性语言，突出评审人员关注的内容，多提要点和关键词。

（2）清晰、简捷：PPT版本主要是展示要点，尽可能多用图表，少用文字，少用很大的图片；颜色尽可能简单朴素，选择和项目定位气质符合的配色，以正事交代清楚为重。

（3）要自信、有说服力：一个良好的态度不仅是对自己团队及所做项目的肯定，而且是对评审人员的一种尊重。

（4）切忌求多求全：不是越多越好，或者写得越厚越好。很多时候简单明了，更能说明你的底气很足，要把握好关键点。

（5）切忌过多强调细节：有的团队过于强调产品的功能细节，而其实评审更关心的是产品能够解决用户的什么问题。

（6）切忌生搬市场数据：除非这个行业很新，或者这些市场概述是属于团队自己的见解和分析，否则简单搬运数据，反而是噪声。不同的项目有不同的侧重点，要利用好市场数据，而不是生搬硬套。

（7）切忌空话太多：商业计划书最忌讳大、虚、空，需要了解评审人员关注的问题点，直接进入主题，简单明了，反而更能说明问题所在。

项目团队组建理论

项目团队组建实训

电商项目策划理论

电商项目策划实训

情境二　新电商网店运营

导论　情境描述

（一）学习情境

团队在组建团队、确定项目方向并撰写商业计划书之后，可进一步开展项目。在网店入驻运营方面，虽然目前市场上有淘宝、天猫、京东、拼多多、抖音抖店、快手小店等线上电商渠道可选，但考虑市场占有率、消费人群基础、用户信任程度、入驻门槛、运营难易程度等因素，本情境主要以淘宝运营讲解为主。新电商网店运营的操作前提是项目组已经对接好产品货源，并且有完整供应链。教师可带领团队结合项目定位、项目商业模式对接当地企业产品，当然团队也可以在1688平台选品上架，开设团队店铺（本情境以唐三彩产品为贯穿案例）。

对于许多电商团队来说，如何让自己的店铺生存下来是非常重要的。做淘宝靠的不是运气，最主要的还是靠能力。首先最重要的是选品能力，毕竟做店铺七分靠产品，三分靠运营。产品在店铺的整个运营中占比最高，店铺的一切运营工作就是围绕着产品来展开的。在选品的过程中需要注意产品利润、产品市场、产品供货商可靠程度、产品质量及和产品款式等。好的产品，只要运营方法是对的，慢慢积累，店铺渐渐就会有起色，产品是一个店铺的根本，其他工作都是锦上添花。所以团队在选品的时候可以自己先买一点回来，对比一下质量，有条件的团队也可以去实地考察，综合判断产品供应链能力。其次是数据分析能力，数据分析是每个店铺运营人员所必备的一项能力，团队可以通过对店铺数据的分析，发现并找到问题所在，从而找到对应解决方法。想要运营好店铺，就要学会如何收集数据、整理数据、查看数据、分析数据，并根据数据做出决策，店铺中绝大部分问题都可以通过数据展现出原因。最后就是竞品思维，竞品是店铺运营的标杆，要对标竞争对手，知己知彼，了解竞争对手的策略，并朝着竞争对手运营竞品的方向努力，向竞品靠近，直到超越竞品。分析方向包含竞争对手店铺产品布局、活动、价格、主图、详情页、评价、内容等，找到优劣势，从而优化自身店铺。

（二）角色能力

本情境的角色划分主要围绕电商项目网店运营设定，需要确定店铺运营、策划运营、美工设计、客户服务、仓储管理等角色。本阶段设置岗位及明确职责后，贯穿整个项目实施,与后期情境中设置的岗位叠加,岗位对应人员需要持续围绕职责开展工作,在不同的情境流程下带领团队成员完成阶段任务,直到最后结项进行项目总结及考核答辩。岗位设置及岗位职责如表2-1所示。

表2-1　岗位设置及岗位职责

序号	岗位	岗位职责(典型工作任务)
1	店铺运营	(1)负责销售目标、运营方案制定(规划店铺商品结构、流量结构、预算计划等),店铺视觉指导,页面布局,详情页优化,店内活动策划,第三方活动申报,活动全面跟踪,商品页属性信息核对,店铺核心数据监察、评估、调整; (2)负责网店整体规划、营销、推广、客户管理等系统经营性的工作; (3)负责网店日常策划、上架、推广、销售、服务等经营与管理工作; (4)负责网店日常维护,保证网店的日常运作,优化店铺及商品排名; (5)负责执行与配合项目相关营销活动,策划店铺促销活动方案; (6)负责收集市场和行业信息,提供有效应对方案; (7)制订营销计划,带领团队完成销售业绩目标; (8)客户关系维护,处理相关客户投诉及纠纷问题
2	策划运营	(1)负责微淘文宣、新品详情页文案、产品卖点提炼、活动主题文宣提炼,以及微信微博软文和其他推广; (2)负责不定期策划淘宝商城营销活动; (3)负责产品的文案描述; (4)负责策划并制定网店及产品推广方案等营销工作; (5)研究竞争对手的推广方案,向运营经理提出推广建议; (6)对数据进行分析和挖掘,向运营经理汇报推广效果及建议; (7)负责对店铺标题关键词策略优化、橱窗推荐、搜索引擎营销等工作
3	美工设计	(1)负责店铺素材拍摄、处理,店铺界面排版、详情页设计处理,活动页、海报制作,直通车图、主图优化调整; (2)要善于积累设计素材,参考他人的视觉作品,快速把握表达要点; (3)负责商品上传宝贝的问题编辑及上传宝贝的其他相关工作; (4)根据主题需要完成店铺的整体美化; (5)产品拍摄图片的美化、编辑排版
4	客户服务	(1)负责上架详情页的框架素材整理,核对仓库中宝贝信息(准备上架)、售前话术准备(快捷语)、在线解答客户疑问、与供应商协调处理售后事宜,以及退款统计,提供热销滞销数据; (2)负责在平台上和客户沟通,解答客户对产品和购买服务的疑问; (3)负责产品数据在线维护管理,登录销售系统内部处理订单,制作快递单,整理货物等; (4)负责客户管理维护工作,建立客户档案,在线沟通解答客户咨询,引导用户顺利购买,促成交易,定期或不定期进行客户回访,以检查客户关系维护的情况; (5)负责客户疑难订单的追踪和查件,处理评价、投诉等
5	仓储管理	(1)管理仓库进销盘点,货品物料储备安置,统计损耗数据、退货数据,仓储库存预警反应;16点前订单当天发出,确保24小时内发出包裹;货品缺货及时与客服沟通处理; (2)负责网店备货和物资的验收入库、码放、保管、盘点、对账等工作; (3)负责保持仓库内货品和环境的清洁、整齐和卫生; (4)按发货单正确执行商品包装工作,准时准确完成包装任务; (5)在后台准确输入发货单号,更改发货状态,能及时处理问题件

（三）工作规程

工作规程如图 2-1 所示。

网店规划与开设	商品运营	客户管理	流量获取	营销转化	网店运营分析
市场分析	商品选品	客户服务	策略制定与实施	活动策划与实施	竞争数据分析
网店规划	商品采购	关系管理	效果分析与优化	效果分析与优化	客户数据分析
网店开设	商品定价与发布				销售数据分析
					分析报告撰写

图 2-1　工作规程

流程一　网店规划与开设

（一）学习目标

学习目标如表 2-2 所示。

表 2-2　学习目标

知识目标	（1）了解主流电子商务平台的基本情况、业务模式以及淘宝平台的开店流程，掌握各类店铺的入驻流程及费用； （2）了解网店定位的重要性，掌握商品类目选择的方法，能够完成网店的目标人群定位，为网店的发展做好初步规划； （3）了解商品选品的数据来源、选品的方法，掌握挖掘爆品的方法，同时能对商品进行角色定位； （4）了解网店商品定价的重要性，掌握商品定价的策略，能够根据商品定价的因素，完成网店的商品定价
技能目标	（1）能根据相关政策、行业大盘、第三方报告等资料，对相关的行业数据进行分析，明确行业的发展现状和趋势； （2）能够根据平台公开数据，围绕目标市场走势，分析行业热销商品、营销手法、行业消费群体、行业店铺的经营现状，完成目标市场的数据分析； （3）能够根据市场数据分析，对市场进行细分，确定适合的网店经营类目； （4）能够根据市场数据分析，总结归纳行业消费人群的人口特征、使用习惯、需求心理，准确定位网店的目标消费人群； （5）能够根据细分市场特点及目标消费人群特征，确定网店的经营风格和品牌形象，提高网店的辨识度； （6）能根据网店定位结合不同平台特点，选择合适的平台开店； （7）能够针对不同平台的不同网店，制定适应不同网店的运营策略，实现不同网店的经营目标

续表

素质目标	（1）在探索解决现实问题的过程中，认识市场分析和数据分析的重要性； （2）发展应用意识，体验成功的乐趣； （3）具备信息收集、分析的能力； （4）具备系统思考和独立思考的能力； （5）具备团队协作的精神； （6）具备电子商务相关法律法规的工作常识； （7）具备爱岗敬业的职业精神

（二）明确任务

团队商议要做洛阳唐三彩类目产品，并对接到当地唐三彩厂家提供货源。但是对于产品类目、定价及线上的目标市场等都不够清晰，需要通过市场数据分析，掌握基本的市场定位知识；能够对网店进行准确的定位，并据此制定网店运营策略，学会分析市场数据，为网店运营提供有价值的数据，提高数据营销技能。

对新店铺来说，想要让店铺更好地发展下去，团队必须先制定一个总体的方案和规划，确定店铺类型、产品定位、运营模式、团队分工等，比如这个阶段要做什么事情，项目的阶段目标是什么，下个阶段该怎么营销推广，推广之后又要做什么工作等，要有一个总体的规划方案，并做好详细的执行计划。店铺按照执行计划做好运营工作，这样才能让网店常态化且有秩序地运营下去。

（三）获取资讯

了解本流程需要掌握的内容，包括市场分析、网店定位及运营规划等信息，首先需要收集相关资料。

☞**引导问题1**：在进行市场分析时，可以从哪些渠道获取相关数据？有哪些方法？

☞**引导问题2**：电商消费人群画像分析的要点及对应决策是什么？

☞**引导问题3**：商品类目选择的方法是什么？主要应考虑哪些因素？

☞**引导问题 4**：目标人群定位的基本因素及方法是什么？至少分别列举两个。

☞**引导问题 5**：网店定位的策略和方法是什么？至少分别列举两个。

☞**引导问题 6**：网店平台选择主要考虑的因素和原则是什么？

☞**引导问题 7**：主流电商平台的类型和入驻要求分别是什么？通过平台调研填写表 2-3。

表 2-3　主流电商平台入驻要求

电商平台	店铺类型	资质要求	入驻流程	备注
天猫				
淘宝				
京东				
拼多多				
抖音小店				

（四）制订计划

制订计划如表 2-4 所示。

表 2-4　制订计划

序号	任务	任务流程	开始时间	完成时间	负责人	完成情况
1	市场数据调研	市场趋势分析				
2		目标人群分析				
3		竞争对手分析				
4	网店定位规划	商品品类选择				
5		店铺类型定位				
6		网店产品定位				
7		目标人群定位				

续表

序号	任务	任务流程	开始时间	完成时间	负责人	完成情况
8	运营策略制定	运营战略选择				
9		销售目标制定				
10		资金预算制定				
11		团队人员划分				
12	网店开设与装修	店铺注册				
13		店铺基础设置				
14		店铺基础装修				

（五）做出决策

（1）能够收集市场相关数据，分析市场的需求趋势、人群特征以及竞争对手的基本情况；

（2）能够根据市场数据分析结果，确定网店的经营类目，制定运营策略；

（3）能够根据网店定位，制定销售目标；

（4）能够根据销售目标，进行资金预算；

（5）能够结合网店定位和网店经营风格，合理划分运营角色及职责；

（6）能够根据网店运营规划方案进行网店的开设和筹建；

（7）选择店铺装修的类型，完成店铺的基础装修设置。

（六）工作实施

1. 市场数据调研

任务交付1：打开百度指数、艾瑞网、艾媒网等互联网数据平台，搜索唐三彩（项目组所选产品）相关关键词，分析市场趋势，填写表2-5。

表 2-5 市场趋势分析

分析平台	市场趋势分析
百度指数	
艾瑞网	
艾媒网	

任务交付2：从淘宝或拼多多平台上根据商品属性、商品价格、商品销量确定四个主要竞争对手网店，并完成网店的整体分析，填写表2-6。

表 2-6 竞争对手网店分析

名称及网址	网店的整体分析（包含网店定位、商品定位分析、商品定价分析、营销推广活动分析等）

任务交付3：分别从四个竞争对手的网店中选取一款重点商品，从商品价格、商品属性、商品评价、商品活动等方面进行分析，填写表2-7。

表2-7 竞争商品分析

商品	商品链接	商品价格	商品属性	商品评价	商品活动

任务交付4：结合前期市场数据调研情况，撰写市场分析报告，主要围绕市场规模、细分市场、主要品牌、主要竞争对手、主流产品、目标消费者群体等方面进行分析，并为店铺运营的子行业选择、经营目标确定、目标用户群体确定、销售产品的矩阵布局等决策提供指导性结论。

2. 网店定位规划

任务交付1：安装店查查类淘宝数据分析插件，打开淘宝网，搜索唐三彩摆件和唐三彩创意画（项目组所选产品）下的热销商品。利用店查查类插件，查看这些商品的上架类目、手机商品类目信息，填写表2-8。

表2-8 热销商品类目分析

热销商品	所在类目	售价	销量

任务交付2：用关键词"唐三彩摆件""唐三彩创意画"在淘宝网进行搜索，收集唐三彩摆件、唐三彩创意画不同价格段下面的热销商品，通过商品评价、详情页等分析目标人群及其购买偏好，填写表2-9。

表2-9 热销商品的购买人群分析

价格段	目标人群	购买偏好

任务交付3：从唐三彩厂家选取三款重点商品，对比热销商品，定位店铺运营商品所上类目、价格段及目标人群，填写表2-10。

表 2-10　目标人群定位

商品	上架类目	价格段	目标人群

任务交付 4：结合前期市场分析报告及团队资源分析，完成网店定位规划方案，包含店铺类型、店铺入驻平台、店铺主营类目产品、店铺目标消费群体定位等，以 Word 形式提交。

3. 运营策略制定

任务交付：学习巩固店铺运营策略选择，制定店铺前期运营方案，包含团队人员安排与组织、人员工作内容、人员绩效考核、店铺运营规划、店铺常规运营列表、店铺阶段运营目标、店铺运营预算等内容，Word 版本提交。

4. 网店开设与装修

任务交付 1：开设并激活店铺，将入驻的过程及所需材料进行记录，填写表 2-11。

表 2-11　入驻步骤记录表

步骤	过程	所需材料

任务交付 2：根据教师提供的目标商品（不同种类），在互联网中查找目标商品属性，并将商品进行归类。填写表 2-12 商品属性归类表。

表 2-12　商品属性归类表

商品名称	商品属性

任务交付 3：学生登录淘宝网，打开三个不同类目的淘宝网店，如文具类、食品类、服装类等，收集信息，填写表 2-13。

表 2-13　不同网店对比分析表

网店类型	网店头像	网店风格	色彩搭配	布局特点

任务交付4：在淘宝网店开设成功后，团队开始进行网店装修，为商品上新做准备。想通过分析唐三彩类目同行业网店首页布局设计风格，结合网店商品属性和目标群体特征，进行网店首页布局设计。参照表2-14，选取产品类目下五家不同网店的店招及导航栏，截图并分析店招、导航栏的特点。

表2-14 首页布局设计

网店名称	店招分析	导航栏分析	手机端首页布局设计

任务交付5：完成淘宝店铺的网店名字、店招、导航栏、首页布局设计，完成基本信息填写。

（七）评价反馈

评价说明：在本次任务完成后，由任课教师主导，采用学习过程评价与学习结果评价相结合的方式，综合运用自我评价、小组评价及教师评价三种方式进行评价。由教师确定三种评价方式分别占总成绩的比例，并加权计算出学生个人本次任务的考核评价分。任务完成考核评价表2-15所示。

表2-15 任务完成考核评价表

流程名称	网店规划与开设		班级	
项目组名称			学生姓名	
评价方式	评价内容		分值	成绩
自我评价	负责任务的完成情况		20	
	对网店规划与开设知识和技能的掌握程度		40	
	是否胜任小组内的工作		25	
	能否积极认真负责地完成组内分配的任务		15	
	合计			
小组评价	本小组的本次任务交付情况及完成质量		30	
	个人本次任务交付情况及完成质量		30	
	个人的合作精神和沟通能力		20	
	个人针对问题的理解、分析和处理能力		20	
	合计			

续表

流程名称	网店规划与开设		班级	
项目组名称			学生姓名	
评价方式	评价内容		分值	成绩
教师评价	项目产品所处市场趋势分析、竞争对手网店及竞争产品整体分析的完整性、针对性和准确性		10	
	能够完成热销产品的类目及购买人群分析，对所选产品的类目和目标人群进行精准定位		10	
	能够对市场数据调研情况进行精准分析，指导店铺定位及店铺运营策略选择		10	
	结合店铺定位制定清晰、明确的店铺运营方案，明确运营目标、运营阶段计划、运营资金预算、团队人员分工等		15	
	团队分工结构合理，能够对应运营计划及目标，团队资源及成员能力与项目需求高度匹配		15	
	能够开设并激活店铺，能够运用素材对网店进行基础装修与美化，且店铺页面设计新颖、富有创意		10	
	信息收集、分析、文字总结提炼能力		10	
	数据分析应用能力		10	
	团队的沟通协作情况，共同完成任务且分工明确		10	
	合计			
总评＝自我评价（　　）×0.2+小组评价（　　）×0.2+教师评价（　　）×0.6＝				

（八）知识园地

1. 市场数据调研

（1）网络市场趋势的分析。

网络市场趋势的分析是运用互联网络和信息技术，以科学的方法，系统地、有目的地收集、整理、分析和调研所有与市场有关的信息，特别是有关消费者的需求、购买动机、市场变化等，可采用以下方法：

百度指数：通过百度指数可以了解某个关键词的搜索趋势、关注指数、搜索人群相关需求以及搜索人群的年龄、性别、地点、兴趣等基本属性，根据这些数据把握与该关键词相关的产品类目的市场趋势。

第三方电子商务数据服务机构：第三方电子商务数据服务机构是指通过对互联网上公开的网络交易数据的抓取和分析，为各类电子商务客户提供全面的商情信息，帮助电子商务品牌做出正确的运营决策。

电子商务平台官方数据工具：电子商务平台的数据工具是指电子商务平台推出的用于卖家数据统计与分析的工具，例如，淘宝、天猫的生意参谋目前是阿里巴巴卖家端的统一数据产品平台，京东商智是京东面向卖家的一站式运营数据开放平台。

专业人士访谈和公开信息整理：在对网络市场的发展趋势进行调研时，也可以通过咨询行业内的资深专业人士来了解。目前有很多专业的互联网数据资讯平台，提供移动互联网、电子商务、网络营销等行业报告、行业产业数据，为互联网运营从业者提供数据服务。

（2）竞争对手分析。

竞争对手分析对提前预知产品、了解市场动态、掌握对手信息、具备有效完整的系统化思维和客观准确地把握方向有所帮助。从以下两个方面展开分析：

寻找竞争对手：不是所有经营同类目商品的卖家都是竞争对手。在网店的运营过程中，要找到自己的真实竞争对手，寻找竞争对手可以从商品属性相近、商品价格相近、商品销量相近等因素入手。

竞争网店分析：一方面从网店整体进行分析，分析竞争对手首先从网店整体展开，分析竞争对手网店所经营的 SKU 的种类、数量、主销 SKU。另一方面从运营推广活动进行分析，除了分析竞争对手的网店，还要了解网店在电子商务平台站内和站外开展的运营推广活动及其效果。

（3）竞争商品分析。

竞品分析的目的是通过对比，发现自身可改进的点，可从以下几个方面展开分析：

①分析这个产品的卖点如何，有哪些卖点是具备价值但没有被放大的。

②分析这个产品的五张主图的逻辑是什么，角度是什么，拍摄方式是什么，背景是什么，模特的调性是什么。

③分析这个产品的详情页逻辑是什么，是如何展示的，有哪些描述点和角度。

④分析这个产品的主图视频，视频当中是否解释了这款产品的核心关注点，在视频上我们可否做得更有创意，有哪些好的点值得我们借鉴。

⑤分析这个产品的评价都是来自哪些人，他们的评价出现的高频关键词是什么，尤其是针对差评和晒图的评价，要做更加深入的分析。

⑥分析这个产品的问题，大家有哪些提问方式，是如何进行回答的。

⑦分析这个产品的定价，为什么定在这个价格，在市场中是否具有竞争力。

⑧分析这个产品的标题，其分别由哪些关键词组合而成，与我们有何差异。

⑨分析这个产品下面做了什么样的关联，是否使用了优惠券，做了什么样的套餐设置。

⑩分析这个产品的 SKU 组成。要分析这个 SKU 的复杂度，了解其纵深。分析竞争对手是如何命名 SKU 的，最好还要知道哪一列 SKU 组合，是最容易购买的。

⑪分析这个产品的流量通道以及流量入口。

⑫分析这个产品的成交关键词。

⑬分析这个产品的成本。

以上分析只是对产品的基本分析，如果能够长期监控产品，将会更加深入地了解这些产品对我们的价值。

（4）消费人群分析。

市场数据调研除了对市场趋势、市场容量和竞争对手进行分析之外，还要了解该行业消费人群的基本特征，消费人群是市场构成要素中重要的组成部分，消费人群的调研包含该行业下消费人群的性别、年龄、地域等主要特征。另外需针对消费人群的购买行为进行分析，主要包括该行业下消费人群的购买品牌偏好、购买的时间段、购买的频率，在选择商品时搜索关键词的偏好和选择商品属性的偏好等。消费人群的调研对网店运营后续的开展提供了重要的参考依据。

2. 网店定位规划

（1）网店经营类目选择的误区。

①认为类目越大越好；

②选择同质化比较严重的类目；

③盲目地选择商品类目。

（2）商品类目选择的方法。

①根据市场趋势选择商品类目：判断市场容量，考虑客户的搜索趋势，结合商品销售情况；

②根据地理优势选择商品类目：地方特产优先，地域文化特色产品优先；

③根据自身条件选择商品类目：根据自身的经济条件，根据自身的兴趣爱好，根据自身资源的优势。

（3）网店目标人群定位方向。

①人群性别：首先要确定网店所销售的商品是面向男性客户群体还是女性客户群体；

②人群年龄：网店消费人群的年龄段一般可以分为 18～24 岁、25～29 岁、30～34 岁、35～39 岁、40～49 岁、50 岁及以上六个年龄段；

③人群的消费水平：目标人群的消费水平决定网店销售商品的价格，也会影响商品定价；

④人群的职业：职业分成很多种，有些职业特征比较明显，例如宝妈、白领、学生；

⑤人群的购买偏好：人群的购买偏好主要是指购买人群对不同产品和服务的个性化偏好，是影响客户购买的一个重要因素，主要由当时当地的社会环境、风俗习惯、时尚变化、个人认知、性格特征等对消费人群产生的影响所决定。

（4）网店定位方法。

①竞争力定位法：主要是以竞争力为导向，通过与竞争对手的比较，得出网店自身的核心竞争力的定位方法。将这个竞争力细化到网店商品上，例如商品卖点上的优势，拥有其他网店商品所没有的商品特性，开发了商品创新的需求；商品价格优势、商品供应链优势、品牌优势、物流优势。

②差异化定位法：是指与同类型网店存在显著性差异的定位，主要适合同质化比较严重、市场相对饱和的类目。

③盈利策略定位法：主要围绕网店商品的利润来实现商品定价的网店定位法。例如商品以低价进入市场，在价格和销量之间，通过低价把销量做到最高，通过商品的低价迅速打入市场，得到客户的认可。

3. 运营策略制定

（1）电商营销策略——4P 理论。

4P 是美国营销学学者杰罗姆·麦卡锡教授在 20 世纪 60 年代提出的，即"产品、价格、渠道、促销"4 大营销组合策略。产品（Product）、价格（Price）、渠道（Place）、促销（Promotion）四个单词的第一个字母缩写为 4P。

产品（Product）：狭义的理解，你卖服装，服装就是你的产品，你卖玩具，玩具就是你的产品。我们所经营的类目，就可以理解成产品。其包含产品的效用、质量、外观、样式、品牌、包装和规格，此外还包括服务和保证等因素。

价格（Price）：你的产品卖什么价格，就是价格的定义。进一步说，还包括你为什么定这个价格，你用什么方法定的价格，成本多少，溢价多少，都属于价格范畴。其包括基本价格、折扣价格、付款时间、借贷条件等。

渠道（Place）：你在什么平台卖你家的产品，是京东还是天猫、淘宝？这些我们统称为渠道。到现在，渠道的类型已经千变万化，新兴渠道越来越多。对各类型渠道的了解，有助于我们提升销售额。其包括分销渠道、储存设施、运输设施、存货控制等。

促销（Promotion）：字面理解就是促进销售。那么再侠义一些，也可以理解为活动。今天你的店铺做买一送一活动，明天你要免费赠送来拓客，都属于促销的类型。其包括广告、人员推销、营业推广与公共关系等。

这四种因素是团队可以调节、控制和运用的，如根据目标市场情况，能够自主决定生产什么商品，制定什么价格，选择什么销售渠道，采用什么促销方式，这些因素都不是固定不变的，而是不断变化的，企业受到内部条件、外部环境变化的影响，必须能动地做出相应变化。另外，这四个因素是一个整体，不是简单的相加或拼凑集合，而应在统一目标指导下，彼此配合、相互补充，以求得大于局部功能之和的整体效应。

（2）常见的营销策略。

营销策略是企业以顾客需要为出发点，根据经验获得顾客需求量以及购买力的信息、商业界的期望值，有计划地组织各项经营活动。营销策略是针对一定的目标市场所采用的一系列可测量可控的旨在提高销售及厂商声誉的活动，是多种营销方法，如产品、价格、渠道、促销、公关策略的综合。常见营销策略如表2-16所示。

表2-16　常见营销策略

策略名称	策略概述
情感营销策略	情感营销就是把消费者个人情感差异和需求作为企业品牌营销战略的核心，借助情感包装、情感促销、情感广告、情感口碑、情感设计等策略来实现企业的经营目标
体验营销策略	体验通常是由对事件的直接观察或参与造成的，不论事件是真实的，还是虚拟的。体验会涉及顾客的感官、情感、情绪等感性因素，也包括知识、智力、思考等理性因素的活动设计
植入营销策略	植入营销通常是指将产品或品牌及其代表性的视觉符号甚至服务内容策略性地融入影视、图文等各种内容之中。通过场景的再现，让观众在不知不觉中留下对产品及品牌的印象，继而达到营销产品的目的
会员营销策略	会员营销是一种基于会员管理的营销方法，商家通过将普通顾客变为会员，分析会员消费信息，挖掘顾客的后续消费力，汲取终身消费价值，并通过客户转介绍等方式，将一个客户的价值实现最大化
饥饿营销策略	饥饿营销是指商品提供者有意调低产量，以期达到调控供求关系，制造供不应求"假象"、维持商品较高售价和利润率的目的。饥饿营销就是通过调节供求两端的量来影响终端的售价，达到加价的目的
比附营销策略	比附营销是一种比较有效的营销手段，能让目标受众迅速完成对营销标的物从认识到感兴趣甚至到购买的过程。其操作思路是想方设法将自己的产品或品牌与行业内的知名品牌发生某种联系（即攀附知名品牌），并与其进行比较，但承认自己比其稍逊一等

续表

策略名称	策略概述
口碑营销策略	口碑营销是指企业努力使用户通过亲朋好友之间的交流将自己的产品信息、品牌传播开来。这种营销方式成功率高、可信度强。这种以口碑传播为途径的营销方式，称为口碑营销
事件营销策略	事件营销是企业通过策划、组织和利用具有名人效应、新闻价值以及社会影响的人物或事件，引起媒体、社会团体和消费者的兴趣与关注，以求提高企业或产品的知名度、美誉度，树立良好品牌形象，并最终促成产品或服务的销售目的的手段和方式
绿色营销策略	绿色营销是指企业在整个营销过程中充分体现环保意识和社会意识，向消费者提供科学的、无污染的、有利于节约资源和符合良好社会道德准则的商品和服务，并采用无污染或少污染的生产和销售方式，引导并满足消费者有利于环境保护及身心健康的需求
知识营销策略	知识营销是指向大众传播新的科学技术以及它们对人们生活的影响，通过科普宣传，让消费者不仅知其然，而且知其所以然，重新建立产品概念，进而使消费者萌发对新产品的需要，达到拓宽市场的目的

4. 网店开设装修

（1）电脑端页面装修。

要打造有质感的店铺，让客户感觉到我们的产品是有品质的，绝不是三无产品。纯色比较简单，修图的时候易操作，而且旺铺版本身的配色就是纯色。这时可以对同类店铺进行调研，确定装修风格。然后根据基本的页面布局结构设计自己店铺的布局草图，确定风格与布局，利用Excel或者PS绘制一份店铺整体布局结构图，后期根据草图设计制作对应模块效果图片。这样可以在后期设计制作过程中更具有针对性和依据。

（2）版面布局设计准则。

电商视觉营销是店铺运营中非常重要的环节。所谓视觉营销，就是以营销为目的，对店铺进行视觉设计与装修。毕竟，颜值高也吸引人。电商店铺中包含大量的图片、文字等信息，因此，合理地对店铺的版面进行设计，才可以装修出美观、漂亮的电商店铺。好的版面布局能够更快、更准确地传达信息，是提高店铺点击率和商品销量的一个重要因素。因此，在装修电商店铺时，需要对商品页面的组成元素进行合理安排，组成各种不同的版面编排形式，以此来体现店铺的品位，从而达到吸引客户的目的。

店铺版面布局切忌繁杂，不要把店铺设计成门户类网站。虽然把店铺做成大网站看上去比较有气势，但是会影响客户的浏览体验。想要客户在这么繁杂的一个店铺里找到自己想要的商品，是很困难的，复杂的布局会让人眼花缭乱。所以，不是所有可装修的地方都要装修，局部区域不装修反而效果更好。在设计网店版面布局时，应遵循以下设计准则：

①主题突出鲜明。版面布局设计的最终目的是使店铺页面条理清晰，这样可以更好地突出主体，引起客户对店铺页面的注意，从而吸引客户。

②形式内容统一。店铺页面的版面布局设计所追求的表现形式必须符合页面所要表达的主题，这是版面布局设计的前提。没有文字的店铺很难表达主题。

③强化整体布局。在版面布局设计中，文字、图片与颜色是需要处理与编排的三大构成要素，必须对这三者之间的关系进行一致性考虑。

流程二 网店商品运营

（一）学习目标

学习目标如表 2-17 所示。

表 2-17 学习目标

知识目标	（1）掌握商品选品的依据和原理； （2）了解影响商品定价的因素； （3）掌握商品品类角色定位； （4）了解新商品发布和老商品淘汰的标志； （5）掌握供应商选择及供应商淘汰与新增标准； （6）掌握商品定价策略及价格优化； （7）了解商品属性的基本内容，掌握商品属性的确定、店铺产品上传的步骤及注意事项
技能目标	（1）能根据商品选品原则，合理使用选品分析工具，筛选并确定目标商品； （2）能进行市场数据和对手数据的整理分析； （3）能根据采购原则，收集目标商品及相应供应商的信息，合理选择供应商； （4）能进行商品的发布和经营； （5）能够对商品的价格进行合理制定； （6）可以进行新商品价格制定和老商品价格优化； （7）能根据品类角色定位方法对品类进行分工，为不同品类赋予不同的角色与衡量指标； （8）能根据品类角色与目标选择合适的品类策略； （9）能根据象限分析法、80/20 集中度分析法、ABC 分析法等，对商品结构进行分析并建立淘汰及引进的明确标准； （10）能根据经营需求对与供应商的合作情况进行分析，建立具体可行的淘汰及新增标准
素质目标	（1）在探索解决现实问题的过程中，认识市场分析和数据分析对网店运营的重要性； （2）发展应用意识，体验成功的乐趣； （3）具备收集信息、系统思考和独立思考的能力； （4）具备团队协作的精神

（二）明确任务

商品运营是店铺运营中非常关键的一环，也是难度很高的一环。如何包装商品卖点？如何布局商品结构？如何定位商品角色？如何选择、维护及管理商品及供应商？如何给客户匹配更适合的商品？商品如何定价才能既让客户愿意付钱，又能赚钱？团队在完成店铺规划之后，需要对店铺内商品进行规划管理，选择合适的策略和方案，明确商品供应商、商品列表、商品结构、商品角色、商品介绍、商品卖点提炼等，完成商品的选择、上架、定价及管理方案。

（三）获取资讯

了解本流程需要掌握的内容，包括商品品类管理、商品选品及商品定价等，首先需要收集相关资料。

☞**引导问题 1**：商品品类管理的操作流程是什么？

☞**引导问题 2**：商品选品及采购的操作流程是什么？

☞**引导问题 3**：如何针对具体的商品制定发布价格？

☞**引导问题 4**：商品定价的模型是什么？商品都有哪些角色？

（四）制订计划

制订计划如表 2-18 所示。

表 2-18 制订计划

序号	任务	任务流程	开始时间	完成时间	负责人	完成情况
1	网店商品选品	商品选品				
2		商品供应商选择				
3	商品价格制定	商品定价				
4		商品发布				
5		商品后台管理操作				

（五）做出决策

（1）能够收集商品的市场需求数据，确定对应商品的市场需求；

（2）能够收集竞争对手的数据，对竞品进行分析；

（3）能够对商品的结构进行优化调整；

（4）根据市场分析，合理使用选品分析工具，确定产品及供应商，制作产品表及供应商表；

（5）能够根据市场需求、店铺订单、商品库存及企业现状等信息合理制订采购计划；

（6）能够按照采购计划进行采购投标，并能够合理选择采购策略；

（7）能够将采购到的商品进行入库，并计算付款账期；

（8）能够通过分析市场情况和企业现状为新商品制定价格策略；

（9）能够详细分析商品定价的影响因素，不断优化现有商品价格；

（10）能够根据商品信息进行商品发布，并制定合理的运费模板和保修策略；

（11）能够分析商品的生命周期、销售情况等信息，制定商品淘汰及新增的标准，明确供应商选择及淘汰标准。

（六）工作实施

1. 网店商品选品

任务交付 1：通过百度指数调研唐三彩（或项目组所选产品）相关产品的市场需求情况，完成表 2-19 的填写。

表 2-19　百度指数市场需求情况调研

类目	近一年趋势研究	需求图谱	人群画像

任务交付 2：结合市场需求情况和拼多多及淘宝网的唐三彩摆件或创意画类（或项目组所选产品）热销商品属性（参照表 2-20），从 1688 平台选择 10 款商品。

表 2-20　网店商品选品

商品图片	商品卖点	供货价	供货商	起订量	选品依据

任务交付 3：结合课堂知识点爆款商品选品的关键点，从选择的商品中挖掘有爆款潜力的商品（参照表 2-21），从商品价格、商品属性、用户群体三个角度说明理由。

表 2-21　网店爆款商品选品

爆款潜力商品	商品价格	商品属性	用户群体

任务交付 4：参照表 2-22，完成所选的 10 款商品的角色定位并说明理由。

表 2-22　网店商品角色定位

商品角色定位	商品	理由
引流款		
常规款		
活动款		
形象款		

任务交付 5：借助商品卖点分析工具，分析挖掘不少于 3 款商品的核心卖点（以 Excel 形式提交）。

2. 商品价格制定

任务交付 1：根据商品属性、商品价格、消费人群等从淘宝、拼多多和抖音平台上寻找竞品，分析竞品的价格等，参照表 2-23 对竞品进行分析。

表 2-23　淘宝/拼多多/抖音平台竞品价格分析

竞品平台	竞品链接	竞品价格	竞品销量	竞品卖点

任务交付 2：调研淘宝和拼多多平台同类商品消费者需求价格，填写表 2-24。

表 2-24　消费者需求价格分析

调研平台	同类商品消费者需求价格分析

任务交付 3：参照表 2-25，完成 10 款商品的定价，并说明理由。

表 2-25　商品定价

商品	定价	理由

（七）评价反馈

评价说明：在本次任务完成后，由任课教师主导，采用学习过程评价与学习结果评价相结合的方式，综合运用自我评价、小组评价及教师评价三种方式进行评价。由教师确定三种评价方式分别占总成绩的比例，并加权计算出学生个人本次任务的考核评价分。任务完成考核评价表如表2-26所示。

表 2-26 任务完成考核评价表

流程名称	网店商品运营		班级	
项目组名称			学生姓名	
评价方式	评价内容		分值	成绩
自我评价	负责任务的完成情况		20	
	对网店商品运营知识和技能的掌握程度		40	
	是否胜任小组内的工作		25	
	能否积极认真负责地完成组内分配的任务		15	
	合计			
小组评价	本小组的本次任务交付情况及完成质量		30	
	个人本次任务交付情况及完成质量		30	
	个人的合作精神和沟通能力		20	
	个人针对问题的理解、分析和处理能力		20	
	合计			
教师评价	能够完成商品类目的市场需求分析，能够完成10款商品选品，选品依据描述准确		15	
	能挖掘出有爆款潜力的商品，完成商品的角色定位，并准确说明理由		15	
	能够完成竞品价格分析和消费者需求价格分析，能够对10款商品进行定价，并准确说明理由		15	
	能够挖掘出商品卖点，并能够清楚描绘产品/服务给客户带来的价值，说明产品/服务竞争优势		15	
	能够完成商品详情页设计及营销文案设计，将商品上架		10	
	信息收集、分析、文字总结提炼能力		10	
	数据分析应用能力		10	
	团队的沟通协作情况，共同完成任务且分工明确		10	
	合计			
总评＝自我评价（　）×0.2＋小组评价（　）×0.2＋教师评价（　）×0.6＝				

（八）知识园地

1. 商品品类管理

品类角色是研究如何对品类进行分工，给予其不同的角色与衡量指标，从而推动电商平台及网店不断前进的方法。常见品类角色定位如表 2-27 所示。

表 2-27 品类角色定位

分类维度	品类角色	特点
商家导向	旗舰品类	销售量大、利润可观的商品，对网店销售业绩贡献大
	吸引客流量品类	对销售额贡献大，但毛利率偏低的商品，起引流作用
	提款机品类	高毛利、销售量一般的品类，是引流品类的毛利补偿商品
	受压潜力品类	毛利率和销售额都一般的品类，竞争激烈且不占优势
	维持观望品类	高毛利、较低销售额品类，维持销量地位，可能具有一定的成长潜力
	待救伤残品类	利润和销售额都偏低，是可能被替换的品类或主要品类的补充，待救伤残品类量的减少对网店来说不重要，能提供增加利润的机会
客户导向	主要品类	关键品类，普及程度和购买频率较高，具有高度的价格敏感性
	差异品类	购买频率高，普及程度不高，目标客群对价格仍具有敏感性
	补充品类	满足部分客户的需求，是品类的补充，价格敏感性低
	必备品类	有高普及程度的商品，虽购买频率较低，但必须保证随时有货

重要性高的认定为目标品类或常规品类，反之定位为季节性/偶然性或便利性品类。品类的定位在网店运营过程中应根据需要进行必要的调整，某些类目的商品可以在某种品类定位完成后持续较长周期，但是也要根据竞争、商品、市场的变动和消费者行为习惯进行调整。也就是说，网店销售中的品类定位也具有一定的生命周期。特别是 3C（计算机、通信和消费类电子产品）、服装等更新较快的品类，其定位一定要根据市场及消费者情况进行调整。

品类策略是指制定相应的策略以满足品类角色并达到评估目标的过程。它能帮助网店运营者实现运营目标，同时会让网店实现差异化竞争。不同网店商家可能拥有相同的目标，但由于其现状不同，应制定不同的品类策略。品类发展趋势评估主要根据品类的增长潜力、品类的主要推动力、客户的消费趋势、客户的购物行为等指标决定。

2. 网店商品选品

"三分靠运营，七分靠选品。"选品是电商运营工作的一个很重要的环节。在电商平台，产品的选择是关键且致命的，选对了产品有较大成功可能性，而选错了产品有再强的运营能力都很难成功。所以，选对产品你就成功了一大半。在选品之前，首先要明白什么才是好的商品货源，好的商品货源才能够在巩固基础的情况下，极大地提高上限与成长空间。好的商品货源往往要满足以下两个基础条件：

产品应具有大众普及性。消费者日常生活中是否会高频次使用产品。例如某产品，80%的消费者都会使用到，这种商品就具备大众普及性的特质。利用大众普及性，能大幅度减少消费者对产品的认知成本，从而提高产品流量，也能极大地节省商家的获客成本。如果商家的产品只针对小部分人群，那么从流量、推广到差异化设计等方面都有更高的需求。

产品卖点应独具特色。所谓卖点，其实就是产品属性的一个特征，即为最强有力的消费理由。产品的卖点就像汽车的发动，发动机决定了汽车的性能，而卖点决定了产品的销售力。例如爆火的"一整根"人参水，正是因为其可清晰感知健康前置的卖点及痛点，才迅速爆火。卖点只有具备差异化和优势两个特征，才算得上一个合格真实的卖点，否则只是伪卖点。

选品的方法和技巧是明晰需求，确定市场，进行市场调研，产品差异化，科学选择工具。商品选品的策略与方法如下：

（1）产品及人群细分法。

横向细分人群：根据人群来细分，围绕固定的人群来服务，产品线可以跨类目扩展。比如开通一家服装店账号，为了定位更聚焦，只做一类人群穿的衣服。可以按照不同年龄段、风格的人群，选择其一作为主要定位人群，但面对这类人群，后期为了更好地服务他们，可以做品牌延伸，如手套、皮带、帽子、衣物挂饰、胸针等。

纵向细分产品：就是按照产品的功能、属性来进行划分，比如同样是服装，如果我们用细分产品的方式来寻找店铺定位，那么我们的选择会有：按风格、按面料、按用途、按元素等。即便是像这样竞争非常激烈的类目，按照属性来细分也存在很多机会，更不要说有些类目本来竞争就不是很激烈，类目可以作为一个细分定位。

（2）购物平台、数据分析工具选品。

依据电子商务平台搜索特性，在搜索框输入行业关键词，下方就会出现一些相关产品词推荐，这里是系统根据近期大数据推荐的一些热搜词和潜力产品词，也是消费者近期需求较大的商品关键词。通过专业数据分析平台，利用榜单、详细商品走势数据、行业数据、热销商品属性数据等维度选择有潜力或者正值上升期的爆品（抖音数据分析工具有飞瓜、卡思、抖查查、蝉妈妈等）。

（3）热点事件选品法。

通过热点事件选品，考验信息敏感度，以及快速反应能力。近期的热点新闻、体育赛事、网红产品等，都可以结合自身条件和资源进行考虑。搜索各个电子商务平台的热销商品，会发现有很多同款款式，这时部分卖家在选品时会跟随热销款来进行。

（4）供应链选品法。

供应链选品，适合做工厂的商家，或者本身正在做国内外电商平台，有稳定供应链的卖家。可以优先考虑现有供应链的产品是否适合电商平台。第一可以节约成本，第二自己对产品也更熟悉。

（5）季节性选品法。

季节性产品，能为卖家在合适的时间点带来可观的利润。季节性产品的定义是指在某个时间或者具有时间效应的产品，尤其是在特定的节日。相对于常青产品带来的长期稳定的销量，销售季节性产品的好处是可以利用短期强大的购买热潮使商家快速、轻松地获利。但季节性产品具有不确定性，让商家很难准确预测和备货。

店铺选品时需要注意避免以下雷区：

①产品的供应链是否完善：选品时要提前考察产品的供应链是否完善，产品的生产供应链能力是否能满足线上销售的需求，尤其是网店要重点打造的产品。

②产品有一定的利润空间：网店经营的主要目的是追求利润额，因此在选品时要考虑产品是否有一定的利润空间，能否为网店带来利润价值，这也是非常关键的因素。

③产品是否会造成侵权：除了考虑产品的利润空间和生产供应能力外，还要考虑产品的品牌授权问题。众所周知，网店销售的产品一旦产生侵权行为，网店将会受到处罚。因此卖家在选品的时候，就要在品牌网查一对核心关键词，然后检查该产品是否被注册过。

如果注册过，那就更换产品，或者更新、升级产品，使同类产品之间有明显的区别，避开产品侵权的风险。

④产品品质是否有保障：网购消费人群越来越重视产品品质，在选择产品时都会货比三家，产品品质一定要有保障，质量过硬的产品才是打造爆款的基础。保障产品品质也是选品时基本的注意点之一。

⑤产品是否便于运输：物流运输是网上销售的重要环节，选品时要考虑产品是否便于运输，是否需要特殊的包装运输方式。物流运输不仅直接关系到产品成本，而且会影响到网上客户的评价。

在进行网店选品时，要同时注意供应商的选择、维护、淘汰及评价机制。在选择供应商时一方面要进行货源渠道的优势和劣势的对比，通过对不同货源市场的优势和劣势进行对比分析，确保获得相对的优势，尤其是商品价格和质量的优势。另一方面要确保货源市场能提供一定的售后保障，如货源市场承诺7天无理由退换货，特别是因为问题商品引起的退换货。

为保持和提升店铺产品供应链的竞争力，可参照质量保证、较低成本、及时发货、整体服务水平、商品领先等标准选择优质的供应商。同时为确保销售产品的质量符合规定，需要对供应商做出科学、合理的评价，可从供货质量（35%评分比重）、供货服务（25%评分比重）、价格（30%评分比重）、技术考核（Technology）（10%评分比重）方面来进行评价。

3. 商品价格制定

（1）商品定价策略。

①撇脂定价策略：撇脂定价策略是一种高价格策略，是指新产品上市初期，价格定得高，以便在较短的时间内获得最大利润。

②渗透定价策略：渗透定价策略是一种低价格策略，即新产品投入市场时，价格定得较低，使客户容易接受，以便很快打开和占领市场。

③满意定价策略：满意定价策略是一种介于撇脂定价和渗透定价之间的价格策略，所定的价格低，但比渗透价格要高，是一种中间价格。

（2）商品定价因素。

①商品成本：成本是制定商品价格的重要考虑因素，而成本和商品质量是息息相关的，所以定价需要根据网店的特点来合理地估算商品的成本，再进行商品定价。

②市场需求：现在网络零售市场是以客户为核心的市场，商品需要满足客户的需求，同样地，在商品定价时必须考虑到市场的需要，考虑市场的最优价格区间和客户可以接受的价格区间。

③竞品价格：竞品价格是商品定价的一个考虑维度，客户在选择同类商品时，价格是很重要的一个影响因素，因此商品定价时也要参考竞争对手的价格。

④网店定位：不同的网店按照平台上定位的不同来制定价格，例如现在部分拼多多网店，其定位就是面向中低端消费群体，因此整体网店的商品定价都会比较低。

⑤商品定位：在给商品定价时还要考虑商品在网店中的定位。网店当中商品结构不同，商品的定价策略也会有所不同。

⑥活动因素：很多电子商务平台的官方活动对商品价格都有要求，例如会要求近半年

内历史最低价的 9 折。

(3) 商品定价步骤。

①市场调研：了解所在类目的整个市场价格，确定高端、中端、低端产品的价格区间，做好项目定位后研究同层次的竞争对手价格曲线和产品特性。

②成本控制：拆分所有成本（生产/进货成本、供应链成本、人力成本、运营成本、推广成本、活动成本等），不断打磨每个环节，将成本控制在零售价以内，预留毛利。

③商品定价：设定建议零售价（和竞争对手保持在同一水平线）；规划全年不同时期，促销活动的促销价、清仓价；设定整个市场不同渠道最低红线价，所有销售渠道均不能突破各自的红线价。

(4) 商品运营流程。

①确定目标：确定店铺阶段 GMV 目标；

②拆解节奏：将 GMV 拆解到阶段内的活动场次；

③分析客流：根据客单价，推算达成每场活动 GMV（成交总额）的所需客流；

④吸引客流：选择秒杀引流款商品、全员裂变、拼团等方式引流；

⑤提升客单：设计商品组合，结合营销玩法满减送、包邮、打包一口价等提升客单价；

⑥提升利润：新品常换常新，利润款商品精准营销推广；

⑦清理库存：季节性商品、淘汰商品快速清理库存。

(5) 不同商品生命周期，价格优化策略（见表 2-28）。

表 2-28　价格优化策略

优化策略	具体内容
商品导入期的定价策略	商品上市初期可以把价格定得高些，在短期内赚取超额利润，撇脂定价可以成为这个阶段定价的主要措施。根据网店计划占领市场速度的快慢，可以分别采用高价快速策略和选择渗透策略。在商品导入期，还可以借助盈亏平衡定价法来辅助企业的定价决策
商品成长期的定价策略	成长期的价格要比市场开发阶段的价格低。商家集中力量降低采购成本，在成长期采用渗透价格巩固市场占比，给以后的竞争者进入制造障碍
商品成熟期的定价策略	在成熟期，商家应采取渗透性定价来维持和适度扩大转化。当商家过多或者面对竞争者的"削价战"时，企业可以考虑应用价格歧视和标价心理策略进行动态价格调整，以提高用户黏性和复购率
商品衰退期的定价策略	商品的直接成本成为决定性的因素。如果商品的直接成本高于或接近于市场价格，企业就应该坚定地退出市场

流程三　网店客户管理

(一) 学习目标

学习目标如表 2-29 所示。

· 55 ·

表 2-29 学习目标

知识目标	（1）了解网店客服的工作内容和岗位知识； （2）了解网店客服绩效管理的方法和原则； （3）掌握网店客服售前、售中、售后工作的流程和内容； （4）掌握商品推荐、关联营销、订单催付的技巧； （5）了解常见的支付问题产生来源和处理方法； （6）熟悉网店客服交易流程； （7）熟悉千牛平台的基础操作知识； （8）掌握客服子账号设置方法； （9）掌握客服交易管理内容和客户关系管理操作方法； （10）了解物流问题的风险界定； （11）熟悉客户信息收集与管理的方法； （12）掌握流失客户挽回的方法
技能目标	（1）打字速度快，60字/分钟以上； （2）能根据商品问题的常见场景分析客户关心的商品问题； （3）能够进行商品细化问法收集和商品卖点场景挖掘； （4）能根据商品问题场景设计合理话术，并完成商品问题场景库搭建； （5）能够进行官方知识库答案整理，排查并更新话术； （6）能通过商家店铺的内部数据库收集客户信息； （7）能通过客户信息分析对客户进行分类，并提供差异性的服务； （8）能根据客户流失的原因，采取有效措施挽回客户
素质目标	（1）在探索解决现实问题的过程中，认识市场分析和数据分析对网店运营的重要性； （2）发展应用意识，体验成功的乐趣； （3）具备服务意识，敢于承担责任，养成面对问题积极处理的乐观态度； （4）具备团队协作精神和执行力

（二）明确任务

网店客服人员不但要被动地处理问题，还要主动地解决问题，引导客户按照自己的思路考虑问题。处理问题是一部分，更为重要的考察指标是客服人员的交易促成。通过本任务的实训，学会如何向客户推荐商品，促使客户下单以及对未支付订单进行催付，达到促成交易的目的。客户问题处理是网店初级运营中很重要的一部分工作，除了将店铺打造好之外，还要服务好每一位进店咨询的客户。通过本任务的实训，能够对客户各种各样的问题进行处理，提高客户的满意度，降低中差评的概率。

随着电商平台的增多，线上流量的获取变得越来越难，且成本越来越高。所以对于既有流量一定要非常珍惜，尽可能多地变为店铺的存量。通过本任务的实训中客户信息收集、整理、分析，客户分类管理，挽回流失的客户三个子任务，帮助店铺达到维系客户存量的目的。

（三）获取资讯

了解本流程需要掌握的内容，包括网店客服职责、客户服务原则、订单引导、关联销售等，首先需要收集相关资料。

☞引导问题1：客服在交易促成中的作用是什么？

☞引导问题2：关联营销的原则和策略是什么？

☞引导问题3：订单催付的原则和策略是什么？

☞引导问题4：网店客服服务技巧和沟通的原则是什么？

☞引导问题5：如果客户浏览而未购买，哪些对客户未购买的行为起决定作用？列出5条购买未支付的原因。

☞引导问题6：常见的与商品相关的问题有哪些？针对这些与商品相关的常见问题，怎么回复才能既解决问题又不会引起客户反感？

（四）制订计划

制订计划如表2-30所示。

表 2-30　制订计划

序号	任务	任务流程	开始时间	完成时间	负责人	完成情况
1	客户服务	店铺客服工作流程制定				
2		客服工作准则制定				
3		客户话术库搭建				
4	客户服务管理	客户画像标签制定				
5		客户分级管理方案				
6		流失客户挽留方案				

（五）做出决策

（1）通过前期调研及店铺定位，制定客服工作流程及工作准则，约定客服工作内容及标准；

（2）通过归纳、总结的方法，梳理客户常见的问题，针对不同场景，整理客户服务话术库；

（3）了解客户数据价值，通过对客户信息的收集、整理、分析，制定客户画像模板标签；

（4）基于客户画像，对客户信息进行收集，并通过合理的分类方法对客户进行分类管理；

（5）掌握流失客户的挽回方法及技巧，通过客户信息分析，制定对应的挽回策略。

（六）工作实施

1. 客户服务

任务交付 1：通过网络去搜索客户的常见问题，并找到解决问题的标准话术。

任务交付 2：通过电商平台搜索与唐三彩相关的店铺，收集各个店铺关于店铺服务及商品知识的内容，根据自己的商品特点，提炼卖点，总结客户的常见问题，根据问题结合商品属性设置标准话术。由于平台活动期间咨询量较大，针对某一活动特性，整理常见问题，并针对这些问题建立话术库。

2. 客户服务管理

任务交付 1：客户信息收集、整理、分析。从平台中下载完整的客户信息表，利用 Excel 工具对数据表中的信息进行整理，对整理后的数据进行可视化分析，形成图表。通过可视化图表，得出分析结论。

任务交付 2：通过平台下载完整的客户数据表，按照实训要求从不同角度进行客户分类。尽量将分类以可视化图表呈现，阐述分析结果和方法。

任务交付 3：筛选符合条件的流失客户信息。对筛选出的客户进行进一步分析，确定潜力较大的客户。以回馈老客户为主题，撰写活动促销信息，发送给筛选出的客户。

（七）评价反馈

评价说明：在本次任务完成后，由任课教师主导，采用学习过程评价与学习结果评价相结合的方式，综合运用自我评价、小组评价及教师评价三种方式进行评价。由教师确定三种评价方式分别占总成绩的比例，并加权计算出学生个人本次任务的考核评价分。任务完成考核评价表如表 2-31 所示。

表 2-31 任务完成考核评价表

流程名称	网店客户管理		班级	
项目组名称			学生姓名	
评价方式	评价内容		分值	成绩
自我评价	负责任务的完成情况		20	
	对网店客户管理知识和技能的掌握程度		40	
	是否胜任小组内的工作		25	
	能否积极认真负责地完成组内分配的任务		15	
	合计			
小组评价	本小组的本次任务交付情况及完成质量		30	
	个人本次任务交付情况及完成质量		30	
	个人的合作精神和沟通能力		20	
	个人针对问题的理解、分析和处理能力		20	
	合计			
教师评价	能够对店铺客服进行人格化管理，有清晰的定位		10	
	掌握网店客服售前、售中、售后工作的流程和内容		10	
	能够了解不同场景下的询单、促单技巧，并进行转化		10	
	能针对各种售后问题制定对应的处理方案		10	
	能根据商品问题的常见场景分析客户关心的问题		10	
	能通过商家店铺的内部数据库收集客户信息，并能针对某一问题有效进行数据分析		10	
	能通过客户信息分析对客户进行分类，并提供差异化的服务，有对应的客户分类管理方案		10	
	能根据客户流失的原因，采取有效措施挽回客户		10	
	信息收集、分析、文字总结提炼能力		10	
	数据分析应用能力		5	
	团队的沟通协作情况，共同完成任务且分工明确		5	
	合计			
总评＝自我评价（ ）×0.2+小组评价（ ）×0.2+教师评价（ ）×0.6＝				

（八）知识园地

电子商务客服人员是指在电子商务平台负责销售商品和提供服务的工作人员。这里所说的客服人员是指淘宝网店或天猫商城的在线接待工作人员。其主要工作内容是在线提供销售及售前、售后问题处理服务。

1. 客户画像与标签管理

客户画像（客户画像维度与指标参照表2-32）是卖家通过收集与分析客户的社会属性、生活习惯、消费行为等各方面信息的数据后，抽象出客户的商业特征。具体而言，客户画像的作用体现在以下几个方面：

（1）精准营销：明确客户的基本特征，了解其消费行为特征，洞察客户，让营销更加精准。

（2）数据挖掘：通过客户画像可以进一步挖掘客户数据，提高服务质量，也可以为运营管理提供更有利的数据支持。

（3）标签准备：客户画像是为客户贴上属性标签的前提，因此建立了客户画像，也就为后面给客户贴上标签做好了准备。

表2-32 客户画像维度与指标

指标	含义
PV	浏览量，即页面被查看的次数。同一客户多次打开或者刷新同一页面，PV值将累加
UV	访客数，即页面被访问的人数。同一客户在某个时间段内多次访问同一页面，UV值不会累加
平均访问深度	访问深度是指客户一次性连续访问的页面数，平均访问深度则是指客户访问店铺时平均连续访问的页面数
跳失率	只访问了一个页面就离开的访问次数占该页面总访问次数的比例
成交客户数	下单且完成付款的客户数量
成交金额	成功完成付款的金额
转化率	完成支付的访客数占总访客数的比例，转化率=支付人数÷访客数×100%
收藏率	收藏商品或店铺的访客数占总访客数的比例
加购率	将商品加入购物车的访客数占总访客数的比例
客单价	在一段时间内所有客户的平均购买价格，客单价=成交金额÷成交用户数
浏览回头客户数	最近7天内浏览过的客户，跨天再次浏览的数量
成交回头客人数	在店铺发生交易后，再次发生交易的客户数量

客户画像的行业分析等同于消费者购买行为分析。通过洞察某个行业的消费情况，可建立起客户的具体画像。例如使用生意参谋进行客户画像的行业分析时，只需在生意参谋的市场功能板块中单击左侧导航栏的"行业客群"选项，在页面上方选择指定的行业和日期后，即可显示对应行业的客户画像情况。

客户标签可以理解为具有某种特征的客户群体的代称，其目的在于记忆、识别和查找客户。具体而言，客户标签的作用有以下几种：

（1）客户接待：客服可以根据标签快速识别客户特征，第一时间抓住客户的喜好，快速拉近与客户的距离，更容易得到客户的信任。

（2）老客户营销：维护老客户是有效提升网店转化率、客单价等指标的重要途径。在客户标签的帮助下，可以更加精准和贴心地进行客户关系维护。

（3）新客户推广：客户标签有助于跟踪和洞察客户特征。

客户画像需要以不同的维度来衡量，每一个维度就是一种客户属性，而每一种属性都对应着不同的属性值，最终这些不同的属性值组合起来就可以构成特定的客户标签。客户标签属性值设计如表2-33所示。因此，标签属性值的设计是客户标签设计的基础。

表2-33 客户标签属性值的设计

维度	属性	属性值
客户基本情况	性别	男、女
	年龄	0~18岁、19~24岁、25~29岁、30~39岁、40~49岁、50岁以上
	职业	个体经营者、务工人员、学生、教师、公司职员、公务员
	职位	普通职员、主管、高管
	婚姻状况	已婚、未婚
	地域	按省份划分、按城市划分、按地域划分
商品偏好	品质	高、中、低
	等级	高、中、低
	风格	正统、个性、流行、时尚
	款式	新款、次新款、其他
	色彩	亮色、暗色
	功能	按不同商品的功能划分
	用途	按不同商品的用途划分
	口味	酸、甜、苦、辣
	材质	按不同商品的用料划分
	工艺	手工、机械
消费偏好	价格	高、中、低
	促销	特价、打折、包邮、送礼、满减、退换
	时点	上新、换季、大促、节日
购物偏好	平台	PC、无线
	时间	早晨、上午、中午、下午、傍晚、晚上、深夜
	浏览	淘宝、天猫、闲鱼、聚划算、其他
	"触点"	短信、电子邮件、电话、其他

一般情况下，可以在客服人员与客户进行沟通时，利用专门的配套插件获取沟通内容来为客户打上相应的标签；也可以利用专门的客户管理系统，根据客户的特征为其打上标签。首先，可以将客户维度确定为基础信息、交易信息、主观信息等三个维度。其次，在确定维度的基础上，可以进一步为客户标签设计属性和属性值。最后，就可以按照标签属性和属性值为客户打上标签。

2. 网店客服工作流程

网店客服服务体现在网购交易的整个过程中，商品交易的发生前、发生中以及发生后都可能需要客服，所以客服人员应根据商品交易过程遵循相应的工作流程。一般来说，网店客服的工作流程可以分为售前服务、售中服务、售后服务。

（1）售前服务。

网店客服的售前服务是一种引导性服务，当客户对产品抱有疑虑时，就需要客服人员提供售前服务。从客户进店到付款的整个流程都属于售前服务的范畴，包括客户咨询、疑难解答、促成下单、感谢客户光顾等内容。

①询单转化。

进店问候即网店客服主动问候进店咨询的客户。网店客服与实体店铺客服服务对象一样，都是和消费者打交道。因此，网店客服在和客户正式沟通前，如何巧妙地拉近与客户的距离对于客服开展后续促销工作有重要影响。通常来说，网店客服首次与客户沟通时，一般会设置短语自动回复，这样不但可以提高旺旺的响应速度，而且不会因为让客户久等而造成客户流失。需要注意的是，自动回复的短语应当符合店铺定位形象，给客户一种亲切、自然的感觉。

针对已咨询未下单的情况，属于意向客户的登记与跟进，需要查看、询问、了解客户未购买的原因，判断是否可以解决问题，解答客户的疑惑，打消客户的忧虑，达成订单。当天无法下单的，后期可以继续跟进订单。

针对已下单未支付的情况，属于催付的话术以及跟进，了解判断客户未支付的原因，提醒并约定付款时间。在打消客户疑虑的情况下，催客户尽快完成订单。当在线客服和客户沟通了解原因，或者知道原因后联系客户进行付款时，都需要选择好催付工具，一般有以下三种工具可以选择：千牛工作台"接待中心"催付；在网店设置自动催付，会自动对未付款的订单发起催付，目前自动催付无法提供个性化催付，只能设置网店统一的催付话术进行提示；电话催付或短信催付，内容应该包含网店名称、客户所购买的商品名称、客户购买商品的时间。

从客户性质来说，针对店铺新客户，在接待新客户的过程中，需要快速响应和礼貌回复，及时回答客户问题，让其感受被重视，且能体现服务的专业性，比如高性价比产品推荐、产品配套推荐、当前活动信息等。针对店铺老客户，在接待过程中尽可能以感情为主，和客户建立良好的沟通氛围，加上专业的服务，增加客户对店铺的黏性，促进店铺及服务口碑建立。

②介绍商品。

作为一名合格的网店客服，熟悉店铺产品信息并向客户介绍商品的详细信息是基础工作。客服人员必须掌握商品的专业性知识和行业相关知识，了解同类产品信息和店铺促销活动信息。此外，还需要根据客户提出的要求，向客户推荐店铺的产品或者推荐搭配商品等。

一个优秀的在线客服，一定是善于做商品推荐的，这一点更有利于提升交易转化率和快速提高客单价。在网络交易中，了解需求不是等待客户明确告知其需求，因为在交易过程中客户可能不愿意说出需求或者需求不明确。针对这种情况，在线客服的处理方式就是获取和明确需求，便于日后更好地利用销售技巧进行商品推荐。在询问过程中应尽量使用封闭式问题进行询问，以便可以更加快速、有效地获取答案和了解客户的真正需求。

③与客户沟通。

网店客服在接待客户的过程中，会遇到各种类型的客户，他们会提出各式各样的问题。为了提高转化率，促成客户下单，网店客服需要掌握与不同类型客户打交道的沟通技巧，注意提炼自己的营销话术，针对不同类型的客户开展精准营销。

负责回复询问的基本信息：结合对产品信息及活动信息的了解，对客户提出的关于产品尺寸、材料、颜色及当前活动优惠等基础问题，即时进行回复；对于涉及产品描述中未了解的细节问题，需先核实后了解，再统一进行回复，回复时间不可超过3分钟，并且需提前告知并及时妥善安抚客户，主动说明回复时间和回复方式；客户询问产品搭配等问题时，如有把握，需在客户提供详细需求的前提下，为客户提供建议性的参考方案，若难以确定是否合适，可给客户对比尺寸以供其参考。售前商品问题处理技巧如表2-34所示。

表2-34　售前商品问题处理技巧

技巧	描述
取得客户的信任	坦诚告诉客户商品活动的真实原因，用事实说服客户，同时以真实优惠的特价商品作为引导客户立即购买的催化剂
分析自己店铺商品优势	采用数据、证书等直观的方式，从店铺的状况以及商品的定位、包装、质量等方面向客户讲述自己商品的优势
强调完善的服务	告诉客户自己店铺里的高价商品有着优于竞争对手的服务体系，以及能够提供更完善的增值服务，这也是竞争的重要因素之一
强调价格的合理性	证明商品的定价是合理的。正所谓"一分钱一分货"，证明的方法就是应用说服技巧，透彻地分析并讲解商品在设计、质量、功能等方面的各种优点

负责回复处理询问折扣问题：对客户询问基础折扣信息即时进行回复，对客户提出的特殊折扣，一般不议价，如有特殊情况，需与团队进行沟通确认，根据店铺自身客单价来定；如果涉及售后处理的价格变更（比如更换需补差价），需备注清晰自行操作并相应进行订单备注。

负责回复处理客户撤回订单信息：如果遇到客户定购后购买意向动摇，向客服申请撤单的情况，需要由客服及时进行处理：拍下未付款的订单，可让客户自行关闭交易，客服不主动关闭订单；客户已付款但是未打单的订单，客服与客户沟通进行换款或让客户申请交易退款操作，做相应的交易备注。

负责回复解决询问发货问题：购买时询问发货时间的，按正常发货时间即时进行回复。另外，客户购买产品时，也应主动告之发货时间；购买后询问发货时间且即将超时或已超时未发货的，需安抚客户，确定客户购买意向进行撤单、催单、催发货等处理；询问发货时，已发货的，进行查询快递单信息并做相应处理；客户提出关于发货的特殊要求：比如约定时间发货，当天要求发货，要求改地址，要求配件辅料等，要认真、仔细，尽量在条件允许的情况下满足客户要求。

（2）售中服务。

售中服务是指商品交易过程中客服为客户提供的帮助，主要集中在客户付款到订单签收阶段，包括订单咨询、订单处理、物流配送以及订单跟踪等内容，具体内容如下：

①订单处理。

订单处理主要是指对客户订单信息进行核对，确认客户填写的订单信息准确无误，以免发生发错货物或者发错地址等问题。如果在核对信息时发现用户订单信息有误或者店铺里的产品库存不足，就需要及时处理订单，跟客户说明情况，减少不必要的误会和交易麻烦。

排出排班表，由当天白晚班期间的客服分别对未咨询拍下或者拍下未付款的订单进行跟进，主要通过核实地址和数量或者款式来补充对客户的服务。

②物流配送。

物流配送即网店客服联系快递公司揽件并将商品按客户填写的地址寄送给客户，应注意的是，物流信息要填写正确和完整。

③订单跟踪。

货物发出之后，网店客服应及时跟进物流信息，提醒客户早点签收货物，并引导买家给予好评，提升宝贝排名。此外，对于物流运输过程中出现的破损、丢件等问题，需要及时跟快递公司取得联系，协商解决类似问题，争取客户的谅解，树立店铺良好形象，减少由此带来的客户中差评。

针对延迟发货和缺货的订单排查，主动留言联系客户询问订单货品的情况，并与客户协商进行退换货处理（每周视情况进行1~2次核查，将已经发货的订单设置成已发货。对已经超出发货期限但不能确认是否发货的交易进行核查，针对具体情况进行催发、补单等工作，务必做到订单无遗漏）；因超卖或生产问题，导致无法发货的，客服需要及时与客户沟通，可退款、换款；排查店铺架上评分低于4.8分的款式，在发货后，通过旺旺留言进行后续服务，跟进客户评分。

（3）售后服务。

售后服务质量是衡量店铺服务质量的一个重要指标，好的售后服务不仅可以提高店铺的动态得分，还能吸引更多新客户，维系好老客户。网店售后的内容非常多，例如商品使用解答、退换货处理、中差评处理等都属于售后服务的范畴，其中退换货处理和中差评处理是网店客服售后服务的主要内容。

①退换货处理。

退换货是网店售后中较为常见的现象，当客户对购买的商品不满意或者尺码不合适时，都会申请退换货服务，网店客服应根据实际情况快速做出相应处理，即时回复，安抚客户。回复时间不超过5分钟。通常来说，客户申请退换货时主要有退货、换货以及折价几种情况，每种情况的具体处理方式如下：

退货：淘宝网通常是7天无理由退换货，有些商品甚至是15天无理由退换货。当客户收到商品后，对商品不满意时，可以申请退换货服务。客户申请退货时，卖家首先要了解客户退货的具体原因，以及是否符合退货的要求，确认之后再将卖家的退货地址发给客户。

换货：当客户觉得商品的尺寸、颜色、款式等不合适时，会申请换货处理服务。这时客服需要先确定商品是否符合换货的要求，售出的商品、吊牌等是否完整，是否影响商品的二次销售。如果符合换货要求，需要提供给用户换货的地址，并请客户告知物流凭证，收到客户退回的货物再换货发回去。

折价：折价是指当客户签收货物后对商品不满意或者商品存在瑕疵时，会向卖家反映商品情况，此时客服需要和客户协商处理，客户可以发送照片或录制视频方式向客服详细反映商品问题，客服可以根据商品具体情况和客户协商是否折价以及折价多少等，客户同意折价后客服需要向客户退还相应的费用。

②中差评处理。

对于中大型的网店，特别是一些天猫旗舰店铺，每天都会有大量交易，因此交易过程中难免会在某些方面给客户带来不好的购物体验，那么店铺的中差评也随之而来。中差评对于店铺信用有非常严重的影响，因此处理好中差评也是网店客服的重要工作内容之一。网店客服在处理中差评时需要遵循一定的流程和方法，这样才有助于问题的解决。常见的流程和方法如下：

耐心倾听，真诚道歉：当客户向客服反映商品问题时，客服首先应耐心倾听客户的抱怨，真诚地向客户道歉，并向客户详细解释原因，解除客户对于店铺的误解。

提出完善的解决方案：客服在遇到客户投诉时，应当立即着手处理，尽快提出合理的解决方案，如退换货、折价、送赠品等，尽量给客户一个满意的答复，有效化解同客户之间的误解，挽回企业的信用。同时，针对客户反馈的问题，主动向店铺负责人反映存在的问题，以避免日后事件的再次发生，降低客户的投诉率。

引导客户修改中差评：在收到客户中差评之后，首先，客服需要主动联系客户，向客户诚恳道歉并了解差评的原因。通过与客户协商沟通，客服向客户提出令双方都满意的解决方案，为客户退换货或者折价。其次，恳请客户修改中差评。当然，如果是客户的责任，也需要客服真诚地和客户沟通，恳请其修改中差评。

③物流问题处理。

以淘宝争议处理为例，该规范明确说明：卖家按照约定发货后，收货人有收货的义务，收货人可以本人签收商品或委托他人代为签收商品，被委托的签收视为收货人本人签收。也就是说，货物风险转移的关键在于收货人是否签收。一般情况下发错货问题、破包问题、质量问题属于卖家因素；物流信息不更新、物流超区、显示签收但买家未收、破损处理等问题属于物流公司因素；遭受不可抗力事件的一方，可以免除责任履行合同的责任或推迟履行合同，对方无权要求赔偿。

④售后工作规范。

有问题的产品需拍照确定质量问题：如果是因为质量问题申请的退换货，需要请客户发图片确定后再处理。图片必须用客户 ID 命名，并及时存档，确认后给予客户相应的处理，非质量问题则无须确定。

延长订单交易时间：产品确定好退换后，不管是退还是换，都需要给客户的订单交易时间延长 10 天（已交易成功的除外）。

为客户提供退货信息：为客户提供退换货地址等信息（如有快递要求同时提供，例如，本店只接受××快递和 EMS，不接受平邮快邮，除顺丰和申通外，不接受任何形式的到付，到付拒签等）并做相应的处理。

进行交易备注：在客户相应的交易备注里进行备注——所有售后退换货，如客户是在淘宝平台上拍下的，则需要将退换货内容处理及客服处理日期记录到客户的交易备注里。

登记发错货文档：如果是客服发错货或漏发造成的，要登记在发错货文档。

反馈质量问题：如果是产品质量问题或产品尺寸做错等造成的退换货，应反馈给相关的处理人员，包括客户对款式、尺码、颜色等的各类反馈意见。

缺件问题：首先要核实订单、包裹内的发货清单及物品是否吻合，排除仓库分单发货的可能性。如发送清单上的货品缺失而快递包裹完好，让客户把收到的产品、纸箱、配件、快递包裹袋等全部物品放到电子秤上称一下并拍照核实。因快递过失造成丢包、破损等，对赔偿的具体产品、金额，即时制作成图表进行登记，以便月底核算。

⑤售后工作原则。

不管是质量问题还是非质量问题，能不退换尽量不要退换。要合理控制退款率和退货率，但应对客户负责。注意客户的心态，客服要做到以诚待人，耐心地处理事情。如果是店铺自身问题造成的退换货，要及时负责来回邮费，帮客户调换或退款。如果是非店铺自身原因造成的退换货，也要了解客户退换的真正原因，以帮助产品和店铺的改进优化。凡是售后问题，或者产品无库存通知问题，如果客户不在线的情况下，需要用电话、短信来联系解决（回复售后旺旺上的离线消息除外），不要被动等待客户联系。

正常情况下，所有的退换，都是让客户退回货后，再退款，或换回。如有特殊情况，比如是店铺自身的过错，客户急需收到更换产品的，也可以破例在客户寄出商品并提供快递单号时快递出商品。遇到棘手客户，或售后处理中存在隐患的客户的情况下，需要客服养成随时截屏关键聊天记录的习惯，懂得用淘宝维权。

关于换货邮费问题：如果店铺没有运费险，因宝贝出现质量问题或描述与实物不符的情况，可采取"一切退换货产生的邮费由我们承担，请您先帮忙垫付，等交易完成您和我们联系，会退到您支付宝账户上，请您放心"等类似话术；如果不是店铺的问题，可采取"非质量问题的换货邮费您需自理哦"等类似话术。

⑥评价管理。

在评价管理中查客户的评价信息：客户反馈不好的情况，经核实后及时改进并反馈给客户；好的情况进行表扬；要将回评和解释利用起来，店铺流量基数大的时候，不少流量是来自产品的评价。

定时收集好评中售前、售中、售后问题：每天将新出的好评中反映各种问题的信息，进行分类汇总，适当与客户进行沟通。

引导好评：针对客户好评，可以开展一些活动，引导客户给予好评（比如5分截图送店铺优惠券或者免运费）。

（4）客服服务技巧。

在销售中，在线客服还需要尽量杜绝以下问题发生：

①直接拒绝客户的所有要求。

②批评、讽刺客户。在线客服需要做的是提供更多人性化的服务，而不是只为彰显自己的专业能力而打压他人。

③表示或暗示客户不重要。与客户沟通的过程中，不要对客户提出的一些质疑或要求表现得不耐烦，不要在言语间透露出一种"有你没你网店一样存活"的态度。

④出现变故不及时告知客户。因库存、物流等出现变化时，应当第一时间与客户进行沟通。

客户对客服的真实期望如下：

①我需要你来负责：客户希望当遇到问题的时候，客服能快速有效地解决问题。

②我需要你有态度：客户希望客服能尊重他，并且重视他的问题。

③我需要你站在我这一边：客户希望客服代表他们的利益，而不仅仅是客服自己或者店铺的利益。

④我需要你让事情变简单：客户不希望通过咨询让问题变得更复杂，他们希望客服能给出最直接的解决方式。

⑤我需要你随叫随到：客户希望客服能够随时帮助他们，无论何时何地，他们有问题客服就能马上解决。

⑥我需要你是一个专家：如果客户能够自己解决问题，他们肯定不会咨询。一旦他们咨询了，就希望客服能专业且有效地解决问题。

客户服务准则如下：

①把"我不能"换成"我能"：当你说"我不能"的时候，客户会产生负面情绪，所以你应该先告诉客户你能做什么，并且表示非常愿意为他提供帮助。

②把"对不起"换成"解决方案"：客服服务其实就是在解决问题，道歉可以安抚客户，但不能解决问题，把问题的重点放在解决事件上。

③把"但是"换成"原因"：无论你前面讲得多好，后面出现"但是"，就等于把前面所有的话都否定了。为了让客户接受你的提议，你应该告诉他原因。如果你不能满足客户的要求，也一定要解释清楚为什么。

客户投诉的应对技巧如下：

①投诉解决宗旨：挽回不满意的客户。

②解决投诉的"三字诀"：短——渠道短（提供便捷的反馈渠道）、平——代价平（合理的帮助）、快——速度快（高效、及时、迅速处理）。

③如何提高处理投诉的效率：完善投诉处理机制；注重信息处理客户投诉的规范性和效率性，形成一个闭环的管理工作流程；做到有投诉立即受理，迅速且有结果，处理后一定要回访；建立投诉归档资料。

（5）智能客服阿里店小蜜。

随着店小蜜等智能产品的不断推广和普及，人工智能训练师逐渐发展成为电商在应用智能时的一个标配。智能客服可以帮助企业提升电商团队的服务能力，提高客户的购物体验。阿里店小蜜是阿里巴巴推出的商家版智能客服机器人。

①开通阿里店小蜜。

阿里店小蜜的开通很便捷，通过店小蜜官网及千牛工作台，所有淘宝、天猫商家都可以提交使用申请。阿里店小蜜主要的智能接待模式包括全自动接待模式和智能辅助（半自动）接待模式。全自动接待模式是由阿里店小蜜独立接待客户。具体后台运作过程为：千牛把客户分流给全自动机器人，机器人自动发送欢迎语及快捷卡片，识别并回复客户问题。在此过程中，如果无法识别客户问题，就会进入全自动设置的直连人工场景，可无缝转接人工。如果转接人工失败，则可通过查看接待记录找到转人工失败的客户，手动分配客服。目前，全自动接待模式有人工优先、助手优先、混合接待三种接待方式。智能辅助依附于客服账号和客服一起接待客户，它可以代替客服自动回复，也可推荐回复内容供客服选择,相当于客服的智能助手,也称为半自动机器人。

②基本功能简介。

阿里店小蜜常用的回复问题和答案在此区域编辑,常用问题主要分为行业通用问题、自定义问题两种类型。根据问题的方向又分为聊天互动、商品问题、活动优惠、购买操作、物流问题、售后问题、更多问题七个类型。我们在添加行业通用问题以及自定义问题的答案时,店小蜜除了能给我们提供文字回复外,对于客户提出的相同问题,还能提供多种不同回复,对于一些复杂问题可在答案后附加图片。

知识库是店小蜜的"智能大脑",里面储存着小蜜回复给客户的知识信息,所以知识库的创建和维护对小蜜的使用至关重要。知识库中的核心部分是店铺知识,店铺知识又按照售前、售中、售后的不同阶段将日常的咨询问题分为七个大类,包含商品问题、活动优惠、购买操作、物流问题、售后问题、聊天互动、更多问题,每个大类下又有若干小类的问题。在商品知识库功能页面中,卖家可新增自定义知识,回复方式可选择图文回复或直连人工客服。选择直连人工客服方式,当客户咨询的问题无法在商品知识库中识别时,则直接由人工接待。

店铺问答诊断功能可根据卖家店铺的客服接待数据,给出知识优化建议,卖家无须再逐一浏览客服聊天记录即可获取知识库的配置提示。该功能包括:按照智能诊断结果优化知识库内容;客服可以参考店铺客服以往的回复话术作为回复依据,来维护自己专属的回复话术;参与优化自动识别模型等。跟单助手包括配置面板、任务列表和数据看板三个模块。

智能商品推荐是基于店小蜜"千人千面"的智能推荐算法,在不同场景下,给客户推荐最有可能成交的商品,最终提高客单价,在该页面可设置欢迎语推荐、求购推荐、搭配推荐及其他推荐。

3. 客户关系管理

(1)千牛接待中心客户管理。

为了更好地与客户保持长期稳定的关系,卖家需要随时和客户进行互动,这就需要建立与客户沟通的通道。目前,淘宝网常用的即时沟通工具是千牛工作平台的"接待中心"。

①编辑基本资料。

编辑卖家基本资料。登录千牛工作台后,直接单击页面右上角的"接待中心"按钮,或者直接单击千牛悬浮条中的"接待中心"按钮,可以修改卖家的资料。

编辑客户信息。用鼠标右键单击某个联系人名字,在弹出的快捷菜单中选择"查看资料",除了可以修改该联系人的所属分组外,还可以为其编辑一个昵称。

②自动回复。

打开千牛接待中心页面,单击页面左下方的"≡"按钮,选择"系统设置",进入"系统设置"页面,选择"接待设置",在页面左侧列表中选择"自动回复",再单击右侧的"自动回复"按钮,可以"设置自动回复"。

③快捷回复。

在千牛工作台中打开聊天窗口,在小工具中单击"☺"图标,在右侧窗格中单击"新建"按钮,可以设置快捷回复,编辑好之后单击"保存"按钮即可。在出现的"系统设置"对话框中，可以对文件传输、聊天记录保存、消息提醒方式等多个选项进行具体设置，这需要根据实际情况来调整。

④消息中心。

单击悬浮窗口中的"消息中心"按钮，可进入千牛工作台的消息中心。消息中心的消息分为系统消息、服务号消息和行业消息。当客户通过旺旺向客服咨询时，客服首先应该将客户加为好友，并放到相应的分组中。在聊天页面上方单击客户的旺旺名，在打开的客户资料页面可对该客户进行分组。客服也可以将客户添加到旺旺群，通过群与客户建立感情，了解客户对品牌、产品、服务的体验。同样也可进行客户分类管理，在客户运营平台页面，单击"客户列表"按钮，在打开的页面中将显示网店的客户信息，单击某一客户中的"详情"按钮，即可看到该客户的具体信息。进入客户详情页面后，卖家可对客户信息进行编辑和补充，单击右上方的"编辑"按钮，进入编辑页面。在编辑页面中可对客户的个人信息及会员状态进行设置。此时，卖家可针对不同的客户做营销。

（2）客户信息收集与分析。

①客户信息收集。

网店的客服如何找到一个合理的标准对客户进行分类，然后根据不同类别的客户，通过不同的方法进行维护是维护客户关系的重点。可利用淘宝大学、知乎以及与客户关系维护相关的微信公众号等网络资源进行相关资料的查询，了解客户关系维护的相关内容，具体可参照表2-35。

表2-35 客户信息统计

基本数据	消费数据	行为数据	营销数据
姓名	客单价	退款率	聚划算
性别	累计购买金额	好评率	参与度
职业	货单价	最后登录时间	免邮次数
地区	购买商品数量	店铺签到次数	优惠券使用概率
生日	时段购买金额	兑换积分情况	彩票赠送次数
联系方式	最后购买时间	收藏店铺情况	店铺会员优惠次数
会员等级	购买商品SKU	静默下单次数	订单改价次数
			礼品赠送情况

②客户信息整理。

卖家通过站内CRM（客户关系管理）工具或第三方信息收集工具收集基本数据、消费数据、行为数据、营销数据等信息后，进行第二阶段信息整理。

③客户分类及差异化服务。

忠诚客户是指消费能力强，但很久没来的客户群体，这类群体经济能力有限，但对本店产品很热衷；近期新客户，购物频繁、消费能力高。针对流失客户或者尚未流失，但不太热情的客户群体，由于前期失误，没有把握住此类客户，可采用下单关怀、催付提醒、二次催付、物流提醒、宝贝关怀、付款关怀、回款提醒、退款关怀、评价关怀、手动订单提醒等方式挽回客户。针对不同情况的应对方法策略如表2-36所示。

表 2-36 交易出问题的原因及方法策略

序号	原因	方法策略
1	下单未付款	常规催付、二次催付、付款关怀
2	交付问题	发货提醒、到达提醒、疑难件提醒、派件提醒、签收提醒
3	商品问题	宝贝关怀
4	退货问题	退款关怀
5	评价问题	评价关怀

首先使用情感关怀挽回法，其次针对不同的情况采用不同的挽回方法，如表 2-37 所示。

表 2-37 客户流失原因及挽回方法

流失原因	挽回方法
忘记店铺	明确店铺定位和宣传标语，在宣传品上标注，让买家形成记忆。 某些类目通过赠送小礼品，既能深化买家记忆，又能宣传店铺。 设置"收藏有礼"活动，引导买家收藏店铺。 采用客户关怀办法，定期发送祝福短信或者新品推荐信息及进行高价格商品电话关怀等
满意度下降	建立阶梯会员制度，让忠诚客户享受更大折扣。 为提升会员购买频率提供层级性的更高优惠政策。 划分商品矩阵，把利润商品更多地用于会员权益
竞品因素	定期进行客户调研和行业研究，不断推出新品，满足消费者的新鲜感。 把签到有礼等营销活动和新品调整、新品上架相结合。 以组合式营销策略推广新品，抢占优质客户
价格问题	开展促销活动时，将优惠力度较大的商品优先推荐给价格敏感的流失客户，特别是只购买过一次的客户。 结合利润商品打折，建立稳固的会员权益体系，防止老客户流失。 针对不同细分人群，采用商品搭配优惠策略，尝试挽回可能流失的客户

4. 客户忠诚度管理

客户忠诚度是指客户忠诚的程度，是一个量化的概念。客户忠诚度是指由于质量、价格、服务等诸多因素的影响，客户对某一企业的产品或服务产生感情，形成偏爱并长期重复购买该企业产品或服务的程度。

（1）VIP 设置。

淘宝网后台的会员管理系统将会员分为普通会员、高级会员、VIP 会员、至尊 VIP 会员四个等级。VIP 的设置方法如下：

①依次单击"客户运营平台"→"忠诚度管理"→"立即设置"选项，进入 VIP 设置页面。

②在打开的页面中，设置会员卡名称，选择需要设置的会员卡等级。例如，选择高级会员卡的设置，可单击右上方的"设置"按钮，即进入高级会员卡的设置页面。

③在高级会员卡设置页面，卖家可以设置会员卡消费额度或交易次数，会员可以享受的会员折扣、会员卡外观等，设置完成后，单击右上方的"保存"按钮即可。

（2）客户关怀。

对老客户的关怀，可以提升其满意度。当其再次购买时，因为信赖产品及服务，从而更加愿意尝试高价产品，并对其进行宣传。目前，常用的关怀工具有短信、电话、旺旺、邮件等。可采取关怀方式如下：

①售后关怀。包括发货关怀、同城关怀及签收关怀。

②节日关怀。在节日来临前，客服通过短信或旺旺对客户进行关怀，并适当推送促销信息，也会达到不错的效果。例如，夏季高温不退，伴着一缕清风为您送上这一季的祝福，愿您清凉一"夏"，愿轻松和愉快萦绕在您身边。

③促销关怀。当卖家发布新品，开展店庆、日常促销、节日促销时，通常会提前发送优惠券或红包，客服应及时告知客户活动的相关信息。例如，尊敬的××，还记得您与我擦肩而过的那一刻吗？"双十一"来了，这一次不要再错过哦！全场五折包邮，外加50元优惠券送上，记得提前收藏哦！

（3）客服绩效管理。

客服绩效考核是卖家针对店铺客服岗位制定的相关工作方法和考核指标。加强店铺客服的绩效管理既是考核客服绩效和薪资管理的重要方式，也是提升店铺营销效果的重要举措。下面针对网店客服绩效管理的基本原则和绩效管理工作的相关内容进行介绍。

①绩效管理基本原则。

一致性原则。一致性原则主要表现在两个方面：绩效考核的内容应当与企业营销目标一致，能够体现出店铺运营对客服的行为导向；绩效考核标准、内容和方法应当与客服工作岗位的特点一致。如果不顾实际情况，采用与客服工作岗位特点不相关的内容和方法进行考核，就难以达到绩效管理的目的。

公开透明原则。在整个绩效管理过程中，要坚持公开、透明的原则。在制订绩效计划阶段，企业领导应当向客服公开绩效考核的目标、内容和方法等信息；在绩效监控和绩效评定阶段，应当向客服公开每人的绩效考核成绩，杜绝暗箱操作；在绩效反馈阶段，对于客服的评价信息应当及时迅速传达给客服，使他们了解自己的长处并看到自己的短处，在以后的工作中做到扬长避短。

沟通原则。绩效管理的目的在于保证客服的工作行为和表现结果与企业营销目标一致，而要保证这种一致性，必须保持店铺运营管理人员和客服之间的有效沟通。从制订绩效计划到绩效监控、绩效考核，再到绩效反馈，整个绩效管理过程的运转都依赖于店铺运营人员和客服之间的沟通。不管这种沟通是正式还是非正式的，都有利于双方达成一致，有利于实现绩效管理的目标。

②绩效管理工作流程。

制订绩效计划。绩效计划的制订依赖于店铺管理人员和客服的沟通，店铺管理人员要提供关于店铺发展目标和对客服的工作期望、工作要求、考核标准及绩效管理目的、方法等信息。绩效计划中最重要的一项内容就是绩效标准的界定。店铺管理人员应向客服说明绩效的哪些方面对店铺来说是重要的，客服在工作中应该如何按标准做出绩效。例如，对于售前客服，绩效考核指标是销售额完成量、咨询转化率、旺旺回复率等。

绩效监控。绩效监控实际上就是贯彻、实施绩效计划的过程，主要工作是关注客服的绩效信息，与客服就工作绩效进行持续不断的沟通，指导、帮助客服提高工作效率。在整个绩效管理过程中,绩效监控的时间跨度最大,它为后续的绩效考核提供信息,并通过及时指导直接促使客服与店铺营销目标保持一致。

绩效考核。绩效考核是绩效管理过程中最为关键的部分。为确保绩效考核的科学性,必须就考核人员和考核办法做出严格规定。客服绩效考核的具体实施者必须对绩效考核的目标、标准及被考核的客服有全面的了解,以便识别完成工作所必需的关键行为。

绩效反馈。许多店铺的绩效管理工作进行到绩效考核就基本结束。事实上,绩效考核后的绩效反馈同样有着重要的意义。绩效考核只是手段,不是目的。网店客服绩效管理的真正目的在于了解网店客服工作的真实价值,采取有效措施促进客服的工作行为朝着店铺期望的方向改进。

具体来说,网店客服绩效考核的内容主要包括工作业绩、工作能力以及工作态度几方面。工作业绩主要从每月销售额和上级主管安排任务的完成情况来体现;工作能力则是从个人实际完成的工作成果以及各方面综合素质来评价其工作技能和水平,如从专业知识掌握程度、学习新知识的能力、沟通技巧以及语言文字表达能力等几方面进行考核;工作态度主要对客服日常中的工作表现予以评价,包括客户纠纷、责任感以及信息反馈及时性等。

根据客服绩效考核结果,可以将客服的工作情况划分为不同的等级,这也是进行客服职位晋升、绩效提成发放、岗位工资调整时参考的主要依据。当然,对于不同岗位有不同的客服绩效考核方法。

流程四 网店流量获取

(一)学习目标

学习目标如表 2-38 所示。

表 2-38 学习目标

知识目标	(1) 了解 SEO 的概念及影响 SEO 的因素; (2) 掌握商品标题关键词的类型; (3) 掌握商品标题组合的原则; (4) 了解商品主图和详情页的重要性; (5) 掌握购物路径的概念; (6) 掌握网店首页布局设计的原则; (7) 掌握关联销售的形式; (8) 了解 SEM 推广的概念; (9) 理解 SEM 广告的检索原理; (10) 理解 SEM 广告的扣费机制; (11) 了解信息流推广的竞价机制; (12) 了解淘宝客推广的原理

续表

技能目标	（1）能根据搜索引擎的工作原理和商品关键词常用挖掘策略，通过对商品和用户的分析，拆解关键词词根，完成商品关键词的挖掘工作。 （2）能根据关键词分类方法与规范，通过数据分析，对挖掘的关键词进行分类，建立关键词词库。 （3）能够根据推广需求，制定SEO策略，并在网店运营推广高级实训系统内实施SEO推广，提高网店的曝光率，获取网店运营推广高级实训系统免费流量并对结果进行分析和优化。 （4）能够根据推广需求，制定SEM策略，并在网店运营推广高级实训系统内实施SEM推广，提高网店的曝光率，获取站内付费流量并对结果进行分析和优化。 （5）熟悉常见的信息流渠道，并了解各自的优劣利弊。能够根据推广需求，制定并实施可行的站外推广策略，并对结果进行分析和优化
素质目标	（1）具备信息收集、分析的能力； （2）具备系统思考和独立思考的能力； （3）强化遵守电子商务平台规则的工作意识； （4）具备团队协作的精神； （5）具备数据分析的能力； （6）强化电子商务法律法规意识； （7）具备精益求精的工匠精神； （8）具备严谨负责的工作态度； （9）具备勇于探索的创新精神； （10）具备创新思维和敢闯会创的创业精神

（二）明确任务

团队在网店商品上架后，急切地想要销售商品，形成订单。根据销售漏斗原理，只有较多的引流才会有更多的销售量。团队需根据企业战略目标、市场情况、商品特性、对手策略等，制定自身的推广策略，实施站内SEO（搜索引擎优化）/SEM（搜索引擎营销）推广、站外推广，成功获取流量，并进一步分析、优化，逐渐增加网店流量。

（三）获取资讯

了解本流程需要掌握的内容，包括流量来源、关键词挖掘、SEO优化及SEM推广要点及信息流推广规划等，首先需要收集相关资料。

☞引导问题1：关键词挖掘的流程是什么？

☞引导问题2：关键词挖掘的方法有哪些？

☞引导问题3：商品标题优化的策略和技巧有哪些？

☞引导问题4：商品详情页优化可以从哪些方面着手，需要注意的点有哪些？

☞引导问题5：SEM推广账户优化的思路和方法是什么？

☞引导问题6：信息流推广账户优化思路和方法有哪些？

（四）制订计划

制订计划如表2-39所示。

表2-39 制订计划

序号	任务	任务流程	开始时间	完成时间	负责人	完成情况
1	站内SEO优化	关键词挖掘与分析				
2		商品标题制作与优化				
3		详情页优化				
4	站内SEM推广	搜索推广策略制定				
5		搜索推广账户搭建				
6		搜索推广效果分析				
7		搜索推广账户优化				
8	信息流推广	信息流推广策略制定				
9		信息流推广账户搭建				
10		信息流推广效果分析				
11		信息流推广账户优化				

（五）做出决策

（1）根据推广需求，制定并实施平台活动参与策略，提高网店的曝光率，获取平台活动流量。

（2）根据推广需求，制定并实施可行的站内付费推广策略，提高网店的曝光率，获取站内付费流量。

（3）根据推广需求，制定并实施可行的站外付费推广策略，提高网店的曝光率，获取站外付费流量。

（4）对平台活动参与效果进行分析，并根据分析结果优化平台活动参与策略，有效增加网店的平台活动流量。

（5）对站内付费推广效果进行分析，并根据分析结果优化站内付费推广策略，有效增加网店的站内付费流量。

（6）对站外付费推广效果进行分析，并根据分析结果优化站外付费推广策略，有效增加网店的站外付费流量。

（六）工作实施

1. 站内SEO优化

任务交付1：对商品进行关键词挖掘，需要对商品的标题、属性和商品描述进行分析，通过拆分关键词等手段找出商品的核心词、属性词、品牌词、营销词、长尾词相关词，并将关键词进行分类，根据关键词属性及表述对关键词进行拓展，参照表2-40，完成关键词的挖掘和收集。

表2-40 带有数据的关键词分析

序号	类别	关键词	展现量	点击率	转化率	竞争指数

任务交付2：商品标题优化是对商品的标题进行符合规则的优化，使之能够在众多同类商品中的排名靠前，增加展现量、点击量以提升转化的过程，是提高商品排名、获取自然搜索流量的重要手段。通过淘宝下拉框、生意参谋等方式挖掘关键词，形成动态词库，并进行搜索排名，填入表2-41。

表2-41 关键词挖掘及商品排名统计

关键词	搜索排名

任务交付3：该商品属于标品爆款商品，有明确的规格，运用商品标题优化策略，挖

掘选择关键词,并和保留的关键词组合成新的商品标题,填入表2-42。

表2-42 新标题关键词搜索排名统计

商品标题	
关键词	搜索排名

任务交付4:团队要对网店进行商品详情页的设计,可是不知道该如何设计商品的详情页。究竟什么样的详情页才能提高消费者的转化率?为此团队展开了淘宝平台商品详情页的调研与分析。在淘宝网选择三个以上类目商品详情页进行调研(包含唐三彩类目),填入表2-43。

表2-43 类目调研

类目1	
类目2	
类目3	

任务交付5:每个类目根据搜索词寻找三个排名靠前商品的详情页,观察和分析每个详情页的布局内容,并进行比较,填入表2-44,记录每一个类目中一个详情页的情况,并提出店铺商品详情页优化策略,填入表2-45。

表2-44 详情页分析

详情页截图	模块内容描述	分析内容的优劣势

表2-45 店铺商品详情页优化策略

详情页所包含的内容及设计框架	
下一步的优化计划	

任务交付6:观察产品类目不同卖家的商品详情页关联销售设计,收集三种不同形式的关联销售,并分析卖家关联销售的内容,思考卖家设计关联销售导流的思路和目的,填入表2-46。

表2-46 商品关联销售思路

商品	关联销售内容和形式分析	关联销售思路与目的分析

2. 站内 SEM 推广

爆款商品推广策略的核心是与行业卖家竞争最大流量入口，使商品达到行业曝光度最大化，因此爆款商品直通车的关键词应优先选择行业内的热搜词，以引入大量流量。非标品类目的关键词较多，关键词的竞争度相对较低，因此在添加关键词时，可以偏向于行业内的属性词、短词或品牌词等热搜词，适当增加长尾词来实现精准引流，并降低关键词的平均点击花费。

任务交付 1：非标品爆款适合行业热搜词，添加关键词时应更加注重关键词的搜索人气、点击率、转化率等数据。首先找出行业内的热搜词，填入表 2-47，并根据商品判断相关性，提出不相关或低相关的关键词。

表 2-47　行业热搜词统计

序号	关键词	搜索人气	点击率	转化率	竞争指数

任务交付 2：由于非标品类目的搜索词较多，在打造爆款时，还应适当添加具有一定搜索人气的精准长尾词实现精准引流（填入表 2-48），并降低关键词的点击花费。

表 2-48　精准长尾词统计

序号	关键词	搜索人气	点击率	转化率	竞争指数

任务交付 3：非标品类目客户搜索的多样化导致可推广关键词较多，但由于推广资金有限，推广商品较多，可选择部分商品进行推广，并合理分配推广资金。为了实现推广效果最大化，还可以设置详细的推广地域与推广时间策略。针对不同的推广商品，要添加关键词，进行匹配方式设置、出价，为了降低推广成本，提高推广效果，还可以进行创意的编辑与优化、人群溢价。

制定推广策略，确定推广商品，分配推广资金，确定推广地域、推广时间与推广方式，力求以最小的花费，获得合理的流量，并达到爆款商品打造与新品或滞销品促活的目的。参照表 2-49，完成推广计划策略。

表 2-49　推广计划策略

序号	推广商品	推广资金	推广地域	推广时间	推广方式

任务交付 4：非标品类目可推广的关键词较多，不同商品选择不同的关键词，推广效

果不同。爆款商品与新品/滞销品的市场竞争力不同，关键词策略也就不同，应为不同的商品制定不同的关键词策略，参照表2-50，完成关键词策略。

表2-50 关键词策略

商品分类	推广商品	关键词策略
爆款		
新品/滞销品		

任务交付5：设置创意流量分配方式，可根据商品信息与推广关键词，编辑与优化创意，完成表2-51的填写。

表2-51 创意编辑及优化

排序	根据商品编辑创意	根据推广关键词优化创意

任务交付6：结束推广后，点击推广计划、关键词、创意、精选人群，查看并分析推广数据，将数据填入表2-52中。

表2-52 账户数据分析与优化

分析项目	分析结论	优化建议
推广计划		
推广单元		
关键词		
创意		
精选人群		

3. 信息流推广

交付任务：浏览淘宝或手机淘宝，收集四个超级推荐资源位（手机淘宝→首页猜你喜欢、手机淘宝→购中猜你喜欢、手机淘宝→购后猜你喜欢、手机淘宝→猜你喜欢微详情等资源位），填入表2-53。

表2-53 超级推荐资源位

序号	资源位位置	优秀推广创意	资源位特点

（七）评价反馈

评价说明：在本次任务完成后，由任课教师主导，采用学习过程评价与学习结果评价相结合的方式，综合运用自我评价、小组评价及教师评价三种方式进行评价。由教师确定三种评价方式分别占总成绩的比例，并加权计算出学生个人本次任务的考核评价分。任务完成考核评价表如表2-54所示。

表2-54 任务完成考核评价表

流程名称	网店流量获取	班级	
项目组名称		学生姓名	
评价方式	评价内容	分值	成绩
自我评价	负责任务的完成情况	20	
	对网店流量获取知识和技能的掌握程度	40	
	是否胜任小组内的工作	25	
	能否积极认真负责地完成组内分配的任务	15	
	合计		
小组评价	本小组的本次任务交付情况及完成质量	30	
	个人本次任务交付情况及完成质量	30	
	个人的合作精神和沟通能力	20	
	个人针对问题的理解、分析和处理能力	20	
	合计		
教师评价	运用商品标题优化策略组合新标题，能够完成商品标题拆分，挖掘新的关键词	10	
	能比较分析每一个类目中商品详情页，能对每个调研商品的详情页进行总结分析，能针对文具类目提出优化策略，能够完成产品类目商品详情页的设计框架	15	
	掌握商品关联销售技巧，能够对店铺内商品设置关联销售	10	
	能够通过SEO优化提高店铺浏览量、平均访问时长及平均访问页数	10	
	能够根据店铺运营情况，设置SEM推广方案，并进行费用精准投放，有效提升关键词排名及转化率	15	
	能够根据店铺运营情况，设置站外信息流推广方案，并进行费用精准投放，有效提升关键词排名及转化率	15	
	信息收集、分析、文字总结提炼能力	10	
	数据分析应用能力	10	
	团队的沟通协作情况，共同完成任务且分工明确	5	
	合计		
总评=自我评价（ ）×0.2+小组评价（ ）×0.2+教师评价（ ）×0.6=			

（八）知识园地

1. 推广策略制定与实施

（1）流量人群的划分。

新客户流量的获取：获取流量主要还是获取新客户带来的流量，网店平台的推广工具流量和平台活动流量，都是获取新客户的重要手段。

浏览回头客流量的获取：推广工具为我们匹配了针对浏览过但未成交卖家、浏览收藏过店铺的客户等，与店铺发生过未成交之外的关系的客户精准的营销推广方法。

老客户流量的获取：在店铺运营中，老客户的流量更容易和店铺的运营节奏有效配合，因为老客户对店铺有二次信任，所以具有成交件数和成交金额偏高的特征。

（2）流量的分配机制。

流量分类：店铺流量按照推广过程付费与否，可分为免费流量和付费流量。其中免费流量包含自然搜索流量与平台活动流量，付费流量可分为站内付费流量和站外付费流量。

目标拆解：为了更好地完成流量需求，还要将流量目标分解到各个流量渠道，这样即可通过对流量目标的监控和调整让其变得可控，从而使销售目标的完成过程变得可控。

流量的分配比例：免费流量按照流量目标正常拆解后，可得到搜索流量和平台活动流量的占比，而付费推广流量的分配比例除参照流量目标外，还需要结合推广费用情况做出判断。

（3）平台活动前期策划及实施。

①活动类别及数量：比如半年周期内，参与大型促销活动及平时主题活动的数量。

②确定活动目标：做平台活动需要确定目标——拉新、活动，或提高销量、增加收入。

③确定活动时间：比如电商大型促销日，比如淘宝"双十一""双十二"，京东"618"，苏宁易购"818"，亚马逊黑五日等。

④活动对象：通过对用户的个人信息、购买偏好等行为分析，并结合产品自身的特点，最终确定活动的目标人群。

⑤商品选择：确定参加活动的产品、价格、库存等信息。为平台活动产品进行分类，包括引流款、基础款、形象款等。

⑥确定活动方式：产品让利一定的折扣，或者许诺一定的利益，吸引用户购买更多的产品，甚至购买原本不在购物清单内的产品。

（4）平台活动中期策划及实施。

①需要提前关注报名流程，做好报名工作中图片、链接提交工作，商品价格和标题设置、网店 Logo 悬挂工作，避免报名失败。

②做好活动报名前活动产品详情页设置及店铺页的产品关联销售，促进产品销量，提升客单量。

③提前做好客服分工、客服培训工作，做好售后客户商品疑问、退货、投诉及回访工作，提升店铺形象，为日后积累客户做好强有力的准备。

④活动前做好网店预热工作、老客户促销通知工作，避免因冷场而造成库存积压问题。

⑤提前准备好发货工作，避免因订单增加而使发货不及时，造成客户投诉。

⑥风险监控，活动上线前，就要对活动上线后可能遇到的问题提前预测并做出应对措施。

（5）平台活动后期策划及实施。

①效果评估：对本次活动的 UV、转化率、销量、物流、资源投入、人员投入和产出等进行评估，以制定下一步活动目标。

②活动总结：主要看流量指标和销售指标的完成度。比如流量指标，如 UV、PV、首页访问数据、分类页访问数据等；销售指标，如销售额、客单价等。

2. 站内 SEO 优化

在进行站内 SEO 关键词优化时，每个商品最多设置七个关键词，关键词分别用"；"号隔开；如果所设关键词超过七个，则保存前七个；每个关键词字数不能超过十个字；注意这里设置的关键词是自然流量的关键。

SEO 商品排名得分＝SEO 关键词排名得分×0.4＋商品绩效得分×0.06，SEO 商品排名得分高者排名前列。

SEO 关键词排名得分为"0"，则视为卖方设置的标题关键词与买方搜索的词不匹配，不能参加 SEO 排名。

SEO 关键词排名得分＝关键词搜索相关性（数据魔方提供）×SEO 关键词匹配方式得分。

SEO 关键词匹配方式分为：完全匹配、高度匹配、部分匹配。

3. 站内 SEM 推广

（1）站内付费推广策略制定与实施。

①店内营销促进爆款成交：通过对市场趋势数据的分析，爆款导入期，需抓住市场趋势节点，把握爆款上架时间和推广节点。

②直通车维护爆款销量：在爆款的推广中期，常用的推广方式包括直通车、淘宝客，但直通车可控因素更强，推荐使用直通车作为产品销量提升的重点发力手段。

③爆款打造和爆款防守：遇到竞争对手追款时，再次付费推广发力或者通过活动资源冲量，形成流量端口的防守，不要让竞争对手占据流量优势，一定要注意对同行的流量数据、转化数据、销量增长幅度数据的监控。

（2）站外付费流量分解。

根据推广预算费用，对站外付费推广工具分摊的流量进行统筹规划。虽然站外付费推广的形式很多，但是结合网店的具体形式，发现可控性好、性价比高的推广形式较少，具体以能够跟网店充分结合的信息流广告为主，搭配微博、小红书等进行站外付费形式说明。

（3）站外付费推广策略制定与实施。

推广之前要考虑两个问题：第一，推广出去有没有人关注，这是关键；第二，推广是针对目标人群，还是只是广撒网，全然不顾资源是否被充分利用，这是痛点。网店如果没有考虑好这两个问题就开始站外推广，那么一定不会达到理想效果。

①针对性推广，实现高效营销；

②关注人群，根据共性有效宣传；

③推广目标，明确目的选择平台；

④整合营销,线上线下一起推广。

通过对自己所销售商品相关的关键词出具一定的竞价价格,在买方搜索其中某个关键词时,展示与该关键词相关的商品,并取得靠前的搜索排名。

SEM 商品排名得分=质量分×竞价价格。

质量分=关键词搜索相关性(数据魔方提供)×0.4+商品绩效×0.06。

竞价价格:为使商品取得靠前的排名为某关键词所出的一次点击的价格。

4. 信息流推广

(1)信息流资源位置。

信息流最大的特点是覆盖消费者全链路,包括购前(如淘宝首页、有好货)、购中(以购物车和收藏夹为代表)、购后路径(支付、物流、订单等)。

在新的机制下,手淘首页的"猜你喜欢"是运营的重点,它的考量权重更多地变成了用户对单品的点击率、用户停留时间、阅读收藏偏好和转化评论等。不同用户有不同的需求,各类单品信息流也有变化,因此推荐的单品信息流也会有所不同。消费链路下的每个环节都可以进行各种各样的产品和内容展示,商家可以依据自己的目的,根据场景的差异(例如针对新客户、老客户等不同场景),在购前、购中和购后阶段分别设计出不同的营销玩法,每个场景又可以环环相扣,不断潜移默化地影响转化消费者,而这也正是信息流推广最大的魅力所在。

(2)信息流定向。

①人群定向:强化信息流的定向能力,提高用户资产的沉淀管理能力,信息流投放可以更加精准高效地触达消费者,例如将拉新定向细分成店铺拉新、粉丝拉新和场景人群拉新(拥有丰富的内容领域用户)。

②信息流出价:在进行推广出价时,可以选择需要定向的人群维度,设置预估价格,同时也可以合理地使用出价模拟器提前预判竞价情况,还可以开启智能出价实现价格微操作,进行更精细化的出价操作。

③用户洞察:重新定义消费者需求,新营销场景下更加注重了解消费者是在什么场景下购买的商品,更方便了解是什么影响了用户的购买决策过程,这样就能在后续拥有更丰富和准确的推广策略和营销机会。

④人群追踪能力:利用后台洞察进行用户投放效果追踪,便于商家进行全方位的人群分析和更精细化的再营销。

(3)信息流创意。

创意素材,信息流广告需要有相当丰富的素材作为营销的起点,因为信息流不仅仅局限于商品图文和详情页的展示,还涵盖短视频、直播、轻应用等不同的营销场景,所以对于素材的丰富度有着很高的要求。信息流中包含的图文、视频的模式能给用户带来很强的视觉冲击和刺激,用这种素材比较容易吸引目标用户。对于素材的运用则可以适当借助"智能创意"功能,根据平台内消费者人群的特点和场景智能选择文案创意,大大提升了创意素材的点击率。

创意营销,在拥有丰富创意的前提下,在整个营销链路里面可以根据不同的消费者、不同的场景进行不同的组合玩法。比如对一个新客户进行营销时,在购前猜你喜欢阶段,做第一次触达的时候,给消费者展现的可以不仅仅是传统的商品,它可以是一篇导购的内容,也可以是一篇消费者关注或认可的明星、大V做的视频介绍。这些能给消费者带来更好的用户体验,令消费者产生商品认知和兴趣。在接下来的几次触达的时候,可以根据消费者特点再进行商品卖点的触达,这时可用不同的素材引起消费者的兴趣。在购中阶段,根据消费者的特点和其所关注的卖点,再次进行印象强化,甚至可以用一些新人权益优惠,这样更能加速这个转化过程。在购后链路则可以进行更多的商品呈现和扩展。

(4) 全域信息流投放。

全域信息流覆盖购前、购中和购后全方位的布局,在这样的信息流场景里面,消费者的很多行为都具有不确定性,而信息流主要就是通过数据技术,不断挖掘和创造信息与消费者之间的关系,将其沉淀给商家,商家再通过创造不一样的优质内容去触达消费者,影响具备相同标签下的其他广大消费人群,以此来创造更多的消费需求。因而,信息流的目的是更高效地做拉新。全域信息流需要注重以下几点:

①营销素材,在信息流营销过程中,对营销素材的需求量非常庞大,所以素材制作是比较重要的一环。我们可以利用智能素材,更快速地完成素材制作选择,也就是前面提到的智能创意中心。

②相关性和质量机制,与直通车质量分的逻辑相同,未来的整个信息流营销也会推出一整套质量分机制。且这套机制与消费者行为密切相关,例如消费者对内容的点击率、阅读停留时长和评论转发等,这也是需要重点关注的内容之一。

③新数据后台,达摩盘后台改版后不断整合和沉淀更精准的店铺用户数据,可充分利用达摩盘进行定向营销。

④公私域联动,利用微淘、会员工具、群运营等工具,将公域消费者沉淀成私域消费者,然后进行粉丝运营。粉丝的内容渗透可以利用短视频(比如抖音/火山站外推广)、直播广场(直播置顶)、直播间(相对而言转化效率非常高的一个通道)、微淘粉丝通、微淘广场引流、有好货(图文推广),等等,在这种多平台多场景的交织配合下,充分利用上述营销工具就能进一步完成粉丝的转化。

流程五 网店营销转化

(一) 学习目标

学习目标如表2-55所示。

表2-55 学习目标

知识目标	(1) 了解网店活动的类型; (2) 熟悉常见的网店活动工具; (3) 了解平台活动的类型; (4) 熟悉平台活动的实施过程; (5) 了解内容营销的方式; (6) 掌握内容营销的作用; (7) 了解直播营销的概念; (8) 熟悉直播营销的方法

续表

技能目标	（1）能够结合网店和商品特点设置网店活动； （2）能够结合平台活动类型制定活动方案； （3）能够掌握平台活动的操作流程和注意事项； （4）能够掌握图文营销的操作流程和注意事项； （5）能够掌握短视频营销的操作流程和注意事项； （6）能够掌握直播营销的操作流程和注意事项
素质目标	（1）具备创新创意的能力； （2）具备系统思考和独立思考的能力； （3）具备团队协作的精神； （4）具备自觉维护良好的互联网信息环境的意识； （5）具备诚实守信的职业道德； （6）具备尊重知识产权的工作意识； （7）具备爱岗敬业的职业精神

（二）明确任务

店铺运营需要以营销为主导，在店铺定位下，会综合应用各种营销手段，如整合营销、事件营销、会员营销等，同时借助营销方案去整合各种资源。营销式运营在品牌定位和传播、会员营销、产品定位、营销资源整合以及资源利用的最大化等方面都有极大的优势，简单点说，这类店铺有能力让客户更容易记住甚至爱上它，因为这类店铺可以为客户提供更高的性价比。可以在花同样钱的情况下引进更多的流量，可以让店铺转化率、客单价和客户忠诚度都更高……依靠活动短期内快速与竞争对手拉开差距，活动是可以用在所有类目的，只要有平台，平台就会做活动，只要符合活动的要求，产品就可以上去做活动。当然活动是以提升消费者的购物体验及塑造品牌美誉度和忠诚度为目的的。

优化店铺的整个购物流程，提升消费者的购物体验，除了卖货，更应该好好思考如何增强消费者对自己品牌的忠诚度。当然，团队能够结合项目及店铺的定位、市场需求和时事热点等，适时策划内容营销、事件营销、主题营销或整合营销。本情境以内容营销、活动营销和直播营销为主来展开。

（三）获取资讯

了解任务流程需要掌握的内容，包括网店内容营销、活动营销及直播营销规划、实施等，首先需要收集相关资料。

☞引导问题1：如何针对具体的网店内营销活动制定发布决策？

☞**引导问题 2**：制定并实施视觉营销策略的操作流程是什么？

☞**引导问题 3**：如何制定并实施可行的服务策略？

（四）制订计划

制订计划如表 2-56 所示。

表 2-56　制订计划

序号	任务	任务流程	开始时间	完成时间	负责人	完成情况
1	营销转化策略制定与实施	活动营销策略制定与实施				
2		视觉营销策略制定与实施				
3		网店服务策略制定与实施				
4	营销转化效果分析与优化	活动营销分析与优化				
5		视觉营销策略分析与优化				
6		网店服务策略分析与优化				

（五）做出决策

（1）根据网店运营需求，制定并实施可行的网店内营销活动策略；

（2）根据网店运营需求，制定并实施可行的视觉营销策略；

（3）根据网店运营需求，制定并实施可行的服务策略；

（4）对网店内营销活动策略效果进行分析，并根据分析结果优化网店内营销活动策略；

（5）对视觉营销策略效果进行分析，并根据分析结果优化视觉营销策略；

（6）对服务策略进行分析，并根据分析结果优化服务策略。

（六）工作实施

1. 网店活动营销

在淘宝网店开设了一段时间之后，网店一直没有太大的起色，每天的流量都比较少，马上就要到"618"年中大促了，店铺的一款产品可以报名参加"618"的场外活动，团队想借此机会策划一场全店范围内的促销活动，用以促进店铺的销售。请为店铺进行"618"活动策划。

任务交付 1：选取唐三彩类目下五家不同网店，找出每家网店的活动，并进行比较分析，填入表 2-57。

表 2-57 网店活动调研分析

网店名称	网店活动	优点	缺点

任务交付 2：梳理网店的商品，参照表 2-58，为店铺设计合理有效的店铺活动方案。

表 2-58 店铺活动方案设计

活动目的：		
网店活动工具	涉及商品	具体活动规则

任务交付 3：结合平台活动的实施过程，对网店进行"618"场外活动策划。根据注意事项的提示，将具体操作的内容（可配合图片）填入表 2-59。

表 2-59 活动策划

实施过程	具体操作	注意事项
活动报名		准入门槛、活动规则、选品、报名流程等
活动准备		商品页面优化、关联营销、客服、售后、仓库、物流等
活动预热		网店微淘、直播、短视频、其他社交渠道等
活动总结		数据整理与分析，客户维护等

2. 网店内容营销

任务交付 1：小组讨论，选择一家喜欢的唐三彩店铺作为本次调研的店铺，并进行简单的分析，填入表 2-60。

表 2-60 店铺内容营销调研

店铺名称	名称和网址
店铺基本情况	主营类目、开店时长、信誉、DSR（动态评分）等
店铺特点	风格、人群标签等
爆款产品	产品基本信息描述

任务交付 2：在淘宝网选取五家相同定位行业标杆店铺，参照表 2-61，完成店铺调研总结。

表 2-61 行业标杆店铺调研

店铺名	日期	时间	形式	标题	文案/主题	配图要求

任务交付 3：根据调研的情况，参照学习标杆店铺内容营销策略，参照表 2-62，为项目店铺策划五条内容。

表 2-62　店铺内容营销策划

序号	日期	时间	形式	标题	文案/主题	配图要求

任务交付 4：根据淘宝好货种草的格式要求，为项目店铺的爆款产品撰写好货种草形式的图文内容，将图文内容填入表 2-63。

表 2-63　店铺爆款产品图文设计

种草图片							要求
锚点							
种草标题							
种草信息							

任务交付 5：参照表 2-64，为项目店铺的爆款产品设计短视频脚本。

表 2-64　店铺爆款产品短视频脚本设计

镜头	摄法	时间	画面	解说	音乐	备注

3. 网店直播营销

任务交付 1：小组成员进行讨论，分析当前店铺情况，参照表 2-65，完成淘宝店铺直播营销方案策划。

表 2-65　店铺现状分析

店铺名称		名称和网址
店铺基本情况		主营类目、开店时长、信誉、DSR 等
店铺特点		风格、人群标签等
爆款产品		产品基本信息及描述

任务交付 2：从店铺中选择十款产品，作为本次直播间即将销售的产品，并提炼产品卖点，为主播更好地在直播间销售该产品，参照表 2-66，策划单品直播脚本。

表 2-66　单品直播脚本策划

产品名称	产品图片	产品卖点	日常售价	直播价格	核心利益点

任务交付 3：对直播流程进行梳理，参照表 2-67，设计主播话术、排列产品顺序、设计互动活动等，进行一次 2 小时的直播营销策划。

表 2-67　直播营销策划

×××直播脚本					
直播主题：						
直播时间：						
主播：		助理：		场控：	
直播流程					
开场白：欢迎来到×××的直播间，点击左上方头像关注					
序号	产品名称	图片	原价	直播价	产品卖点	核心利益点
互动环节 1：（分钟）					
互动：穿插各种活动环节；注意回答粉丝问题					
结束语：					
直播总结：					
下次直播预热：					

（七）评价反馈

评价说明：在本次任务完成后，由任课教师主导，采用学习过程评价与学习结果评价相结合的方式，综合运用自我评价、小组评价及教师评价三种方式进行评价。由教师确定三种评价方式分别占总成绩的比例，并加权计算出学生个人本次任务的考核评价分。任务完成考核评价表如表 2-68 所示。

表 2-68　任务完成考核评价表

流程名称		网店营销转化	班级	
项目组名称			学生姓名	
评价方式	评价内容		分值	成绩
自我评价	负责任务的完成情况		20	
	对网店营销转化知识和技能的掌握程度		40	
	是否胜任小组内的工作		25	
	能否积极认真负责地完成组内分配的任务		15	
	合计			
小组评价	本小组的本次任务交付情况及完成质量		30	
	个人本次任务交付情况及完成质量		30	
	个人的合作精神和沟通能力		20	
	个人针对问题的理解、分析和处理能力		20	
	合计			
教师评价	准确地找出目标网店的活动，分析不同网店活动的特点，梳理活动营销思路		10	
	了解主流电商平台的内容营销的渠道营销流程，掌握策划图文内容、短视频内容的方法和技巧，能够为网店策划完善、有效的内容营销方案		15	
	能够完成相似店铺内容信息收集，能够完成店铺内容主题策划，制定网店活动策划		15	
	按要求完成好货种草内容策划，并对应完成短视频脚本策划与制作工作		10	
	能够完成店铺现状分析，选择适合的直播间产品，正确填写单品脚本		15	
	正确填写整场脚本，且直播流程、话术、互动设计合理，能够支撑直播活动开展		15	
	信息收集、分析、文字总结提炼能力		5	
	数据分析应用能力		10	
	团队的沟通协作情况，共同完成任务且分工明确		5	
	合计			

总评=自我评价（　　）×0.2+小组评价（　　）×0.2+教师评价（　　）×0.6=

（八）知识园地

1. 运营推广流程

（1）客户获取阶段。

完成市场调研分析及网店定位，确立好网店目标客户群体之后，需将网店产品通过不同的渠道方式推送给客户，让客户发现产品、点击产品，引客入店，使其从认知产品到成为网店的客户，即在客户浏览搜索环节采取相应的运营推广策略。

（2）客户激活阶段。

在客户反复浏览、犹豫不决的选购阶段，如何让其发现产品价值？可以通过网店的页面信息的传达，商品头图、短视频、商品详情页的具体信息，商品卖点的呈现，客户购买评价，让客户发现产品价值，激发其购买欲望。

（3）客户留存阶段。

刺激客户下单，通过运营推广营销活动策略，给予客户活动时间上的紧迫感；产品价格上优惠的刺激，可以产生活动利益，从而防止客户流失，提升客户下单率。

（4）商业变现。

支付转化变现阶段。在这个阶段运营推广需要考虑的是如何给客户带来完整较好的购物体验，获取客户进一步的信任。

（5）客户推荐/自传播阶段。

客户复购、口碑、自我推荐阶段。在网店运营当中该阶段重要的指标是复购率或老客户占比，要采取提升客户黏性的策略。对客户的购物行为路径进行分析之后，网店运营与推广的流程进一步明确，根据客户购买行为，通过数据指标的分析，采取相应的运营推广策略，比如网店开设、网店优化、网店推广、活动营销等。

2. 活动营销策划

在整个电商行业，淘宝的用户量占比非常大，因为淘宝知名度非常高。我们在淘宝开店之后，千万不能忽视了淘内营销，做好淘内营销可以给我们带来大量的流量。网店的价格肯定有时升有时降，这与日常的促销活动有关。如何在正常单价的时候让客户接受，让客户正常买单呢？一般都是采用包邮、满减满送等活动，让客户感受到优惠的政策。

（1）活动营销类型。

①限时打折。

限时打折是淘宝店铺最常用的促销方式，主要展示方式是在宝贝一口价的基础上进行折扣设置或者减价，会在宝贝主图左侧价格处直接展示折扣价格。用户在看到商品的时候，可以第一时间关注到宝贝的促销价格。同时限时打折也会给客户一种紧迫感——时间一过商品就会更贵了，这也促使了客户的购买欲。

②节日促销。

每年"双十一"，以天猫、京东等为代表的大型电子商务网站一般会利用这一天来进行一些大规模的打折促销活动，以提高销售额度。利用消费者的节日消费心理，加上折扣力度，从而吸引大量消费者购物消费。不止"双十一"，国庆、儿童节、妇女节等都是可以进行节日促销的。

③满减/满送/包邮。

设置满减/满送/包邮的活动，可以设置不同购买金额或商品数量，享受不同的优惠，刺激客户的消费欲望，促使客户主动凑单，提升店铺的客单价。但是这种满减/满送/包邮的活动不能很直观地展示在商品价格中，店铺在设置好促销信息后，在店铺和商品详情页等客户可以看到的地方大力宣传活动，才能达到预期效果。

④淘宝商店优惠券。

淘宝优惠券应该是最传统的促销活动之一。一般设置方法是淘宝官方工具设置和第三方工具实现。优惠券分为商店优惠券和单一产品优惠券。商店优惠券的一般设置方式是开放的，可以在宝贝详细信息页面设置，也可以与淘宝客户合作设置隐藏优惠券。同样可以配合淘宝客定向设置隐藏优惠券,但使用条件、力度和展示方式等都需要精心设置,否则会给网店带来不必要的损失。

⑤定金膨胀。

定金膨胀,顾名思义就是客户在特定时间内支付一定数额的定金,可以让定金的价值膨胀数倍,来抵扣购买商品的价值差额。

⑥店铺抽奖。

抽奖是一种很直接的活动方式,除了可以增加网店访客和浏览量之外,还可以设置一定的条件增加网店收藏量、商品加购量等,而且中奖概率可以人为设置,但注意奖品价格不能高于平台规定的最高价,常用的抽奖工具有抽奖精灵、抽奖靠手等。

⑦联盟营销。

联盟营销主要应用于跨境电商平台,也称联属网络营销或网络联盟营销,是一种按营销效果付费的网络营销方式。即商家利用专业联盟营销机构提供的网站联盟服务拓展其线上业务,扩大销售空间,并按照营销实际效果支付费用的网络营销模式。

⑧红包营销。

红包分为网店红包和支付宝红包两种,网店红包的使用方式跟优惠券相似,而支付宝红包则是现金红包,实现方式也比较简单,利用无线宝箱等工具就可以轻松设置,除了送红包,还可以送流量、送话费等。

⑨会员制度。

持有会员卡购物的客户在购物的时候将会得到一定的优惠,设置好一个网店的会员制度不仅能让网店更专业,而且会提高消费者的复购率。

(2)营销活动流程。

①登录淘宝卖家账号,进入"淘宝卖家中心"。在右侧中部位置,找到一个"淘营销活动";

②点击进入"营销活动",进入"淘营销"活动页面,在页面中我们可以看到很多的活动类型。单击右侧淘宝账号下方的"我要参加活动"选项;

③在出现我的页面中,单击"我能参加的活动"选项,也可以在左侧的类目下,找到自己的店铺类目,再来查询适合店铺类目的淘营销活动;

④单击活动右侧的"我要报名"选项,在出现的页面中单击"立即报名"选项,在"我同意并签署以上协议"前方的方框中点击勾选,进行下一步;

⑤在出现的页面中填写自己的店铺名称及店铺描述,店铺描述中可以简明扼要地叙说自己的营销策略,填写完成后,单击"确定"按钮,就完成了所有的报名流程。

3. 视觉营销策划

视觉营销是一种营销方法,更是一种可视化的视觉体验。网店视觉营销则是通过实施有效的视觉设计思路,来提高网店的客流量销售额的艺术。网店有效的视觉设计将成为影响整个购物过程的重要因素。视觉传达效果直接影响客户对店铺、对商品的认知感知和信任感,甚至还对品牌形象的树立起到决定性的作用。视觉营销原则如表2-69所示。

表 2-69　视觉营销原则

营销原则	概述	具体操作
目的	网店的视觉营销始终要以营销为目的，所有的视觉展示手段都要为达成销售服务	（1）做好商品主图，抓住客户眼球； （2）合理规划页面架构，做到主次分明、重点突出，建立良好的第一印象； （3）做好店招，让客户一眼就能知道网店卖的是什么、商品风格等； （4）分析客户喜好，在商品详情页明确呈现客户关注的商品属性和特色，刺激其购买欲
审美性	视觉营销始终要注重视觉感受，页面必须好看；同时，视觉效果不能一成不变，否则客户会产生视觉疲劳	（1）网店装修设计中要充分运用视觉引导、黄金分割、色彩搭配等平面设计理论； （2）定期装修网店，使客户每次进店都会有不同的购买感受
实用性	要将网店每个模块的作用突出，且须服务于消费者的喜好，具有可操作性	（1）注意视觉元素的统一，不要把网店装修得很凌乱； （2）巧妙运用文字说明、图片示意，让消费者轻松熟悉网店的操作功能和商品的分类结构，方便其快速找到商品、下单和获得帮助

4. 网店服务策略

（1）商品策略制定与实施。

商品卖点：商品卖点是提升商品转化的核心之一，我们在销售商品时不仅要把商品的自身特点描述出来，更需要把商品的核心卖点挖掘出来，让客户对商品有更好的了解。

与竞争对手对比：商品详情及同类商品对比，商品详情的描述应突出商品的创新特点或独有特点，解决客户的痛点，使客户对商品产生信任。与同类竞争商品的对比，应突显自身商品的优势，以更好地起到转化作用。

商品的价格：竞争对手的商品价格在搜索页面展现时，部分客户会以该价格作为是否购买的参考因素之一。

（2）客户策略制定与实施。

①高质量的售前服务：流程化的客户服务，深度挖掘客户情报。

②不以付款为终点的售中服务：等待中的客户、包裹在途体验、临门关怀、问题件的提前发现。

③体贴的售后服务：在售后过程中，开展针对网店新客户的二次转化工作十分重要。一个网店，如果能够解决客户一转二的问题，那么回购率就会大幅度飞跃。通过对购物过程体验的锻造，建立网店和品牌的形象，而后续通过商品传递更进一步的信息，引导客户二次购物，体验还要继续进行。

流程六 网店运营分析

(一) 学习目标

学习目标如表 2-70 所示。

表 2-70 学习目标

知识目标	(1) 了解各数据指标的含义； (2) 掌握销售额计算公式及其应用； (3) 掌握客户数据分析的目的； (4) 掌握客户数据分析的内容； (5) 熟悉竞争数据分析的过程； (6) 了解运营数据分析报告的形式； (7) 熟悉运营数据分析报告的内容
技能目标	(1) 能够从商品、供应商、采购价格、采购数量、动销率等维度对不同运营周期的采购数据进行分析，并据此提出合理的采购建议； (2) 能够从物流方式、运费成本、物流时效等维度对不同运营周期的物流数据进行分析，并据此提出合理的仓库选址、物流方式选择方案； (3) 能够从商品、推广渠道、运营周期、市场占有率等不同的维度来分析销售数据，并对网店的运营进行诊断，找出网店运营过程中的问题； (4) 能够对销售数据分析出的问题，提出合理的优化建议，进一步提高网店的销售额； (5) 能对不同运营周期的客户相关数据进行分析，明确网店的客户画像； (6) 能根据客户画像，优化运营策略，提升客户满意度和黏性； (7) 能够对网店的资金进行分析，着重对资金的来源、使用、结构、利用效果等进行分析，有效提高网店的资金利用率； (8) 能够对网店的成本、费用进行分析，着重对商品成本、人员薪资、销售费用等进行分析，有效控制网店的成本； (9) 能够对资产负债表、利润表等财务报表进行分析，着重对网店的流动资产变现能力、短期偿债能力以及长期偿债能力进行分析，评价网店的经营成果，据此对网店运营策略提出优化建议； (10) 能够对竞争对手的网店定位、目标人群进行对比分析，找出差异点，并优化网店的运营策略，提升网店的竞争力； (11) 能够对竞争对手的销售额、市场占有率、爆款商品等数据进行分析，并据此对网店的运营提出优化建议，提高商品的市场占有率
素质目标	(1) 具备数据收集、分析的能力； (2) 具备系统思考和独立思考的能力； (3) 具备团队协作的精神； (4) 具备电子商务相关法律法规的工作常识； (5) 具备严谨、实事求是的工作态度； (6) 具备诚信服务、德法兼修的职业素养； (7) 树立注重保护他人隐私的工作意识

（二）明确任务

电商行业火爆和转型的背后，数据分析往往成了主要的助推剂之一，通过对商品、用户、平台数据的分析，商家就能知道什么样的商品好卖，什么样的人爱买，哪一类的促销活动更受欢迎等，因为数据反映了店铺的真实经营状态，进而可以对症下药调整策略，精准营销，提升运营的效率。数据化运营的主要职责就是数据分析，从庞大的数据中找出有价值的部分，分析发现运营中存在的问题，并且通过分析找出其中的规律，从而帮助团队进行决策与优化。通过本情境任务的训练，帮助学生理解销售、客户、竞争、运营等数据的内容，掌握数据分析指标制定、数据获取、数据整理及数据分析的方法和技巧，以便发现问题，精准发力，突破发展瓶颈。

（三）获取资讯

了解本流程需要掌握的内容，包括数据分析流程、数据分析工具及各环节数据分析指标等，首先需要收集相关资料。

☞**引导问题1**：在店铺运营中，什么情况下需要进行数据分析？列举至少三个工作场景。

☞**引导问题2**：数据分析流程是什么？

☞**引导问题3**：常用的数据分析工具有哪些？

☞**引导问题4**：电商主要有哪些数据可以进行分析？分别有哪些数据指标？

☞**引导问题5**：电商数据分析的思路有哪些？

（四）制订计划

制订计划如表 2-71 所示。

表 2-71　制订计划

序号	任务	任务流程	开始时间	完成时间	负责人	完成情况
1	供应链数据分析	采购数据分析				
2		物流数据分析				
3	销售数据分析	销售收入结构分析				
4		销售分析				
5	客户数据分析	客户画像制定与优化				
6		管理办法制定与优化				
7		管理策略制定与优化				
8	财务数据分析	现金流分析				
9		项目成本分析				
10		财务报表分析				
11	竞争数据分析	竞争网店数据分析				
12		竞争商品数据分析				
13	运营分析报告	运营分析报告撰写				

（五）做出决策

（1）从商品、供应商、采购价格、采购数量、动销率等维度对不同运营周期的采购数据进行分析，并据此提出合理的采购建议；

（2）从物流方式、运费成本、物流时效等维度对不同运营周期的物流数据进行分析，并据此提出合理的仓库选址、物流方式选择方案；

（3）从商品、推广渠道、运营周期、市场占有率等不同的维度来分析销售数据，并对网店的运营进行诊断，找出网店运营过程中的问题；

（4）针对销售数据分析中诊断出的问题，提出合理的优化建议，进一步提高网店的销售额；

（5）对不同运营周期的客户相关数据进行分析，明确网店的客户画像；

（6）根据客户画像，优化运营策略，提升客户满意度和黏性；

（7）对网店的资金进行分析，着重对资金的来源、使用、结构、利用效果等进行分析，有效提高网店的资金利用率；

（8）对网店的成本、费用进行分析，着重对商品成本、人员薪资、销售费用等进行分析，有效控制网店的成本；

（9）对资产负债表、利润表等财务报表进行分析，着重对网店的流动资产变现能力、短期偿债能力以及长期偿债能力进行分析，评价网店的经营成果，以此提出优化建议；

（10）对竞争对手的网店定位、目标人群进行对比分析，找出差异点，并优化网店的运营策略，提升网店的竞争力；

(11) 对竞争对手的销售额、市场占有率、爆款商品等数据进行分析，并据此对网店的运营提出优化建议，提高商品的市场占有率；

(12) 结合各环节的数据分析情况，撰写店铺运营数据分析报告。

（六）工作实施

1. 销售数据分析

任务交付1：选定某一款商品，收集销售相关的数据，填入表2-72。

表2-72 商品数据

日期	销售额	浏览量	访客数	支付客户数	客单价

任务交付2：在Excel中整理数据并计算出每日的点击率、转化率，绘制所有数据变化图，分析销售数据变化的原因。结合分析的数据，提出两条优化建议。

2. 客户数据分析

任务交付1：通过生意参谋访客分析查看该网店访客的时段分布，统计每个时段（表2-73中时段划分仅供参考，也可以自行加行统计每个小时）的访客数据。

表2-73 访客时段数据统计

时段	访客数	下单转化率
1:00—7:00		
7:00—9:00		
9:00—11:00		
11:00—13:00		
13:00—15:00		
15:00—17:00		
17:00—19:00		
19:00—21:00		
21:00—23:00		
23:00—第二天1:00		

任务交付2：通过生意参谋访客分析查看该网店访客的地域分布，统计每个地域的访客数据，填入表2-74。

表2-74 访客地域情况统计

地域	访客数	下单转化率

任务交付3：通过生意参谋访客分析查看该网店访客的特征分布和行为，自行建表。提出两条以上优化建议。

3. 竞争数据分析

网店初具规模，流量和销量都有一定基础，但网店跳失率较高，客户经常流失。运营人员要寻找客户流失的原因，找到并观察竞争对手，知己知彼，竞争更多流量和销量。

任务交付1：通过生意参谋竞争商品模块查看该网店某商品的访客流失情况，确定竞争商品，填写表2-75。

表2-75 竞品对比分析

类目	我的商品	竞争商品1	竞争商品2
销量			
价格			
属性			
规格			

任务交付2：在竞品分析页面收集流量指数、交易指数、搜索人气、收藏人气、加购人气和转化指数等指标的折线图上的数值，统计到Excel表格中上交。

4. 运营分析报告

网店初具规模，流量和销量都有一定基础。网店工作人员需要定期收集网店的经营数据，完成网店运营分析，为今后网店引流和网店优化指明方向。

任务交付1：通过网店后台或者生意参谋收集网店单月支付金额及月增幅、访客数及月增幅，填入2-76。

表2-76 网店运营数据统计

月份	访客数	访客数月增幅	支付金额	支付金额月增幅

任务交付2：通过网店生意参谋收集商品的单月访客数及月增幅、支付金额及月增幅，填入表2-77。

表2-77 网店单品数据统计

商品名称	访客数	访客数月增幅	支付金额	支付金额月增幅

任务交付3：梳理数据间关系，对比以上数据得出结论，完成网店运营数据的初步分析报告，以Word形式提交。

（七）评价反馈

评价说明：在本次任务完成后，由任课教师主导，采用学习过程评价与学习结果评价相结合的方式，综合运用自我评价、小组评价及教师评价三种方式进行评价。由教师确定三种评价方式分别占总成绩的比例，并加权计算出学生个人本次任务的考核评价分。任务完成考核评价表如表2-78所示。

表2-78 任务完成考核评价表

流程名称	网店运营分析	班级	
项目组名称		学生姓名	
评价方式	评价内容	分值	成绩
自我评价	负责任务的完成情况	20	
	对网店运营分析知识和技能的掌握程度	40	
	是否胜任小组内的工作	25	
	能否积极认真负责地完成组内分配的任务	15	
	合计		
小组评价	本小组的本次任务交付情况及完成质量	30	
	个人本次任务交付情况及完成质量	30	
	个人的合作精神和沟通能力	20	
	个人针对问题的理解、分析和处理能力	20	
	合计		
教师评价	能够掌握数据分析的方法和思维，在进行数据分析时有清晰的分析流程，并能够总结现状、发现问题、提出方案	15	
	能够借助数据分析工具进行数据采集、数据梳理及数据的可视化，通过图表形象展示数据间的联系	10	
	能够收集商品的各项数据，整理和计算出必要的数据，并绘制相应的趋势图进行分析，提出优化建议	10	
	能够通过生意参谋访客分析统计网店访客的时段分布、地域分布、特征分布、行为分布等相关访客数据，基于数据提出两条以上合理的优化建议	10	
	能够找到自己商品的竞争商品，收集竞争商品的数据，对比分析竞品数据，得出合理结论	10	
	能够准确收集网店数据、商品数据，分析数据间的关系，得出结论	10	
	能够通过数据分析识别店铺运营现存问题并针对性提出有效的解决方案	15	
	信息收集、分析、文字总结提炼能力	5	
	数据分析应用能力	10	
	团队的沟通协作情况，共同完成任务且分工明确	5	
	合计		
总评=自我评价（　）×0.2+小组评价（　）×0.2+教师评价（　）×0.6=			

（八）知识园地

1. 数据分析思路

分析数据对网店经营至关重要，能够将繁杂的事实转化为清晰可见的数据，让非专业人士也能够清楚地理解。在分析数据的过程中，使用一些简单的思路，可以有效提升数据分析的效率。

（1）描述：发生了什么？这是数据分析的第一步，在做任何决策之前，都要对目前的形势有充分的了解，这是网店运营的必备能力，例如活动页面的浏览转化率、宝贝详情页的购买转化率、广告的点击率等。结合营收和支出账单，进而有效掌握网店当前的发展情况。

（2）诊断：为什么发生？获取了信息之后，接下来要做的是分析出现这种现象的原因，通过评估数据，准确地找到店铺的弱点。

（3）预测：将会发生什么？根据当前存在的弱点，预测一下：如果这种行为得不到改正，将来会发生什么，并且为这种可能性预估一个可量化的阈值。

（4）指导：需要做什么？根据已有的资料，对网店的经营策略做出调整。这是数据分析的最后一步，也是最终目的。分析网店的流量数据，流量是店铺的生命之源，所谓的数据分析，很多时候其实就是在分析流量的数据。流量需要所有网店卖家时刻予以关注。

针对流量的观察，应当首先观察流量的整体趋势，这反映了店铺的整体运营是否平稳。一般情况下，整体趋势呈现平稳上升是最理想的状态，大起大落不利于店铺的长久运营。其次观察访客量和转化率，在生意参谋里，访客量和转化率的关系可以反映出店铺的经营情况，这两项数据最好是同步上升的，否则就会出现问题。

2. 竞争数据分析

（1）市场占有率分析。

①渗透定价：以低价进入市场，在价格和销量之间，尽量做到量的极致。

②客户忠诚度：客户从本网店所购商品与其所购同种商品总量的百分比。

③客户选择性：本网店一般客户的购买量相对于其他网店一般客户的购买量的百分比。

④价格选择性：本网店平均价格同所有其他网店平均价格的百分比。

目标人群定位是开店做好生意的前提，只有了解目标客户的消费水平、生活习惯，准确地分析出客户的需求，网店才能针对客户所需，更好地为客户服务，增加客户对网店的好感和满意度。

（2）竞品分析的步骤。

①按照自己商品的预定价格，在平台搜索，并搜集排名10~20名的产品。

②采集竞品的卖点、评价以及流量渠道。

③把采集的素材整理成表格，并与自己的逐一对比。

④如果能找出自己商品最有优势的地方，就进入下一步的策划推广；如果找不到，说明价格区间可能有问题。

3. 客户数据分析

（1）客户画像（维度及度量）。

网店对客户画像需从运营需求出发，梳理客户相关的维度、度量指标及表达特征或规律形式。客户画像从两大方向十大维度获取数据展开分析，两大方向是指客户基本数据和客户消费数据。

①客户基本数据：性别、年龄、地域、消费层级和偏好维度。

②客户消费数据：购买时间、购买次数、购买金额、收藏数和加购数。

客户性别在网店规划阶段就有明确定位，在网店运营阶段重点关注客户性别比例，以目标人群性别占比不低于非目标人群为标准，重点考量客户人群主体性别是否和本店定位的目标人群一致。通常情况下，主营男性商品的网店男性客户的比例应高于女性用户，而主打女性商品的网店男性客户的比例会较低。

客户年龄段在网店规划阶段也有明确定位，在网店运营阶段重点关注客户年龄占比，以目标人群年龄占比不低于非目标人群为标准，重点考量客户人群主体年龄段是否和本店定位的目标人群一致。

相比于实体网店，电商最大的特点就是突破了地域限制，商品可以很容易地触达全国范围内的所有目标客户。网店客户的地域分布可以以省和市为单位进行统计，可分区域对商品在各区域的成交客户人数、转化率以及客单价等进行分析，有针对性地制定定向广告投放计划以及客户优惠补贴计划，实现精准营销。

客户消费能力通常与其收入水平密切相关，网店和商品的客户消费层级能直接反映商品的价格定位，并对网店的定价策略和客单价水平起到关键作用。客户的消费层级是基于用户半年内在平台上的购物情况给出的指标数据，客户的消费频率和消费金额越高消费层级就越高，反之客户的消费频率和消费金额越低消费层级也就越低。

在客户画像过程中客户偏好主要聚焦在营销偏好和兴趣偏好上。营销偏好是针对客户所偏好的营销工具进行统计分析，而营销工具的正确使用对于激活新客户产生购买转化及促进老客户回购，培育客户忠诚都有着非常重要的作用；兴趣偏好是基于客户已有的消费行为对客户所感兴趣的商品以及客户消费关注点进行的标签标注。

网店运营除了依据客户基本信息进行客户画像，还会通过对客户的购买时间、购买频率、消费金额、加购数以及收藏数等对客户价值和客户创利能力进行客户画像。

购买时间是指客户最近一次购买网店商品的时间，例如网店的客户属于典型的快消品人群，客户活跃周期为三个月以内，回购时间超过三个月的可定义为沉睡客户，超过半年的可定义为预流失客户，而超过一年的可定义为流失客户。

客户购买频率是一定时间范围内客户重复购买网店商品的次数，客户购买次数越多，回购率越高。以快消品为例，根据客户购买次数这个维度可以将客户分为一次购买的新客户、两次购买的回购客户、三次购买的忠实客户和多次购买的粉丝客户四类。

客户购买金额是客户在网店内的消费金额统计，分为单次购买平均金额（俗称客单价）和累计购买金额。客户购买次数越多，平均单次购买金额越大，累计购买金额越高。

客户对商品的加购收藏会影响商品的搜索权重和展现率，在大型平台活动期间商品前期累积的收藏加购数会极大地影响商品在页面中的展现排序。收藏加购越多，优先展现的概率越大。

（2）客户管理方法。

在商品与服务供大于求、买方市场逐渐形成的电商运营环境下，客户资源的争夺可以说是网店运营的根本所在，那么对于客户资源的掌握，必须有一套从了解到服务再到管理的方法论，使其作为支撑。

客户信息管理：客户基本信息收集，从电商运营的角度通常包括客户的性别、年龄、地域、消费层级和营销偏好等宏观层面数据的收集；客户 RFM 模型，该模型用于描述该客户价值状况以及分析、监控客户成长中的活跃度和流失可能性；客户分级管理，网店根据店内所售商品价格、上新速度、客户回购率、客单价等维度去考虑客户的层级。

客户满意度管理：把握客户期望，核心方案是在与客户沟通过程中强调商品属性和功能卖点，使客户在尽可能充分认知商品差异化竞争优势的基础上购买商品；降低商品获取成本，客户在获取商品过程中会消耗经济成本、时间成本和精力成本；提升客户感知价值，商品整体概念分为核心商品、形式商品、期望商品、延伸商品以及潜在商品五个层次。

客户忠诚度管理：建立客户忠诚度分析模型识别用户活跃度和贡献率；搭建客户连接通道提升客户活跃度和转化率；根据客户生命周期定制运营策略激励客户成长。

(3) 客户管理策略。

网店要想长期生存发展下去，并且稳步向前，就需要有一批忠实的老客户，稳住销量的同时能够帮助扩大客源市场，所以面向老客户的留存与促活就显得尤其重要。这就需要运用一些策略来实现，例如客户激励策略、客户维护策略、客户流失预警与挽留。客户激励策略是指增强和客户的联系及黏性，通过红包、积分、抽奖、特权等策略增加客户对店铺的认同感和归属感；客户维护策略是指通过各种渠道搭建激励和连接用户的信息通道，常用通道有站内沟通、短信通知和微信通道；客户流失预警与挽留是指建立流失预警机制，根据客户的购买时间间隔、购买金额、购买次数对其进行细分。客户管理机制如表 2-79 所示。

表 2-79　客户管理机制

类型	策略	描述
客户激励	红包发放	红包/代金券是非常实用的营销工具，尤其对于激励客户回购，让客户一直保持活跃状态有非常好的促进作用
	积分制度	积分策略的核心在于只有当奖励对客户有足够的激励作用时才能起到客户成长激励的作用
	抽奖策略	鼓励客户完成某项任务后参与抽奖，激发客户再次购买或购买其他品类
	老客特权	通过特权策略激励客户达到一定的用户等级，享受特权服务
客户维护	站内沟通	站内信是一种非常好的引导客户成长的通道，用户可以根据站内信的引导及时获取和参与网店活动，是网店最官方的信息发布平台
	短信通知	短信通知要尽量做到个性化，根据用户成长节点、商品使用环节以及活动时间来发送
	微信通道	微信通道的原理和短信、站内信的相似，都是建立在用户成长节点基础上的。通过触发节点来提高客户体验
客户流失预警与挽留	服务挽留	通过电话回访、赠送优惠券、赠送节日礼品等形式，加强与客户的沟通，了解客户心理和需求，努力挽回客户
	商品挽留	针对不同需求的客户群体，依据网店提供的不同品类商品为用户提供差异化、个性化的新商品
	价格挽留	针对客户的消费偏好，依据网店的价格策略，提供有竞争力的商品，以及针对潜在的流失客户提供有针对性的补贴价格

4. 销售数据分析

（1）店铺流量数据分析。

不同类目、不同的网店、不同的数据表现，就会有不同的问题，不同的问题就应该有不同的解决方法。网店诊断也要对症下药，而症状就是通过数据来发现的。网店诊断是一个系统的工程，基础的逻辑在于销售数据分析。首先针对战略层面数据分析，应分析主营商品在总收入中的占比；分析销售区域在总收入中的占比；分析主要销售渠道在总收入中的占比。而运营层面的数据分析，主要分析网店流量状况、网店转化状况、客户标签状况、核心商品状况、竞争对手状况等。店铺流量数据分析指标参考表2-80，店铺销售数据分析指标参考表2-81。

表2-80 店铺流量数据分析指标

指标名称	指标释义
浏览量（PV）	店铺或商品详情页被访问的次数。个人在统计时间内访问多次记为多次
访客数（UV）	统计周期内访问店铺页面或宝贝详情页的去重人数。一个人在统计时间范围内访问多次只记为一次
曝光量	通过搜索关键词展现店铺或店铺商品次数
下单转化率	统计时间内，下单买家数/访客数，即来访客户转化为下单客户的比例
全网点击率	在所选的终端（PC或无线）上，搜索关键词后出现的搜索结果中，点击店铺或者宝贝的次数/关键词的搜索次数
收藏人数	统计日期内，新增点击收藏商品的去重人数，不考虑取消收藏的情况
人均浏览量	浏览量/访客数。多天的人均浏览量为各天人均浏览量的日均值
支付转化率	统计时间内，支付买家数/访客数，即来访客户转化为支付买家的比例
客单价	统计时间内，支付金额/支付买家数，即平均每个支付买家的支付金额
UV价值	计算公式为支付金额/访客数
新访客	全新或7天前访问店铺或单品的访客
加购人数	统计时间内，访客将商品加入购物车的访客去重数
宝贝页收藏量	用户访问宝贝页面添加收藏的总次数
平均停留时长/秒	来访店铺的所有访客总的停留时长/访客数。单位为秒，多天的人均停留时长为各天人均停留时长的日均值
下单客户数	通过对应渠道进入店铺访问的访客数中后续下单的人数。对于有多个来源渠道的访客，下单客户数统计会体现在多个来源中，是以路过原则计算其下单的转化指标。可用于评估来源渠道引入访客质量。统计时间内，拍下宝贝的去重客户人数，一个人拍下多件或多笔，只算一个人。所有终端下单客户数为PC端和无线端下单客户去重人数，即同一个人既在PC端下单，又在无线端下单，所有终端下单客户数记为1
进店时间	用户打开该页面的时间点，如果用户刷新页面，也会记录下来

表2-81 店铺销售数据分析指标

指标名称	指标释义
拍下件数	宝贝被拍下的总件数
拍下笔数	宝贝被拍下的总次数（一次拍下多件宝贝，算拍下一笔）

续表

指标名称	指标释义
拍下总金额	宝贝被拍下的总金额
成交用户数	成功拍下并完成付款的人数。所选时间段内同一用户发生多笔成交会进行去重计算
成交回头客	曾在店铺发生过交易，再次发生交易的用户称为成交回头客。所选时间段内会进行去重计算
支付宝成交件数	通过支付宝付款的宝贝总件数
支付宝成交笔数	通过支付宝付款的交易总次数（一次交易多件宝贝，算成交一笔）
支付宝成交金额	通过支付宝付款的金额
人均成交件数	平均每用户购买的宝贝件数，即人均成交件数＝支付宝成交件数/成交用户数
人均成交笔数	平均每用户购买的交易次数，即人均成交笔数＝支付宝成交笔数/成交用户数
当日拍下、付款件数	未参与宝贝促销活动的成交用户数

（2）营销漏斗模型。

①营销漏斗模型在网店中的运用。

漏斗模型是指多个自定义事件序列按照指定顺序依次触发的流程中的量化转化模型。通俗点说，就是从起点到终点有多个环节，每个环节都会产生用户流失，依次递减，每一步都会有一个转化率。在网店漏斗模型中包含展现、点击、浏览、咨询、销售等客户购物流程的主要环节，如图2-2所示。

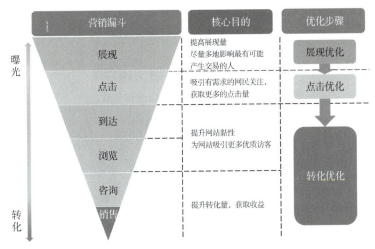

图2-2 营销漏斗模型

②漏斗模型分析的流程。

了解订单漏斗的最终目标，是使潜在需求客户达到实际购买消费的目的，通过对漏斗各流程转化率的分析，发现各流程节点转换率是否存在问题，提出解决方案，从而提高用户消费转化率漏斗模型分析原理。

③漏斗模型分析的注意事项。

首先了解趋势，从时间轴的变化情况进行分析，适用于对某一流程或其他某个步骤进行改进或优化的效果监控。其次进行比较，通过比较类似商品或服务间购买或使用流程的转化率，发现某些商品或应用中存在的问题。最后进行细分，细分来源或不同的客户类型在转化率上的表现，发现一些高质量的来源或客户，通常用于分析网店的广告或推广的效果及 ROI。

（3）动态竞争战略。

网店所面对的竞争挑战，比以往任何时候都更加复杂，其变化也更快。这样的环境需要一种动态的竞争战略，是一种能对竞争对手的反应、客户需求的变化以及商业世界的变幻莫测做出有效反应和调整的战略。

①新的战略思维模式：动态环境下，战略不仅是一种事前的主动策略，也是一种事中的反应或者创新性决策。

②竞争战略转换的模式：面对行业竞争阶段的演进和竞争环境的重大变化，网店不仅要实施战略转换升级，更要影响其他同行业网店，包括引导这些网店的战略选择行为。

③竞争互动的策略：动态竞争战略就是指导这种动态竞争的行为，包括进攻与反击的策略模型。

情境三　新电商营销推广

导论　情境描述

（一）学习情境

利用工具或平台进行新媒体数据采集。进行用户调研和产品调研，完成用户画像构建以及对产品逻辑和结构的分析；进行竞品调研，完成对产品独特卖点的提炼；根据前期网络调研结果，结合产品信息，明确媒体营销方向及目标，完成方案制定与实施。

根据前期撰写的媒体营销策划方案，进行软文营销推广与运营。结合产品特性，选择适合的媒体推广平台；结合推广平台的特点，围绕产品属性、卖点等内容，构思文案大纲，明确图文选题、写作风格等内容；进行内容创作，撰写匹配的文案，突出产品的价值与优势。

根据前期撰写的媒体营销策划方案，进行短视频营销推广与运营。结合产品及短视频平台属性，选择适合的短视频推广平台，完成账号定位及装修；了解短视频平台规则及各平台对短视频内容的要求，根据项目需要开展短视频的选题策划、脚本写作和编辑发布工作；总结短视频从选题策划到脚本写作，再到编辑发布过程中的编创方法与技巧，初步具备短视频编创能力。

根据前期撰写的媒体营销策划方案，进行直播营销推广与运营。结合产品信息，准备直播间所需物料清单，完成直播间场景搭建；根据直播平台属性进行产品选择及产品组合，并完成产品直播脚本设计；筹备直播宣传资料与发布直播预告、完成直播实施与直播优化，以及最后的直播复盘，突出直播间产品优势。

根据前期撰写的媒体营销策划方案，进行社群营销推广与运营。通过对营销环境的分析、产品分析、目标市场分析，选择适合的社群平台进行营销；确定社群推广目标以及营销策略；结合产品定位，制定出适合的社群线上线下推广方案。

（二）角色能力

本情境的角色主要围绕电商项目营销推广设定，包括内容策划、美工设计、短视频设计、直播营销、社群营销、数据分析等角色。本阶段设置角色及明确职责后，贯穿整个项目实施,与后期情境中设置的角色叠加,角色对应人员需要持续围绕职责开展工作,在不同的情境流程下带领团队成员完成阶段任务,直到最后结项进行项目总结及考核答辩。岗位划分及岗位职责如表 3-1 所示。

表 3-1 岗位划分及岗位职责

序号	岗位	岗位职责(典型工作任务)
1	内容策划	(1)负责营销计划的前期调研与可行性研究; (2)制作新媒体营销内容,包括策划和写作新媒体文案; (3)策划与改进营销活动,明确营销活动的流程、成本、效果等; (4)跟进项目活动执行与效果的评估,收集、反馈、挖掘用户需求; (5)挖掘和分析用户使用习惯、情感及体验感受,结合用户关注点,完成专题策划活动; (6)熟悉微信公众号、小红书、抖音等多种新媒体的后台与管理工具及运营操作流程; (7)具备独立的新媒体社群运营、策划、执行、评估、数据分析能力; (8)具备良好的文字功底和写作能力; (9)具备优秀的创意想法,文风及思维灵活,热爱新媒体行业; (10)具备良好的沟通能力与团队协作精神
2	美工设计	(1)负责对新媒体软文平台营销内容进行原创编辑、排版并发布; (2)负责各类推广活动的海报设计; (3)负责新媒体、自媒体页面设计制作; (4)负责节目推荐图及专题图设计; (5)拍摄、剪辑音频和视频等运用辅助制图软件规划、创意,制作图片及图形材料; (6)很强的创意能力和良好的审美能力及色彩感觉,能够独立完成平面设计工作; (7)能熟练运用视觉元素,对图片有较强的审美能力,能根据文案创新版面设计; (8)思维活跃,想法独到,主动与团队沟通,执行效率高、能力强; (9)工作积极,态度认真,具备较强的抗压能力
3	短视频制作	(1)负责短视频营销平台账号的引流与推广; (2)负责新媒体短视频账号的搭建与运营,分析行业及竞品数据,把控品牌调性与内容规划,完成短视频 IP 的整体创意策划; (3)开展内容选题,账号内容选题把控,各类文案、视频及分镜脚本创意输出; (4)统筹拍摄剪辑全流程,直播与短视频场景营造,能够现场指导与跟进拍摄与后期处理的进度效果; (5)能够挖掘并分析目标用户的行为习惯、情感,提出合理的建议; (6)熟悉信息流、短视频、sem 和 dsp 产品的特点和运营模式; (7)有创意,文字表达能力强,对视觉表达有独特见解,擅长内容挖掘,素材搜集
4	直播营销	(1)负责培养组织运作直播,建设直播团队; (2)负责直播后台的操作,对直播活动进行策划及直播流程优化; (3)根据直播的主题及内容进行推款,对活动规则进行解说,促成加购; (4)直播现场的布置及氛围的营造; (5)熟悉公司产品及相关产品的市场行情; (6)熟悉直播带货流程,能进行场控; (7)具有良好的形象与社交沟通能力; (8)具有较强的语言表达、处理危机公关能力; (9)积极主动、性格开朗、讲效率、乐于接受挑战

续表

序号	岗位	岗位职责（典型工作任务）
5	社群运营	（1）负责社群营销平台账号的引流与推广与日常运维管理； （2）根据活动专题进行内容推广； （3）负责社群内容，社群氛围的营造，打造高黏性的社群； （4）核心用户的挖掘和互动，维系社群活跃度，与用户互动和保持联系，制造话题； （5）与社群会员保持密切的沟通，吸纳总结建议意见，并及时调整改进方案； （6）优秀的文案撰写能力，逻辑清晰，思路开阔； （7）具有不断完善策略、努力完成预期目标的韧劲； （8）善于引导用户，具备强化意识； （9）擅长分析总结，能够深度挖掘用户需求； （10）具有较强的理解、沟通、学习、分析及协调能力
6	数据分析	（1）结合用户历史信息及结果数据，通过数据分析对基础数据进行分析，并针对产品特性对用户进行价值分类，针对不同用户适配最佳产品； （2）负责日常营销数据筛选，营销执行及后续结果跟踪和分析； （3）基于数据分析发现运营中出现的各类异常问题，提供改进优化建议和业务决策，提升或创造商业价值； （4）掌握基础用户信息形态及信息变化情况，负责相关业务数据的统计分析，制作数据统计报表； （5）构建业务分析的策略，负责业务的数据分析、商业分析等工作； （6）负责为部门各业务提供数据支持和数据分析支持； （7）了解各运营数据产生、变化的原因，预测其趋势，形成分析报告； （8）熟练掌握数据统计分析基本工具，建立数据分析模型； （9）学习沟通能力强，能快速熟悉业务； （10）表达能力强，擅长书写数据分析报告

（三）工作规程

工作规程如图 3-1 所示。

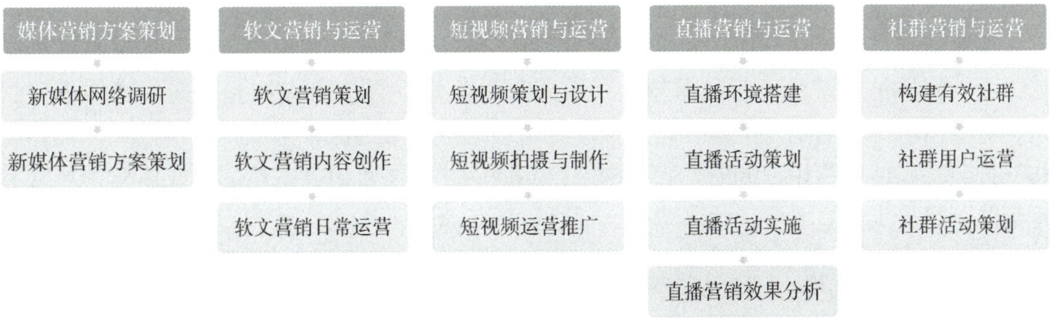

图 3-1 工作规程

流程一　媒体营销方案策划

（一）学习目标

学习目标如表 3-2 所示。

表 3-2　学习目标

知识目标	（1）了解新媒体营销网络调研的含义； （2）掌握用户调研的基本步骤； （3）掌握如何构建用户画像； （4）理解产品调研的概念； （5）掌握产品调研的流程； （6）掌握新媒体营销方案的制定步骤； （7）理解实施新媒体营销方案的关键点； （8）掌握新媒体营销的风险管理
技能目标	（1）能够利用工具或平台进行新媒体数据收集与整理； （2）能够完成用户调研并建立用户画像； （3）能够按步骤开展产品调研； （4）能够从不同角度梳理产品的卖点； （5）能够按步骤开展竞品调研； （6）能够利用 USP 理论提炼产品的独特卖点； （7）能够撰写新媒体营销方案； （8）能够根据新媒体营销方案执行相关工作； （9）能够制订并执行新媒体营销风险管理计划
素质目标	（1）建立实事求是的价值观； （2）建立遵纪守法的行为准则； （3）具备团队沟通协作的精神及认真负责的态度； （4）具备精益求精的工匠精神

（二）明确任务

团队店铺已经成功开设，并且前期已经做了一些站内的营销推广工作，但是在站外引流方面，媒体推广模块运营数据较差，引流效果不好，目前尚未找到合适的媒体推广渠道，需要团队为其店铺及产品在营销推广方面进行重新策划，希望取得好的效果。具体工作安排包括媒体网络用户调研、媒体网络产品调研、媒体营销方案策划及媒体营销风险管理策略制定等工作。

（三）获取资讯

了解本流程需要掌握的内容，包括新媒体网络调研（用户调研、产品调研、竞品调研）、媒体营销方案策划等，首先需要收集相关资料。

☞引导问题1：运用所学知识，叙述媒体网络调研的关键点。

☞引导问题2：结合调研结果，选择媒体营销平台有哪些需要注意的事项？

☞引导问题3：在线上收集资料，思考制定营销方案需要明确哪些重要的内容。

☞引导问题4：在线上收集资料，了解媒体营销中的风险。其常规处理办法有哪些？

营销风险：
解决方法：

（四）制订计划

制订计划如表3-3所示。

表3-3 制订计划

序号	项目	任务明细	开始时间	完成时间	负责人	备注
1	新媒体网络调研	用户调研				
		产品调研				
		竞品调研				
		调研方案撰写				
2	新媒体营销方案策划	明确营销方案目标				
		确定营销策略				
		营销预算				
		营销风险管理				
		营销方案撰写				

（五）做出决策

（1）围绕项目情况，进行网络调研；
（2）制定媒体营销方案，明确媒体营销目的及目标；

(3)确定媒体营销策略,选定营销平台;

(4)收集可能会遇到的营销风险,提出解决办法。

(六)工作实施

1. 新媒体网络调研

任务交付1:用户调研报告。

(1)了解用户特征,填写表3-4。

表3-4 用户特征研究

研究目标	研究结果
明确需要调研用户的信息	
数据收集渠道	

(2)规范用户标签,填写表3-5的。

表3-5 用户标签研究

维度	特征	分析结论
人口属性	性别	
	年龄	
	职业	
	婚姻状况	
	学历教育	
商业人口属性	工作岗位	
	公司规模	
	行业类型	
行为属性	访问媒体	
	访问时长	
	访问频次	
兴趣标签	个人爱好	
	生活习性	
	生活方式	
	生活社交	
消费意向	服务需求	
	物品购买	
	商旅购买	
	汽车购买	
客户关系	客户状态	
	会员状态	
	生命价值	
	拥有产品	

（3）绘制用户画像，填写表3-6。

表3-6 用户画像分析

序号	用户画像分析
描述1	
描述2	
描述3	

任务交付2：产品调研报告。
（1）明确产品调研对象及目的。
调研对象：
调研目的：
（2）基于用户视角分析产品。
针对产品类似品牌进行研究，了解品牌创建价值等内容；参照表3-7的研究目标方向，制定研究方案，明确团队任务内容。

表3-7 基于用户视角分析产品

研究目标	研究结果
产品概况	
针对的核心场景	
目标用户	
典型使用场景	
该场景下的解决方案	
方案的优缺点	

（3）产品卖点。
卖点1：
卖点2：
卖点3：
任务交付3：竞品调研报告。
（1）收集竞品信息，参照表3-8，进行竞品调研分析。

表3-8 竞品调研分析

分析维度	自身情况	竞品1	竞品2
品牌背景			
产品功能			
产品价格			
用户评价			
近三个月销量			

（2）根据上述步骤，提炼产品的独特卖点等，填入表3-9。

表 3-9　产品卖点提炼

研究目标	研究结果
支持点	
独特卖点	
利益点	

任务交付 4：根据前期调研数据，参照表 3-10，对市场数据进行分析、归纳汇总，并形成市场调研报告。

表 3-10　品牌市场调研报告撰写要点

报告大纲	报告撰写点
调研目的	
调研内容	
调研方法	
调研结果	

2. 媒体营销方案策划

任务交付 1：确定新媒体营销目标及方式，填写表 3-11。

表 3-11　销售目标及方式分析

研究目标	研究结果
营销方式	
营销目标	
确定依据	

交付任务 2：确定新媒体营销推广策略，填写表 3-12。

表 3-12　新媒体营销推广策略

用户增长策略	
矩阵搭建策略	
内容创作策略	
活动开展策略	

交付任务 3：参照图 3-2，撰写新媒体营销方案。

一、市场分析
  （一）市场形势
  （二）消费需求
  （三）竞争状况
  （四）企业自身资源
二、营销策略
  （一）整体目标
  （二）营销策略
  （三）进度规划

三、营销方案
  （一）活动目标
  （二）活动主题
  （三）活动受众
  （四）活动内容与形式
  （五）活动时间
  （六）媒体策略
  （七）活动预算
  （八）预期效果

四、管控要求
  （一）确定管控负责人
  （二）确定管控要点
  （三）确定管控节点
  （四）每日推进与数据跟踪
   1. 项目执行进度表
   2. 指标监控进度表
  （五）考核通报与总结

图 3-2　目标及方式分析

（七）评价反馈

评价说明：在本次任务完成后，由任课教师主导，采用学习过程评价与学习结果评价相结合的方式，综合运用自我评价、小组评价及教师评价三种方式进行评价。由教师确定三种评价方式分别占总成绩的比例，并加权计算出学生个人本次任务的考核评价分。任务完成考核评价表如表3-13所示。

表3-13　任务完成考核评价表

流程名称		媒体营销方案策划	班级	
项目组			学生姓名	
评价方式		评价内容	分值	成绩
自我评价		负责任务的完成情况	20	
		对媒体营销方案策划知识和技能的掌握程度	40	
		是否胜任小组内的工作	25	
		能否积极认真负责地完成组内分配的任务	15	
		合计		
小组评价		本小组的本次任务交付情况及完成质量	30	
		个人本次任务交付情况及完成质量	30	
		个人的合作精神和沟通能力	20	
		个人针对问题的理解、分析和处理能力	20	
		合计		
教师评价		能够利用工具或平台进行新媒体数据收集与整理	10	
		能够完成用户调研并建立用户画像	15	
		通过调研数据分析，能够从不同角度梳理、提炼产品卖点	10	
		能够挖掘出产品卖点，并能够清楚描绘产品给客户带来的价值，说明产品竞争优势	10	
		能够掌握新媒体营销方案实施的关键点	10	
		能够管理新媒体营销的风险并制订应对计划	10	
		制定媒体营销方案，明确营销渠道	15	
		信息收集、分析、文字总结提炼能力，数据分析能力	10	
		团队的沟通协作情况，共同完成任务且分工明确	10	
		合计		
成绩=自我评价（　）×0.2+小组评价（　）×0.3+教师评价（　）×0.5=				

（八）知识园地

1. 新媒体营销网络调研

新媒体营销网络调研是指企业为了制定新媒体营销方案及更好地组织和开展新媒体营销工作，利用各类信息技术、网络技术进行的调查、分析和研判活动。新媒体营销网络调研的主要工作包括用户调研、产品调研和竞品调研三部分。新媒体营销网络调研是新媒体营销链条中非常重要的一个环节，企业通过调研可使营销更有针对性，并能根据市场环境变化及时地调整营销策略。

（1）用户调研。

用户调研是企业为获得用户需求和良好体验进行的调查研究，主要可以细分为：洞察与挖掘用户需求、接受用户建议。洞察与挖掘用户需求有利于企业排除用户的伪需求，对用户需求的强弱进行验证，了解用户的喜好、满意度和真实想法。接受用户的建议可以使企业更快地成长，例如优化产品的某个功能，从而提高产品品质。

①用户调研的步骤。

首先，明确用户调研的目的，即用户调研需要达成的目标。针对不同的调研目的，企业应采用不同的调研方法，并寻找不同的调研人群。

其次，制订用户调研计划。调研计划一般要根据调研目的来确定调查对象、调研方法、获取信息的方式和具体的调研内容，以及调研的时间、地点、参与人员、设备、资金等。

最后，进入用户调研过程。用户调研过程主要是指实施调研计划，调研人员需要按照计划一步一步执行，但是在需要调整的时候也要及时调整。

视觉设计组主要进行图文设计及美化、视频拍摄等工作，以支持和配合其他小组的工作。

②用户画像的定义。

用户画像有两个类型的定义：一类是用户角色，定义4~5个生动形象的角色，也就是典型用户。他可能是一个人，可能代表一群人；他会描述一个用户的名字、年龄、位置、收入、职业等，也会描述用户的目标、动机、场景、体验，为什么用这个产品、感觉如何。比如，她是一个25岁的白领，喜欢运动，从事互联网的工作，收入中等，大学毕业，单身，喜欢养宠物。

另一类是数据分析层面的用户画像，把用户信息标签化，企业通过搜集和分析用户在过往经营过程中沉淀下来的属性数据、行为数据、社交网络的数据形成一个完备的大图谱。

用户画像的作用有很多，对于新媒体营销而言，其主要作用是进行用户研究与精准营销。企业通过对用户画像的分析可以了解行业动态，比如"90后"人群的消费偏好趋势分析、高端用户青睐品牌分析、不同地域品类消费差异分析等。精准营销是用户画像最直接和最有价值的应用方向之一。当企业给各个用户贴上各种标签之后，广告主（店铺、商家）就可以通过标签圈定他们想要触达的用户，进行广告的精准投放。

③构建用户画像步骤。

步骤一：收集用户信息。

企业要想建立用户画像，首先要收集用户信息。收集用户信息的方式很多，例如用户调研、行业研究、产品测试等，企业要在建立用户画像前，选择合适的方式收集用户信息。

步骤二：确定用户标签体系。

企业收集用户信息后，需要确定用户标签体系。常规的用户标签体系可分为人口属性、商业人口属性、行为属性、兴趣标签、消费意向和客户关系。其中人口属性包含性别、年龄、职业、婚姻状况、学历教育等内容，商业人口属性包含工作岗位、公司规模、行业类型等内容，行为属性包含访问媒体、访问时长、访问频次等内容，兴趣标签包含个人爱好、生活习性、生活方式、生活社交等内容，消费意向包含服务需求、物品购买、商旅购买、汽车购买等内容，客户关系包含客户状态、会员状态、生命价值、拥有产品等内容，如图3-3所示。

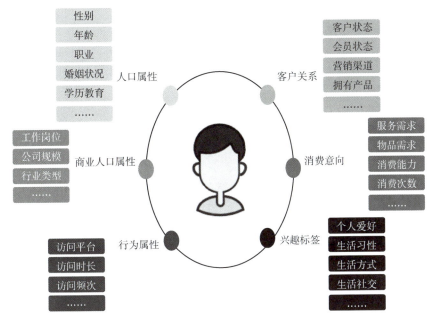

图3-3 用户标签体系

步骤三：根据细分维度对人群进行划分。

企业首先要确定细分维度，然后按照用户的基本属性、生活态度、使用动机、使用行为、消费行为等进行划分。通过不同的细分维度划分的适用范围也有差异，细分维度如图3-4所示。

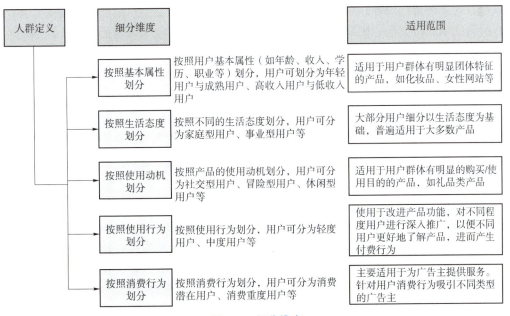

图3-4 细分维度

步骤四：基于用户标签建立核心用户画像。

企业根据得到的细分维度和标签体系，进一步描述核心用户的特征，例如根据收集的数据，完成用户在生活、学习及工作等场景内如何学习、如何娱乐等用户场景标签的提炼，完成标签组合，并用故事性话语对其进行描述。

（2）产品调研。

产品调研是企业通过文案调研、问卷调研等方式，对自身产品的质量、用户评价、交互和功能等内容进行调研，为现有产品优化和新产品设计提供决策支持的过程。产品调研的目的主要包括对比分析、寻找设计思路和自我提升，产品调研可以帮助企业更好地成长和发展。产品调研的流程如下：

①明确产品调研对象及目的。

企业进行产品调研首先要明确产品调研对象，包括要调研的产品范围和产品的使用者；其次要确定调研目的，一般新媒体营销的调研目的是优化产品卖点。

②回顾产品概况与核心功能。

产品概况是指产品的服务形态，包括是什么、为谁提供什么服务和解决什么问题。

产品核心功能就是针对目标用户最核心的几个功能场景进行分析，通常3~5个即可。比如××产品的目标用户是某年龄范围内的学生或在职青年，他们希望可以有一款能帮助他们解决什么问题的产品，而这款产品不仅满足了他们的需求，还能提供附加功能来提升他们的产品体验。

③基于用户视角分析产品。

基于用户视角分析产品是指针对目标用户的典型使用场景来分析用户的需求，发现不同解决方案的优缺点。具体来说，企业首先要罗列产品的目标用户、典型使用场景以及在该场景下的解决方案，然后针对上述场景，分析不同产品解决方案的优缺点。

④分析产品逻辑与结构。

核心业务逻辑分析是指梳理各用户角色在产品中的功能流转和整体业务模型，包括产品收益方式、付费模式等。用户使用流程分析即梳理各个核心用户的业务流程图，并站在用户的角度来分析流程的优缺点，判断其是否已经闭环或存在不合理的情况。产品功能结构分析即梳理产品复杂功能的内部结构。这项工作能够帮助调研团队梳理产品的功能结构，对产品形成一个整体的、全局的认识。

⑤撰写调查报告。

调研团队根据以上分析内容，梳理产品、运营、业务模型和规划的特点后，通常列出3~5个产品的主要卖点。提炼产品卖点是产品调研的重要目的，企业通过提炼卖点、展示卖点，能够促使目标客户对产品产生兴趣，从而购买该产品。当然，产品调研反过来也可以对产品的研发或优化提供相关建议。

（3）竞品调研。

①竞品调研内容。

功能——比如购买一台电脑或一件家具，购买之前就要弄清楚它目前有哪些功能，每个功能对应解决什么问题，哪些功能用于引流，哪些功能用于引导消费。企业通过对功能的汇总和分析，可以判断竞品的哪些功能有借鉴意义。

产品销售策略——产品销售策略实施得当，往往能带来业绩的增长。尤其是对于B2B

情境三　新电商营销推广

类型的产品，企业一定要关注竞品的销售策略。

产品属性——线上平台上售卖的产品数量，产品所属类目，平台产品架构是什么、主推款产品有几种、引流款产品有几种，等等，其中畅销产品在材质、数量等方面是怎么设置的。

用户体验——企业要想全面了解竞品，就得多听听竞品用户的感受。企业在收集竞品数据的时候，需要收集竞品用户对竞品有哪些意见，比如为什么选择使用这个产品、该产品的哪些功能好用、该产品包含哪些优质服务、该产品有哪些不足等。

价格——影响用户消费决策的重要因素之一。对于价格，企业要关注两个方面：单品价格或一次性收费、套餐价格或年费。

②竞品调研的流程。

明确目标：企业在开展竞品调研之前，应明确是为哪一产品做竞品调研，该产品目前面临的主要问题与挑战，竞品调研的目标（如决策支持、学习借鉴、市场预警等）。

选定竞品：企业在选择竞品时可以使用的方法有查询关键词搜索结果、分析市场份额数据、查询行业报告等。

确定分析维度：企业通常会从产品维度和用户维度进行分析。产品维度即功能、用户体验设计、技术应用、市场推广、产品定位、盈利模式、布局规划等。用户维度即价格、可获得性、包装、性能、易用性、生命周期成本、用户情感等。

收集竞品信息：企业可通过直接或者间接的方法来收集竞品信息，常用方法有问卷调研、行业数据分析、用户访谈或者购买行业报告等。

信息整理与分析：信息整理与分析的常用方法有比较法、矩阵分析法、竞品跟踪矩阵法、功能拆解法、探索需求法等。

总结报告：企业完成调研后，需要将调研过程、结果形成规范的总结报告，提交给企业相关部门供决策参考。如果竞品分析的目的是梳理出企业产品区别于竞品的独特卖点，为产品营销服务，那么竞品调研报告就要提供给新媒体营销计划的制订者。

2. 新媒体营销方案策划

（1）媒体营销方案。

新媒体营销方案则是用来梳理新媒体运营的想法和指导新媒体运营实践的。而新媒体营销就是利用微信、微博、贴吧等新兴媒体平台进行品牌推广、产品营销的运营方式。通过策划品牌相关的优质、高度传播性的内容和线上活动，向客户广泛或者精准推送消息，提高参与度，提高知名度，从而充分利用粉丝经济，达到相应营销目的。

一个完整的方案应该包含以下几个方面：

①目标：量化的目标，是评估运营成果最直接的衡量标准；

②策略：用户画像，渠道特点，内容规划等（内容/转化）；

③执行：制作标准工作流程并进行监测；

④优化：对执行后的结果进行数据分析，优化执行的细节，迭代方案。

了解新媒体运营策划方案的组成部分后，参照表3-14，完成新媒体运营策划方案的撰写。

表 3-14 新媒体矩阵内容营销方案示例

模块	要点	描述
确定目标	新媒体运营策划方案的第一步就是确定一个清晰合理的目标	清晰简单来说就是可量化,那么对于新媒体矩阵的内容营销来说,在平台获得高推荐量高转化量不是一个清晰的目标,而 30 天内获得 10 个体验课转化量则是一个清晰的目标。其次就是合理,合理就是综合所有现有资源和行业水平,所提出的目标是可以实现但又有一些挑战性的
制定策略	在做新媒体运营方案时,仅仅提出目标是不够的,还需要一个可以执行的策略来实现我们的目标	(1) 用户和渠道:我们在确定用户群时,往往先要对产品进行分析。比如,我们产品的用户主要集中在 0~3 年的新媒体从业者,因此,我们的用户定位为 0~3 年的新媒体从业者;而我们选择的三个渠道为百度、头条号和微博。一是因为这三个渠道自带流量,二是因为他们都有一个共同的特点,可以通过关键词优化实现排名的上升。运营逻辑上有一个共同点,放在一起做,人力和精力会相对集中。 (2) 内容规划:从用户和渠道上,我们的内容定位为:针对 0~3 年的新媒体从业者,以关键词为切入点,提高三大渠道搜索排名为手段的内容。 那么在做内容规划时,自然要考虑两点:一是输出 0~3 年的新媒体从业者喜欢看的内容,二是根据各搜索渠道提取优质关键词
执行细节	策略只是一个大概的方向,知道了大概的方向以后,就要确定更加细节的部分,来执行策略,这部分就叫作执行	(1) 内容制作并发布:内容制作就是文章的撰写,而在撰写之前会先确定写作结构。整体可按照三段式总分总的结构展开,并且具体分为以下几个部分: ①导语:吸引读者阅读,点名写作背景,给出写作逻辑,统领下文; ②正文:对文章主题的具体展开; ③结语:总结全文,呼唤行动。 需要强调的是在撰写文章时,因为希望用户能通过关键词检索到我们,因此需要把关键词精心地布局在文章中的各个地方。一般布局的地方如下: ①文章标题:把目标关键词放在文章标题的前半部分,会让搜索引擎认为你注重标题开头的文字,搜索引擎会知道,该文章和你想要关联的目标关键词强相关。 ②文章前 100 字:在文章的前 100 个字只谈论与关键词相关的内容,搜索引擎会认为你的文章和关键词的相关度很高。 ③文章小标题:在写文章的时候,会添加一些小标题使文章有清晰的逻辑结构。在设置小标题内容的时候,也不要放过抓住关键词的好机会,同样,把关键词尽可能地放置在小标题的前半段,来吸引搜索引擎。 ④图片或视频的文字描述:当你插入图片的时候,在图片下方你可以对关键词进行描述,在文字描述中你就需要尽可能添加你的目标关键词及相关关键词。 ⑤文章标签:在一些内容管理平台中,此标签默认展示了页面的标题。 ⑥文章制作完成后,我们把文章同步发布在各个新媒体渠道上,这样就完成了文章的制作和发布。 (2) 数据监测:完成发布后,执行的流程还没有完成,需要定期跟踪文章的数据效果,一般统计的数据为每日的阅读数、评论数、点赞数、转化数、每日的关键词搜索排名,等等,可以做成一个内容监测表方便跟进

续表

模块	要点	描述
最终优化	根据数据监测的结果,我们知道每日的文章排名在什么位置,但这个远远不够,还需要对文章的排名进行优化。你要让搜索引擎在无数的文章中,把你的文章排到前面,还需要再次对文章进行优化,一般分为内容优化和转化优化	(1)内容优化:也就是提高文章本身的质量。除了前面撰写文章时的关键词匹配,优化手段如下: ①提升文章的阅读量:因为文章有阅读数,搜索引擎会抓取作为排名的衡量因素之一; ②提升文章的赞数:赞的数量越多,这篇文章的质量越高; ③提升文章的评论量:因为平台有评论数,搜索引擎会抓取作为排名的衡量因素之一,评论越多说明文章越火; ④不定期更新文章:比如每周更新一点内容,或者更新一些小词语,让搜索引擎觉得这篇文章是长期更新的。 (2)转化优化:除了对文章本身的内容进行优化,还需要对内容的转化进行优化。转化率和两个因素有关,一个是转化文案的质量,另一个是转化文案的曝光次数。 为了提高转化文案的曝光率,给出以下几点建议: ①在文章中引导:一般是在开头、正文和末尾分别增加一处"私信可得福利"等引导性文字; ②在评论区引导:"私信楼主福利"的文案并置顶,让更多看文章的用户看到; ③外链+文字引导:增加外链和福利引导性文字,让文章和引流文案在多个其他渠道曝光,从而实现更多转化。 不同渠道的转化优化方式会有所不同。以外链+文字技巧举例,它一般适用于百度渠道的优化。目的是让你的文章曝光在更多权威网站上,让文案触达更多的用户实现转化。 而外链的网站,要保证两点:一是网站足够权威,二是网站相关性高

(2)媒体营销方案的制定步骤。

①制定新媒体营销目标。

常见的企业新媒体营销目标主要包括三类:品牌传播、用户增长和销售促进。新媒体营销目标要尽量直观清晰,企业应尽量避免受众因对数据、定义的理解偏差而产生误会。常用的新媒体营销目标指标包括注册用户、活跃用户、用户黏性、订单量、品牌曝光度、客单价等。

②确定推广策略。

用户增长策略:用户增长策略一般包括设计好用户触达、用户认知和用户转化三个环节。

用户触达是指企业通过什么途径找到目标用户,也就是渠道。企业想要触达用户,先要知道目标用户是谁、目标用户在哪里、企业需要通过什么途径才能找到目标用户。有了渠道之后,企业可以选择让用户以何种方式了解产品或服务。企业触达用户并且让用户有了一些基本认知之后,要明确可以采用哪些手段来促进和加速用户的转化。

矩阵搭建策略:矩阵搭建策略是根据企业实际情况搭建新媒体横向矩阵和纵向矩阵。

横向矩阵指企业在新媒体平台的布局,包括自有App、网站和其他各类新媒体平台。

纵向矩阵指企业在某一个媒体平台的生态布局,例如企业在微信平台上可以布局社群、个人号、小程序、订阅号以及服务号。

内容创作策略：内容创作策略包括内容定位策略、内容选题策略、内容制作策略、内容分发策略及内容数据分析策略等。

内容创作策略非常重要，用户增长策略和矩阵搭建策略确定了新媒体营销的对象和阵地，但如果新媒体营销没有合适的内容作为"弹药"，营销效果也不会太好。

活动开展策略：活动开展策略是指企业根据营销目标设计一定周期内的活动类型、频次、方向等，例如确定企业常规活动、热点事件活动、节点营销活动三类活动的频次、周期、方向等。

（3）媒体营销方案预算的制定。

企业需要根据营销目标、推广策略及每个推广周期涉及的推广细项做预算，预算做得越精细，新媒体营销方案的可控性越强，执行效果越明显。某公司将推广周期按照用户增长周期划分为种子用户期、初始用户期、品牌推广期，其推广方案预算如表 3-15 所示。

表 3-15 推广方案预算

推广周期	渠道	预算
种子用户期	注册消费券	
	推荐消费券	
	充值即送	
	活动推广	
	DW 宣传单	
	广告衫	
	帆布袋	
	地推卡	
初始用户期	微信红包	
	注册消费券	
	推荐消费券	
	充值即送	
	微博转发	
	本地社区投放	
	微信转发	
	活动策划	
品牌推广期	地面推广	
	本地 O2O 及 App 合作推广	
	参加展会	
	加入联盟	

（4）新媒体营销方案实施的关键点。

首先应及时跟进营销实施情况并进行反馈，对于掌握实施进度、及时处理突发事件具有重要意义。其次应做到复盘总结，不断强化目标，避免实施过程中的失误，同时能够进行技巧复制，从而发现规律。最后要求相关负责人做好进度把控，时常检查项目节点与预期目标和计划的差距，及时发现项目中可能存在的风险，并尽快做出调整。

新媒体传播速度快、覆盖面广的特性让新媒体营销也存在一定风险，许多企业在进行新媒体营销活动中都出现过较大的风险，例如舆情危机、合作方违约、法律法规变化等。企业要想顺利执行新媒体营销方案，实现营销目标，需要进行新媒体营销的风险管理，一般包括三项工作，即风险识别、风险评估和风险应对。

①风险识别。

预算风险：除了正常的人员工资支出以外，企业往往需要购买一些付费资源或者外部服务来配合内部实现整个营销目标，公司财务紧张可能会带来预算缩减的风险。

技术风险：当新媒体营销方案需要特殊的技术支持时，实施起来就存在技术风险。技术风险有一定等级，企业在一个成熟的平台上开展营销工作，技术风险较低；如果企业利用自主开发的技术平台或者工具，或使用新上市的技术产品开展新媒体营销工作，技术风险就较大。

法务风险：这种风险通常发生于需要履行合同的新媒体营销中，这些合同具有严格的条款和条件。企业尽管可以通过法律的保护规避风险，但有时很难规避来自其他组织的法务风险。因为若其他组织违约对企业造成损失，该违约的组织又不具备偿还能力，损失后只能由企业自己承担。

人事风险：重要责任人突然离职或出现意外，会给整个新媒体营销带来人事风险。如果这个人跳槽到竞争对手公司，人事风险可能成倍放大，甚至会引发战略风险。同样，缺乏培训或者低效的新媒体营销团队成员也可能给新媒体营销带来人事风险。

执行风险：与新媒体营销相关的各种执行细节可能会对新媒体营销产生负面影响。执行风险是一个比较宽泛的概念，细节决定成败并不是危言耸听，有时候一个细节的成败关系到整个新媒体营销方案能否继续执行下去。

②风险评估。

风险评估即对风险的严重程度进行判定。企业可通过对风险的严重性和风险发生的可能性进行评价，计算风险度来进行评估，并以此来确定是否对风险采取措施。

风险度的计算公式如下：

$$风险度（R）= 风险严重性（S）\times 风险发生的可能性（L）$$

其中，风险严重性（S）可根据严重程度分为非常严重、严重、较严重、一般和轻微五个等级，分别进行赋值，如表3-16所示。

表3-16 风险严重性表

风险严重性	分数值
非常严重	5
严重	4
较严重	3
一般	2
轻微	1

风险发生的可能性（L）也分为五类：非常可能为5分，很有可能为4分，可能为3分，不太可能为2分，极不可能为1分。

最终，企业就可以计算出风险度（R）的数值，根据风险度数值，企业可以评估该风险的等级：高风险 16~25 分、一般风险 6~15 分、低风险 1~5 分。

③风险应对。

风险规避是指放弃使用有风险的新媒体营销资源、新媒体营销技术、新媒体营销设计方案等，从而避开新媒体营销风险的一类风险应对措施。例如，坚决不在新媒体营销方案的实施中采用不成熟技术就是一种新媒体营销风险规避措施。

当采取风险规避措施产生的成本远超出潜在风险造成的损失、无法消除风险、暂无有效的风险规避措施或者针对一般风险时，企业可以采取风险降低措施。

风险转移多用于对付那些发生概率小、造成损失大或者新媒体营销组织很难控制的新媒体营销风险。例如通过合同或者购买保险等方法将新媒体营销风险转移给分包商或保险商。

风险容忍是应对无预警信息的新媒体营销风险的主要措施之一，在风险发生时，企业如果没有更好地消除风险的办法，那么则需要将风险可能造成的损失降至最低。例如，企业的负面新闻被媒体曝光后，企业应积极采取补救措施，将经营风险降至最低，这就是风险容忍措施。

风险接受是指企业自身承担风险可能造成的损失。风险接受一般适用于那些可能造成的损失较小、重复性较高的风险。

确定了每个风险的应对措施后，企业一般还需要制订新媒体营销风险管理计划表。新媒体营销风险管理计划表中需要列出每种风险的风险名称及评级、应对方式、预防措施、应急行动、如何确定问题已发生、问题的责任人等信息，如表 3-17 所示，这样能在风险出现时快速应对。

表 3-17　某公司新媒体营销风险管理计划表

风险名称及评级	应对方式	预防措施	应急行动	如何确定问题已发生	问题的责任人
资金风险（轻微）	风险接受	备用资金	启动备用资金	运营账户资金短缺	黄浩
……					

流程二　软文营销与运营

（一）学习目标

学习目标如表 3-18 所示。

表 3-18　学习目标

知识目标	（1）了解图文编创的作用； （2）了解图文推广的平台； （3）理解图文推广的整体构思； （4）掌握图文选题的原则与技巧； （5）掌握图文写作的原则与技巧； （6）掌握图文推广的日常运营方法； （7）掌握常用的数据分析工具与指标

情境三　新电商营销推广

续表

技能目标	（1）能够根据项目需求，准确分析目标用户群体； （2）能够根据项目目标用户群体，策划优质图文选题； （3）能够根据项目推广目的与要求，撰写爆款图文； （4）能够根据平台特性，进行图文多平台运营与推广； （5）能够通过运营数据分析，进行图文内容优化与迭代； （6）具备较强的文字功底，能够根据主题定位进行规范化写作； （7）具备互联网创新思维，具有发散和创意思维； （8）具备一定的设计、审美与编辑能力
素质目标	（1）具备法律意识，在图文内容选题写作中遵守相应的法律法规； （2）具备正确的价值观，积极传播正能量的图文内容； （3）具备灵活变通的活动能力，协同他人完成实训

（二）明确任务

完成流程一的媒体营销方案策划后，接下来就是针对该产品进行软文营销，即围绕产品的图文创作与发布，完成图文方面的营销与推广。主要任务包括软文平台选择与搭建、软文营销构思、软文营销选题策划、软文营销内容编辑、软文营销内容排版与发布、软文营销数据分析等。

（三）获取资讯

了解本流程需要掌握的内容，包括软文写作技巧、软文营销策略、软文投放策略等，首先需要收集相关资料。

☞**引导问题1**：经常使用的媒体平台有哪些？你是否为某些自媒体人的图文打过赏，打赏的原因是什么？

☞**引导问题2**：在线上收集相关产品的爆款图文，简述它们有什么共同属性。爆款图文写作有哪些规律？

☞**引导问题3**：结合所学知识，思考优质选题的标准是什么？策划优质选题有什么技巧？

☞**引导问题 4**：一个吸睛的标题有什么特点？拟定一个吸睛的标题有哪些技巧？

☞**引导问题 5**：结合所学知识，思考一个好的开头应具有什么特点？开头设计的通用模型是什么？如何设计一个好的开头？

（四）制订计划

制订计划如表 3-19 所示。

表 3-19　制订计划

序号	项目	任务明细	开始时间	完成时间	负责人	备注
1	软文营销认知	图文媒体平台调研				
		软文营销推广需求				
2	软文营销构思	目标用户分析				
		图文选题策划				
		图文内容设计				
3	软文营销内容创作	图文标题设计				
		图文开头、正文、结尾设计				
		图文诊断与修改				
		图文排版与发布				
4	软文营销日常运营	制定软文营销日常运营方案				

（五）做出决策

（1）根据平台调研结果，确定软文推广平台；

（2）明确软文推广需求，策划软文选题；

（3）团队根据前期工作内容，商定软文的写作风格及内容等；

（4）制订软文营销工作计划，明确软文发布时间、篇数等内容，以及发布后的数据分析；

（5）针对软文推广内容，按时间进行总结复盘。

（六）工作实施

1. 软文营销认知

任务交付 1：基于所选实训项目，对图文推广平台进行调研，对比分析各平台的异同点，填写表 3-20。

表 3-20　图文平台调研

	调研平台	目标用户群体	内容呈现形式	内容变现方式	平台特色/优势
调研结果	微信公众号				
	今日头条号				
	百家号				
	大鱼号				
调研方法					
调研步骤					
资料来源					

任务交付 2：确定软文推广需求，根据课前学习的内容，制定本次图文内容推广的目的，填写表 3-21。

表 3-21　图文推广需求

研究目标	研究结果
营销目的	
预期目标	
产品卖点	
受众群体	

任务交付 3：根据前期调查内容并结合图文推广需求来确立新媒体平台形象，并将其转变成具体可见的文字、图像或者视频等可视化符号，填写表 3-22。

表 3-22　平台形象构建

研究目标	研究结果
形象推广需求	
可用于推广的媒体平台	
头像	
简介	

任务交付 4：利用新榜、今日热榜、微小宝等数据分析工具，寻找 5 篇阅读量 10 万人次以上的近期爆款图文，填写表 3-23。

表 3-23　爆款图文分析

分析角度	爆款 1	爆款 2	爆款 3	爆款 4	爆款 5
文章标题					
发布平台					
阅读数量					
选题方向					
内容形式 图文/视频/ 问答/条漫……					
语言风格					

2. 软文营销构思

任务交付 1：根据软文营销目的，结合所选平台特点，分析该项目产品的目标用户，填写目标用户分析表格。基于科学的数据分析进行用户标签提炼，填写表 3-24。

表 3-24　目标用户分析

分析角度	具体特征	用户画像
固定属性		
用户路径		
用户场景		

任务交付 2：根据此次图文推广目的和目标用户分析，策划选题，填写表 3-25。

表 3-25　选题策划

选题	描述选题	选题原因	选题为用户提供的价值
选题 1			
选题 2			
选题 3			

任务交付 3：通过整理素材以及思维发散，至少找出三个可写的观点，讨论确定一个核心观点，并采用所学的金字塔结构，厘清整体逻辑，填写表 3-26。

表 3-26　内容数据大纲

选题	
核心观点	
子观点或案例	简要描述子观点或案例素材，并给出选择理由
金字塔结构图	利用金字塔结构，列出核心观点和子观点/案例之间的逻辑关系

3. 软文营销内容创作

任务交付 1：根据写作前的内容构思，针对不同的自媒体平台，利用所学的标题技巧，为此次图文设计五个标题，团队通过讨论确定最合适的标题，填写表 3-27。

表 3-27　标题拟定

序号	标题内容	媒体平台	拟定标题思路
标题 1			
标题 2			
标题 3			
标题 4			
标题 5			
选用标题			

任务交付 2：针对不同媒体平台和推广目的，利用所学的开头设计方法，为此次图文设计四个开头，填写表 3-28。

表 3-28　开头设计

序号	开头内容	设计思路
开头 1		
开头 2		
开头 3		
开头 4		

任务交付 3：为本次图文内容推广准备的活动海报、图片及语音等资料，添加到正文中，以更好地吸引读者注意，填写表 3-29。

表 3-29　图文相关物料

宣传物料	放置数量	排版位置
活动海报		
图片		
语音		
产品链接		

任务交付 4：针对不同平台和推广目的，利用所学的结尾设计方法，为此次图文设计四个结尾，填写表 3-30。

表 3-30　开头设计

序号	结尾内容	设计思路
结尾 1		
结尾 2		
结尾 3		
结尾 4		

任务交付 5：图文内容诊断与修改。团队合作完成图文内容的问题诊断和修改润色，将图文中的问题及修改后的内容整理到表 3-31 中。

表 3-31　问题诊断与内容优化

序号	诊断出的问题	修改后的内容
1		
2		
3		

任务交付 6：在媒体平台（微信公众号、头条号、百家号、大鱼号等）进行图文排版并发布，将发布后的图文信息填写在表 3-32 中。

表 3-32　图文排版与发布

标题	
网址	
发布后的图文截图	

4. 软文营销日常运营

任务交付 1：根据软文营销策划，针对不同类型、不同平台发布的图文，明确需要分析数据指标，填写表 3-33。

表 3-33　软文营销数据指标设定

研究目标		研究结果
微信公众号	用户数据	用户增长： 关注来源： 用户属性：
	图文数据	单篇图文： 全部图文：
微博	用户数据	用户增长： 关注来源： 用户属性：
	图文数据	单篇图文： 全部图文：
今日头条	用户数据	用户增长： 关注来源： 用户属性：
	图文数据	单篇图文： 全部图文：

任务交付 2：运营数据分析报告。在图文发布之后收集相关数据，根据近一周的数据情况，结合账号历史数据，参照表 3-34，撰写运营数据分析报告。

表 3-34　运营数据分析报告

分析目的	
分析内容	
数据表现	图文数据：
	用户数据：
分析结论	
建议措施	

（七）评价反馈

评价说明：在本次任务完成后，由任课教师主导，采用学习过程评价与学习结果评价相结合的方式，综合运用自我评价、小组评价及教师评价三种方式进行评价。由教师确定三种评价方式分别占总成绩的比例，并加权计算出学生个人本次任务的考核评价分。任务完成考核评价表如表 3-35 所示。

表 3-35　任务完成考核评价表

流程名称	软文营销与运营	班级	
项目组		学生姓名	
评价方式	评价内容	分值	成绩
自我评价	负责任务的完成情况	20	
	对软文营销运营知识和技能的掌握程度	40	
	是否胜任小组内的工作	25	
	能否积极认真负责地完成组内分配的任务	15	
	合计		
小组评价	本小组的本次任务交付情况及完成质量	30	
	个人本次任务交付情况及完成质量	30	
	个人的合作精神和沟通能力	20	
	个人针对问题的理解、分析和处理能力	20	
	合计		
教师评价	完成图文推广平台注册与装修及账号定位	10	
	有清晰的图文选题目标，明确选题大纲	10	
	软文内容撰写主题明确，逻辑通顺	10	
	图文内容设计合理，排版精美，突出宣传点	10	
	软文推广整体数据（点赞、评论、转发等）表现较好，能够吸引人	10	
	结合数据分析，挖掘用户行为，能够根据用户行为，精准互动营销	10	
	进行不少于 50 篇的软文写作与发布，单篇阅读量在 500 人次以上	10	
	信息收集、分析、文字总结提炼能力	10	
	数据分析应用能力	10	
	团队的沟通协作情况，共同完成任务且分工明确	10	
	合计		

成绩=自我评价（　　）×0.2+小组评价（　　）×0.2+教师评价（　　）×0.6=

（八）知识园地

1. 图文推广认知

自媒体时代已经到来，微信公众号、今日头条、抖音、快手等自媒体平台迅速崛起，图文、条漫、短视频、知识付费等内容形式随之火爆。自媒体越来越多地占领了用户的注意力和心智。

（1）图文推广价值分析。

基于不同的维度，自媒体有多种分类方式。图文推广是目前自媒体推广最常见的类型，主要是以文字和图片相结合的形式输出内容，如表3-36所示。

表3-36 自媒体分类

平台分类	微信公众号、微博、今日头条、百家号、抖音、快手、小红书等
内容分类	纯文字、图文、条漫、短视频、问答、直播、知识付费等
身份分类	自媒体人、自媒体团队、企业新媒体、党政机关、传统媒体
价值分类	广告变现、产品变现、企业赋能、内容变现
目标分类	销售转化、品牌塑造、活动推广、用户服务

①打造个人品牌：最短的链接路径连接所有人，沉淀并放大个人品牌，形成超级个体闭环。

②电商运营：图文曝光产生流量，流量带来用户，用户沉淀就使平台拥有了媒体属性以及商业价值。

③内容付费：内容付费的本质在于把内容变成产品或服务，收取用户费用，实现商业价值。

针对媒体运营来说，多平台发展是必然的趋势。5G时代，视频将对图文产生一定冲击。但是，图文依旧是生成内容的主力军。在专业性和垂直深度上，图文推广拥有视频无可比拟的优势。建议首先明确自我定位，选择与自我定位相符的平台；其次选择主攻平台，选定一个主攻的核心平台重点运营；最后以创作优质内容为目的，稳定持续输出优质的原创内容。

一个人每天要接收成百上千条信息，但是纵观能给人们留下深刻印象的好文案背后，无一不具有非常精准的洞察力。它们通过直击痛点和一针见血的表达，精辟地讲出一个个让人认同的看法，从而让人对其产生强烈的情感认同。

以江小白为例，从"清晨的粥只能填满胃，深夜的酒却能填满心"到"成长就是将哭声调成静音，约酒就是将情绪调成震动""所谓孤独就是，有的人无话可说，有的话无人可说"……一句句走心的文案，总能精准地击中年轻人内心的痛点，牢牢抓住消费者的心，将品牌和用户的需求进行强力链接。

文案形式包罗万象，究竟如何才能科学地写出令消费者拍手称赞的文案呢？要想回答这个问题，首先要明确再有创意的文案，最终接受方均是消费者。文案的效果取决于消费者在看完文案之后有没有产生购买动机。而这种动机的产生往往是因为文案戳中了消费者的某种本能心理。因此，写文案之前，必须先研究明白消费者具有哪些本能心理，根据消费者的本能心理，制定相对应的文案策略与文案写作技巧。

消费者本能心理其实是人与生俱来的心理，源于人类社会代代相传，由本身基因决定。

通过对消费者本能心理的研究，我们将消费者本能心理大致分成六个模块。通过对每个模块的分析，基本上能覆盖市面上很多文案策略。优秀文案的产生不再靠一拍脑袋的创意灵感，这也是初级文案和高级文案的区别。

（2）六类消费者本能心理模块。

①报酬心理。

报酬心理分为报酬自己或者报酬他人。报酬自己是指自己已经付出太多，应该犒劳一下自己。报酬他人是指他人为自己已经付出太多，应该犒劳一下他人。此时的文案策略是你的产品应当能够满足犒劳自己和犒劳他人的需求。

②超越心理。

超越心理是指消费者之间会有攀比，这也是一种自尊心的本能体现，自己要比他人优秀。此时文案策略是要让消费者在使用你的产品过程中能明显感受到自己比他人更加优越的满足感。

③拒绝心理。

拒绝心理是指消费者会拒绝某些对自己不利的东西。你应该让消费者明白使用你的产品可以帮助拒绝他想拒绝的东西。

④不可两全心理。

不可两全心理是指过去消费者认为有得必有失。文案策略是要让你的产品能够提供第三个解决方案，帮消费者摆脱两难的境地，往往能够吸引一大批粉丝。

⑤猎奇心理。

猎奇心理是指消费者对新奇、反常规的东西抱有围观群众的态度，越新奇，越容易令用户产生传播的欲望。文案策略应当反常规。这种类型的文案在国外相对流行。

⑥谦卑心理。

谦卑心理是指消费者往往对虚心学习抱有一种认可赞扬的态度。文案策略以一种尊敬竞争对手的态度赢得消费者好感。

（3）爆款图文属性分析。

爆款图文是指在特定或多个圈层（年龄、地域、行业等）内，实现大量曝光，造成传播现象的图文内容。常见的爆文阅读量可达到十万、百万、千万级别。

爆款图文通常具备较高的阅读价值，易于传播，能够取得较好的推广效果。

①激发用户情感共鸣。

爆款图文通常能够与用户建立情感连接，激发用户情感共鸣。例如文章《谢谢你爱我》聚焦平凡生活里关于爱的正能量故事，成功激发起用户的情感共鸣。

②提供合适信息增量。

"提供一定的信息增量"是目前大部分自媒体平台对图文内容的硬性要求之一。

图文要带给用户一些新的观念或者知识，但又不能太新，与用户已有的认知产生断层，最好是给用户跳一跳就够得着的阅读体验。

③拟定强吸引力标题。

吸睛的标题可以让同样内容的阅读量提升10倍。

④撰写生动有趣的正文。

当前互联网环境下，用户的注意力和时间越来越碎片化，想要提高用户的完读率就需要不断给予用户刺激。通过制造冲突或悬念、布局表情包、抖段子等方式，让用户觉得有趣，增强内容感染力。

2. 图文推广构思

（1）图文推广整体思路。

推广构思：在写作之前，需要明确写作的目的和目标用户，针对具体推广目的和用户群体特征，策划选题、搜集素材、设计内容，做好写作之前的准备工作。

推广内容编辑：通过拟定标题、设计开头和结尾、撰写正文、修改、排版等步骤完成内容输出，达成吸引用户、销售转化、品牌传播或活动推广等目的。

图文推广日常运营：通过策划关键词以及运营用户评论，增强文章的传播效果及用户黏性；通过对图文数据进行分析，了解用户的真实需求，加强图文质量，实现内容优化。

（2）明确制作目的。

①产品销售类图文：核心目标是达成销售。刺激用户产生需求，建立信任感，最终付诸购买行动。

②品牌宣传类图文：核心目标是塑造品牌。体现企业的品牌形象与文化内涵，引起用户情感共鸣，加深用户对品牌的印象。

③活动推广类图文：核心目标是吸引和留存用户。形式多样，交互性强，引发用户兴趣，提高用户留存率。

（3）分析目标用户。

分析目标用户常用的方法是构建用户画像。通过用户画像，可以清楚地了解目标用户群体、用户行为、用户的共同需求等。优秀的图文能将用户的痛点与共鸣点纳入内容创作之中，写出用户心中的真实诉求。

（4）图文选题策划。

选题是图文创作者对图文内容的构思，有几个策略可选择。可首先考虑选择与目标用户群体关联度高的选题，能够引起用户的关注。运用马斯洛需求理论来洞察不同目标群体的关注点，能够更好地了解目标用户需求，找准引爆点。或者关注社会热点，特别是那些低门槛、高共鸣、新观点、反常态的热点，容易引发用户情绪共鸣。例如"汉服""国漫"等都可以成为常规热点选题。另外可考虑选择与日常生活关联度高的选题，人们对身边的事情和自己生活关联度高的事情会投入更多关注，也更乐于阅读、讨论和传播。UGC（用户生产内容）顺应而生，用户成为内容生产的合作者。

（5）图文素材收集。

素材是图文的血肉，有了丰富的素材，图文内容才能给用户提供"价值感"。素材种类并不局限，能够丰富图文内容的都可以作为素材，比如独特新颖的观点、金句、段子或者书摘等，用户反馈同样是很好的素材来源。在日常学习或生活中，应多关注好奇心日报、新榜以及知乎等用户意见聚集的平台和文章评论区，通过话题引导用户分析，直接整理成文或者专门做用户调研。

（6）图文内容设计。

①内容设计步骤。

步骤1：基于选题和素材，进行思维发散，把所有可写观点罗列出来。

步骤2：整理出这些观点之间的逻辑关系，并进行适当的增减和修改。

步骤3：确定引领全文的核心观点，子观点和案例都为核心观点服务。

步骤4：整理出完整大纲，并进行相应描述。

②内容设计大纲。

并列结构：一篇文章有一个核心观点，开头即引出核心观点，中间正文通过多个案例来支撑核心观点，结尾总结升华。

总分结构：一篇文章有一个核心观点和多个子观点，一般开头引出核心观点，通过多个子观点来支撑中心思想。

3. 图文推广内容编辑

（1）AISAS 模型分析。

AISAS 模型（Attention 注意、Interest 兴趣、Search 搜索、Action 行动、Share 分享），是针对互联网消费者生活形态的变化，提出的一种全新的消费者行为分析模型。AISAS 模型完整的过程包括：消费者在微博、网站、线下等接触点注意到商品的信息，并通过多种形式对商品产生兴趣，激发起进一步了解的欲望，并产生了搜索的行为，在全面了解商品后购买，最后将商品分享给更多的消费者。AISAS 模型在图文推广中的应用及预期效果评估如表 3-37 所示。

表 3-37 AISAS 模型在图文推广中的应用及预期效果评估

AISAS 模型	图文	预期效果评估
引起注意	标题	吸引人的注意力，引导点击阅读正文
引起兴趣	开头	引入场景，有代入感，愿意继续阅读
进行搜索	正文	信任感、价值感、信息增量，主动获取品牌/产品信息
用户行为	结尾	强互动、引导购买、转发、点赞、评论等用户行为
分享推广	推广	较好的传播力、口碑营销

（2）图文标题拟定。

好的标题可以在海量内容池里成功吸引用户注意力，引导用户点击阅读，并且筛选精准用户，提高图文内容的转化率。

①与己相关，标题考虑用户身份，加入年龄、行业、地域、生活态度、消费文化身份标签，呈现出对用户有用的、有价值的内容并与用户相关，吸引注意力。

②制造对比，标题可以通过对比制造"冲突感"，特别是那些非常规的、超出人们认知的信息，可以激发用户的阅读欲望。

③引发好奇，标题中含有引起用户好奇心的内容，可以有效吸引用户注意力。

④启动情感，标题要善于启动情感，引发用户情感共鸣。

⑤关键词解释，大多数人会对知名人物、权威头衔、热点人物或事件等感兴趣，借助这些关键词的势能，提高标题吸引力。

（3）图文开头设计。

成功的开头具有五个特点：符合用户预期、开门见山、与"我"相关、引起好奇、简明有力。

场景式开头——开头描述情景，这个情景是大部分目标用户熟悉的，能唤起用户情感共鸣，比如直戳痛点或者打动人心。

例如，奥美公司经典文案《我害怕阅读的人》的开头："我害怕阅读的人。一跟他们谈话，我就像一个透明的人，苍白的脑袋无法隐藏。"

金句式开头——对文章核心点进行高度概括，展现文章的重要性和价值，让用户觉得值得阅读。

例如，文章《周润发：人活到极致，一定是素与简》的开头："人活着有三个层次：第一个层次：活着。第二个层次：体面地活着。第三个层次：明白地活着。周润发活到了第三个层次。"

冲突式开头——通过制造反差，激发用户的猎奇心理，也是一个好的开头方法。

例如，文章《我见过情商最低的行为，就是不停地讲道理》的开头："最近，我对'情商'这个词有了新的理解——高情商的人，原来最不讲道理。"

故事式开头——开头讲故事的好处是让用户有代入感，阅读压力小，很容易就能读下去。

例如，文章《职场里最值钱的，是你的时间》开头："今天在办公室，一名实习编辑离职了，临走时和我说价值观不同。"

（4）图文正文设计。

①结构设计。

正文撰写是重头戏，而重中之重则是结构框架。有效的结构框架是一篇图文的写作方向和重点大纲，可以让逻辑表达更加清晰，用户更加信服和准确接收我们想要表达的内容。

故事类图文结构——常用"冲突、行动、结局"或"起承转合"的结构，将故事起因、经过、高潮、结果详细展现出来。

论述类图文结构——常用金字塔结构，围绕观点进行"阐述、分析、解决、总结"，构成"总—分"的金字塔结构。

营销类图文结构——销售类图文开头设计场景，提出用户痛点；正文层层递进，赢得用户信任；结尾设计价格锚点或重复卖点，引导用户转化。品牌类图文通常品牌人格化，加深用户对品牌的认知。

②语言表达。

语言表达是内容的血肉，流畅恰当的语言表达为内容增加感染力，给予用户良好的阅读体验。

补充不该省略的信息：涉及陌生概念时，需要补上概念解释；需要补充背景信息时，也不要遗漏。

适当增加论点、案例：增加论点维度不仅丰富文章信息、深化内容，还能提升观点的可信度。

聚焦主题、优化表达：相近的观点、同质的案例、用不同的措辞表达同样的意思，在写作时应该尽量避免。

（5）图文结尾设计。

图文写作核心目标之一是通过内容激发用户做出我们期待的行为，而结尾就是用户行为的触发器。

升华情绪式结尾——通常会提炼一两个金句，用来深化主旨，升华情绪，激发用户情绪共鸣。

例如，文章《努力工作，就是年轻时最好的生活》的结尾："后来，我终于不再考虑这种问题了。因为，我从内心深处渴望更好的生活，渴望更不一样的视野，更强大的生存能力。所以，我心甘情愿选择：在精力最旺盛的青春里，努力工作。"

引发讨论式结尾——通过制造话题，引发讨论，促使用户思考。结尾为用户提供话题，就是为用户提供社交工具，更有利于传播。

例如，文章《朋友圈3分钟治愈短片：余生不长，谢谢你来过》的结尾："2018年，不论它是好是坏，都是你我共同经历的人生。2019年，你会选择怎样的人生？2019，请回答。"

观点总结式结尾——通过总结观念、梳理重点以及深化主题，强调文章价值，增强用户阅读的回报感、获得感，触发用户行为。

例如，文章《任何成长，都离不开痛苦而持久的自律》的结尾："自律的人一生可以完成其他人几辈子都做不到的事情，他们的生活高效、轻松，时刻充满自信和掌控感，别人眼里的苦行僧，拥有的确是人生终极的自由。"

引用式结尾——用名人名言做结尾更有说服力，用户更愿意相信；用名人背书，让用户从名人身上受到启发。

例如，文章《未来十年，我们所认为的能力将荡然无存》的结尾："在结束之际，我还是想跟大家分享汤因比的这段话。他说，一个文明怎么能够延续几百年、上千年？对一次挑战做出了成功应战的创造性的少数人，必须经过一种精神上的重生，方能使自己有资格应对下一次、再下一次的挑战！希望我们一起能够经受时代和技术给我们带来的挑战！"

（6）图文诊断与修改。

修改初稿原则：整体—局部—细节。逐字逐句、删词改句、通篇打磨。

①不同的分发平台。

针对不同平台要求进行调整，遵守平台内容管理规范。

②智能写作辅助工具。

借助智能写作辅助工具进行图文问题的诊断及修改润色。

③推送前的检查清单。

确保图文不出现低级错误，利用表3-38所示检查清单，对照检查。

表3-38 推送前的检查清单

序号	项目	备注
1	全文是否有错别字、病句	
2	是否精简了每一句话，删除了不必要的表达	
3	标题表达是否有误，是否符合正文内容	
4	封面图的预览效果是否理想	
5	排版是否协调、统一（字号、行距、空行、对齐）	
6	图片的版权及水印是否有误	
7	二维码是否可识别	
8	文章摘要是否合理	

（7）图文视觉排版。

①排版四大原则。

阅读体验原则：提升用户阅读体验、完读率、互动率和认知度。

内容调性原则：考虑用户阅读习惯，前后风格统一，避免出现违和感。

加深认知原则：通过个性化排版，制造账号辨识度，加深用户对公众号的认知。

持续稳定原则：稳定的视觉设计体现账号的专业度，加深用户认知。

②排版基础要求。

文字规范：文字要尽量符合用户的阅读习惯并突出重点，引导用户关注重点内容。

图文配色：图文整体配色遵循三色原则，即一篇文章中的配色最好不要超过三种。

内容模块化：正文分成几个部分，每个部分提炼一个小标题，帮助用户更好地获取信息、理解内容，减轻用户的阅读压力。

4. 图文推广日常运营

（1）推广关键词策划。

关键词是指在图文推广中能够满足目标用户搜索需求的词。当用户搜索时所输入的词与关键词足够相关，就会"触发"关键词，图文内容就会在用户面前展现。

关键词罗列——关键词要语义明确，多用语义明确的实体词，以便于机器识别和搜索。

关键词选择——借助自媒体平台自带的热词推荐、热点榜单或者第三方数据工具，了解用户关注的热点，结合热点，确定热点关键词。

关键词布局——将关键词合理布局在图文内容之中，特别是标题和开头。因为机器识别图文内容，对于关键词的判定原则是高频词。

（2）用户评论运营。

互动是图文内容的延伸。良好的用户评论运营可以有效提升用户活跃度，获得用户的真实感受，与用户建立"情感桥梁"，增强用户黏性，为之后的推广转化做好用户沉淀。

①置顶评论引发讨论：作者留言引发讨论或者引导评论方向；

②评论区打卡活动：设置合适的打卡活动，增加用户参与感；

③解答用户实际问题：解答用户问题，为用户提供阅读价值；

④故事有奖征集、常规有奖互动：设置有奖活动激励用户，提高用户评论的积极性；

⑤适当的引导和奖励有助于提高用户评论的积极性。

（3）运营数据分析。

①数据分析常用指标，如表 3-39 所示。

表 3-39 数据分析常用指标

推广目的	需要分析的运营数据指标
销售转化	阅读完成量、页面浏览量、用户访问时长、用户浏览页面数、转化率等
品牌传播	微博粉丝数、微信用户数、今日头条粉丝数、百度百家号粉丝数等
活动推广	用户评价数、主动转发的用户数、主动打赏的用户数、留言频次高的用户数等

②数据分析的内容。

图文分析，即对自媒体内容平台的发布情况进行数据统计，包括阅读量、转发量、推荐量、点赞量等。

基础数据分析指标：打开率、分享率、点赞率、留言率、转化率。

高级数据分析指标：（以 7/30/60 天为节点）平均打开率、平均分享率、最大阅读量、最高打开率、平均转化率。

用户分析，即对用户增长数据和用户属性进行分析，了解账号粉丝增长趋势与原因，熟悉用户偏好与行为。

用户增长分析指标：新增关注人数、取消关注人数、净增人数、累计关注人数；

用户属性分析指标：性别、语言、城市分布、机型分布等。

(4) 数据分析的工具。

①自媒体数据分析工具，如表 3-40 所示。

表 3-40　自媒体数据分析工具

平台	自带的数据分析工具
微信公众号	用户分析、图文分析、菜单分析、消息分析、接口分析、网页分析
今日头条	内容分析、粉丝分析、粉丝画像、热词分析、收益分析
百家号	内容分析、百家号指数、粉丝分析、热词分析、信用分值
大鱼号	内容分析、视频分析、用户分析、大鱼星级

②第三方数据分析工具。

第三方数据分析工具是指非官方平台自带的、需要官方平台授权后才可以使用的数据分析工具。常见的第三方分析工具包括新榜数据、西瓜数据、清博大数据、新媒体管家、壹伴等。

③行业数据分析工具。

目前百度、腾讯等大型互联网公司都已经将大量数据开放，用户可以直接登录相关网站查看大数据。常见的行业相关大数据包括百度指数、新浪微指数、微信指数、头条指数、阿里指数等。

流程三　短视频营销与运营

（一）学习目标

学习目标如表 3-41 所示。

表 3-41　学习目标

知识目标	(1) 了解短视频的概念、特点及分类； (2) 掌握短视频内容的策划要素； (3) 掌握短视频的策划制作流程； (4) 掌握短视频脚本的主要类型； (5) 掌握短视频构图的原则与方法； (6) 了解短视频拍摄的器材与道具； (7) 了解短视频制作的常用软件； (8) 掌握短视频推广方式及平台； (9) 掌握短视频运营数据分析指标； (10) 了解短视频运营数据分析常用工具

续表

技能目标	（1）能够根据项目需求，制定短视频推广目标； （2）能够根据项目目标与要求，进行内容选题策划，撰写短视频运营策划方案； （3）能够结合品牌和产品特性，撰写短视频分镜脚本； （4）能够按照传播需求进行短视频标题、标签、封面和内容介绍的写作； （5）能够熟练利用拍摄器材和道具，完成短视频拍摄； （6）能够充分利用网络收集短视频制作素材； （7）能够运用剪辑工具进行简单的短视频制作； （8）能够根据目标用户及产品特性，进行短视频的运营推广； （9）能够根据短视频的传播数据，进行效果跟踪与内容优化
素质目标	（1）了解短视频的传播优势，适应传播趋势，服务舆论新格局的构建； （2）创新内容的表现形式，增强短视频的针对性和实效性； （3）形成实事求是、求真务实的工作态度； （4）具备法律意识，熟悉相应的网络广告法律法规以及平台管理规范，规避敏感词； （5）具备正确的价值观，创作积极向上、弘扬社会主义核心价值观的广告作品； （6）具备有条不紊、灵活变通的活动能力，能够协同他人完成实训

（二）明确任务

完成流程一的媒体营销方案策划后，接下来就是针对该产品进行短视频营销，即围绕产品的短视频创作与发布，完成短视频方面的营销与推广。主要任务包括：短视频平台选择与搭建、短视频营销构思、短视频营销选题策划、短视频营销方案制作、短视频脚本撰写、短视频拍摄、短视频后期制作、短视频日常推广、短视频营销数据分析等。

（三）获取资讯

了解本流程需要掌握的内容，包括对短视频平台的认知、短视频策划与设计、短视频的拍摄与制作、短视频发布后的运营等，首先需要收集相关资料。

☞**引导问题1**：你使用过哪些短视频平台？最喜欢哪一个？你是否有持续关注过某些博主发布的短视频？关注的原因是什么？

☞**引导问题2**：短视频制作与传统媒体制作一样吗？你最近关注过哪些热门短视频？它们有什么共同属性？你认为一个爆款短视频是如何产生的？

☞**引导问题3**：根据所学知识，试着描述一下，如何进行目标人群定位和内容定位？

☞**引导问题4**：结合所学知识，思考：优质短视频的标准是什么？

☞**引导问题5**：如果让你为产品设计短视频内容，你会用哪些方法、设计什么样的剧情来打动用户，进而促进购买呢？

☞**引导问题6**：结合课前自学知识，思考：短视频制作包含哪些内容及环节？

☞**引导问题7**：结合所学知识，思考：如何最大限度利用发布设置吸引流量？

（四）制订计划

制订计划如表3-42所示。

表3-42 制订计划

序号	项目	任务明细	开始时间	完成时间	负责人	备注
1	短视频认知	短视频平台调研分析				
		平台注册与设置				
2	短视频策划与设计	短视频内容选择				
		短视频内容策划				
		短视频运营方案制作				
		短视频脚本创作				

续表

序号	项目	任务明细	开始时间	完成时间	负责人	备注
3	短视频拍摄与制作	短视频拍摄				
		短视频后期制作				
4	短视频运营推广	短视频用户运营				
		短视频数据分析				

（五）做出决策

（1）根据平台调研结果，确定短视频推广平台，并完成账号定位与装修。

（2）明确短视频推广需求，策划短视频选题。

（3）团队根据前期工作内容，结合产品定位，商定短视频内容策划大纲。

（4）制订短视频营销工作计划，明确发布时间、地址和封面等内容，以及发布后的数据分析。

（六）工作实施

1. 短视频认知

任务交付1：查找资料、整合信息，对目前主流的短视频平台进行对比分析，填写表3-43。

表3-43 短视频主流平台分析

短视频平台	目标用户	平台定位	内容类型	变现方式	平台特色/优势
抖音					
快手					
西瓜					
……					

任务交付2：在短视频平台上搜索同类产品的品牌关键字和产品关键字，找到与该企业相关的热门短视频进行分析，填写表3-44。

表3-44 热门短视频分析

分析角度	短视频1	短视频2	短视频3	短视频4	短视频5
视频标题					
发布平台					
数据表现					
选题方向					
内容创意					
视频风格					
字幕特点					
用户互动					

2. 短视频策划与设计

任务交付1：明确推广目的是助力企业新产品开拓市场，迅速建立产品知名度和美誉度，填写表3-45。

表3-45　短视频运营策划方案

策划要素	具体特征
推广目的	
目标用户	
选题创意	
内容设计	
表现形式	
预发布平台	

任务交付2：根据短视频运营策划方案，参照表3-46，撰写短视频内容设计大纲。结合项目及产品具体情况进行内容设计，平衡推广要求与账号风格，突出产品卖点，有效引导转化。

表3-46　短视频内容设计大纲

设计要素	具体内容
主要内容	
封面与字幕	
标签创建	
视频简介	
地址定位	
投放时间	
评论区互动	

任务交付3：根据短视频内容定位，对短视频选题进行策划，填写表3-47。

表3-47　选题策划分析

研究目标	研究结果
视频格式	
片长	
目标用户	
创意关键词	
创意策略分析	
选题内容	
表现形式	
创意概述	
制作需求	

实施步骤：

（1）明晰本项目短视频的内容规范与要求，从创意性、知识性、专业性、娱乐性、情感性、完整性、健康性等角度确定本项目内容的创作方向。

（2）通过头脑风暴，筛选确定本项目的创意关键词。创意关键词主要是指核心的创意文案，如口号标语、标题文案、台词金句等；在确定选题时，注意要通过市场调查，借鉴经验，积极关注、迎合用户需求，使用互动式、参与式主题等方式，体现与众不同的个人特色。

（3）在制定策划方案时要重视关键问题，合理利用资源，团队成员分工协作，最后分解目标，逐级完成。策划方案时需要把握以下原则：以用户为中心；注重价值输出；坚持内容垂直；选题互动性强；紧跟网络热点；规避敏感词。

3. 短视频拍摄与制作

任务交付 1：根据短视频策划的相关内容，撰写分镜头脚本，填写表 3-48。要求脚本分镜合理、结构完整、情节饱满，体现品牌或产品特性。

表 3-48　短视频分镜头脚本

镜号	摄法	时间	画面	解说	音乐	备注

任务交付 2：短视频拍摄准备。基于短视频策划的相关内容，开展短视频拍摄准备工作，选择合适的拍摄场景、拍摄器材以及拍摄道具，并填写表 3-49。

表 3-49　短视频拍摄准备清单

项目	具体内容
拍摄场景	场景 1：
	场景 2：
拍摄时间	
拍摄器材	
灯光等设备准备	
其他拍摄设备	

任务交付 3：短视频制作。进行短视频的实际拍摄，在完成短视频拍摄工作之后，选择合适的剪辑软件，制作短视频，并填写表 3-50。

表 3-50　短视频制作分析

项目	具体内容
音乐背景选择	
字幕制作要点	
转场设计	

续表

项目	具体内容
运镜设计	
制作软件使用心得	
遇到问题及解决方法	

任务交付 4：短视频发布设置。在短视频制作完成之后，研究同类型短视频的发布设置规律，为此次短视频设置恰当的发布时间、标签、参与话题等，填写表 3-51。

表 3-51　短视频发布设置

项目	具体内容	选择依据
发布平台		
发布时间		
发布标签		
视频封面		
参与话题/活动		

4. 短视频运营推广

任务交付 1：短视频推广方案。策划短视频推广方案，在短视频发布之后进行运营推广，参照表 3-52，撰写完整规范的短视频推广策划方案。

表 3-52　短视频推广策划方案

研究目标	研究结果
推广目的	
目标用户	
推广方式	
推广平台	
效果预期	
问题总结	

任务交付 2：短视频数据分析。在短视频发布之后进行效果跟踪，根据近一周的数据表现，结合发布账号同类型短视频的历史数据，填写表 3-53。

表 3-53　短视频数据分析

研究目标	研究结果
分析目的	
分析方法	
数据呈现	
分析结论	
建议措施	

（七）评价反馈

评价说明：在本次任务完成后，由任课教师主导，采用学习过程评价与学习结果评价相结合的方式，综合运用自我评价、小组评价及教师评价三种方式进行评价。由教师确定三种评价方式分别占总成绩的比例，并加权计算出学生个人本次任务的考核评价分。任务完成考核评价表如表 3-54 所示。

表 3-54 任务完成考核评价表

流程名称	短视频营销与运营	班级	
项目组		学生姓名	
评价方式	评价内容	分值	成绩
自我评价	负责任务的完成情况	20	
	对短视频营销与运营知识和技能的掌握程度	40	
	是否胜任小组内的工作	25	
	能否积极认真负责地完成组内分配的任务	15	
	合计		
小组评价	本小组的本次任务交付情况及完成质量	30	
	个人本次任务交付情况及完成质量	30	
	个人的合作精神和沟通能力	20	
	个人针对问题的理解、分析和处理能力	20	
	合计		
教师评价	短视频平台搭建，完成账号装修，定位明确，介绍清晰	10	
	有清晰的推广目标，制定短视频策划方案	15	
	有明确的推广计划，合理分工	10	
	有明确的短视频内容设计	10	
	能够有针对性地完成短视频选题策划	10	
	能够根据脚本完成短视频拍摄	10	
	推广短视频，累计播放量 4 000 人次以上	10	
	进行短视频平台营销推广，并对效果数据进行分析	15	
	信息收集、分析、文字总结提炼能力，数据分析能力	10	
	团队的沟通协作情况，共同完成任务且分工明确		
	合计		

成绩=自我评价（ ）×0.2+小组评价（ ）×0.2+教师评价（ ）×0.6=

（八）知识园地

1. 短视频认知

短视频是指在新媒体平台上播放、适合移动观看、时长从几秒钟到几分钟不等，高频推送的视频，与网络媒体的区别如表 3-55 所示。短视频的内容融合了技能分享、幽默搞笑、时尚潮流、社会热点、街头采访、公益教育和广告创意等主题。短视频优势包含以下几个方面：

短小精悍，内容有趣——短视频适合在移动端播放，时长一般在 15 秒~5 分钟内。相对于文字图片来说，视频能够带给用户更好的视觉体验，也更生动形象。

互动性强，社交黏度高——用户可以将短视频分享至各社交平台，应用中的点赞、评论、分享等功能可以实现用户的单向、双向、多向互动。

制作门槛低，原创为主——短视频大大降低了生产传播的门槛，即拍即传，随时分享，实现了制作方式上的最简化。

表 3-55 短视频与网络媒体的区别

网络媒体内容	与短视频的相同之处	与短视频的不同之处
长视频	视频型产品，影音录制播放；短视频可以是长视频的片段	长视频多在 30 分钟以上，信息容量高，以 PGC 内容为主；短视频多在 5 分钟以内，适宜碎片化时间，以 UGC 和 PGC 内容为主
直播	视频型产品，以 UGC 内容为主，突出个人特色，内容主题有相似；短视频平台（快手、抖音等）逐步进军直播行业	直播时长多在 1 小时以上，以个人、活动等内容为主，实时播放；短视频多在 5 分钟以内，内容更多元，包括个人、宠物、风景等，录制播放
网络游戏	娱乐性强，参与门槛低；内容更新换代快	网络游戏无固定时长，内容千差万别，以道具型付费为主；短视频时长固定，不同平台内容同质化，免费型产品
微博	浏览时间碎片化；内容直击要点；粉丝效应突出	微博以图文为主，流量聚焦于明星网红，资讯性强；短视频以影音为主，UGC 内容主导，流量分散，娱乐性更强

2. 短视频策划与制作

（1）短视频内容选择。

垂直化正成为短视频内容生产的趋势。短视频从"野蛮"生长走向精细化发展时代，产品内容走向纵深化、垂直化，这种趋势要求短视频创作者关注产品形态，专注在某一领域深耕细作。

①做有资源的短视频：结合自身情况，了解自己的现状与优势、可以通过创作什么样的内容来满足用户需求、如何制作出用户喜欢的视频。

②做有兴趣的短视频：兴趣是最好的老师，持续的热情可以支撑创作者在某个方向深耕，持续产出视频内容，在垂直方向拓展。

③勇于试错调整：刚开始做短视频时，可能会走一段试错的路。不断试错调整，把握账号的走向和市场情况。

④聚焦垂直性内容：要聚焦某类目标人群，要聚焦某类主题场景，要聚焦某类生活方式。

⑤做好相关调研：确定内容定位之后，要对竞争对手的数据表现进行调查研究，重点关注竞争对手的相关情况。

（2）短视频策划。

①视频内容——短视频内容策划整体把握的原则有：内容结构紧凑，情感激发到位，达到身份认同，情节冲突或反转，加入热门话题和配乐，引发争议评论等。

②封面字幕——一个账号下的短视频，封面风格尽量统一，字幕醒目且略带悬疑，能够启发用户好奇心。打开主页以后，有整齐划一的感觉。

③发布标签——热门标签是重要的流量入口，要尽量使用目前主流的标签，他人才有机会搜索并看到你的视频。例如，可以使用平台活动的一些官方标签，如"双十一""618"等。

④视频简介——短视频的一个简要介绍，可以引发评论、点赞、互动、转发，还可以@某个特定的账号，实现账号联动。

⑤地址定位——不同的发布地点，启动播放量不一样，农村地广人稀，城镇人群多，启动播放量大；有"网红"地标，自带大量流量。地点会带来身份认同和线下偶遇的情感激发，因此地点本身也是流量的一个入口。

⑥投放时间——特定的投放时间，启动播放量不一样，投放时间要根据目标群体网络行为习惯来设定，如年轻妈妈群体，白天上班，晚上回到家要照顾孩子，上网的时间一般在晚上10点以后。

⑦评论互动——现在很多人看完视频后，更喜欢看下面的评论，评论可以二次打开页面，也可以带来转发，是另外一种有获得感的体验。

（3）短视频策划步骤。

①精心设计主题。

每个短视频都有其想要表达的主题，主题决定了故事的基调。一个短视频的主题并不是随性而定的，企业应通过创新思维来精心策划，选择新颖、合适的主题，进行精准定位，这样才能锁定短视频的目标受众。主题新颖并不是指设定哗众取宠式的低俗主题，当前社会倡导的主流价值观、正能量通常都是受众欢迎的主题。

②在较短的时间内展示精华内容。

短视频的特点之一就是在较短的时间内，利用音乐、情节冲突、场景和视频特效等来吸引用户关注。对于设定了故事情节、特殊场景、人物的短视频而言，其应在短时间内呈现特色内容以吸引用户关注。对于拥有较高技能水平的创作者而言，其可以利用技术快速吸引用户关注。

③追踪热点话题，参与话题互动。

追踪热点话题、参与话题互动是短视频营销的重要方式。以抖音平台为例，参与热点榜、品牌热DOU榜话题是企业开展短视频营销最直接的方式之一。其中热点榜涵盖了当下网友最关心的社会话题、娱乐八卦等，另外还有纪念日、节假日等热点话题可供企业追踪。企业参与任意一种话题，其话题的浏览量、讨论量会不断增加，其评论都有可能被对话题感兴趣的用户看到，从而获得流量。

④短视频精细化剪辑。

在新媒体环境中，出现了许多不同形式的短视频，其特点主要表现为短、精、快等，并且其制作起来比较简单，创作者利用很少的时间就能制作出丰富的内容。

⑤制作规范化。

随着短视频的大量涌现，短视频的制作越来越趋于规范化。一是把控好素材，在拍摄的过程中进行多方位、多角度的拍摄，采集更多高画质的素材，以满足大众的要求。二是要掌握视频剪辑技巧，能够熟练运用短视频制作软件进行剪辑，保证在不同场景中画面的流畅性、内容衔接的合理性。三是做好画面和音乐节奏的剪辑工作，以及音效的添加工作，确保音效和视频的内容相融合。四是适当运用图片、动画、文字等，以使内容互相搭配，短视频变得更为生动有趣，从而提升短视频的品质。

(4) 短视频运营方案。

搭建短视频运营框架，选择新颖、有吸引力的主题，策划优质、高度传播性的视频内容，通过不同的营销渠道将短视频发布在不同的平台上，向目标用户广泛或精准地推送消息，以提高产品或品牌的知名度，从而达到宣传的目的。

①推广目的。

短视频推广的目的一般有两种：实现销售转化和进行品牌传播。如果是为了实现销售转化，短视频需要进行持续的营销，并且要将营销点或购买链接加在视频中；如果是为了品牌传播，只需让用户了解品牌、对品牌有初步印象即可。短视频相比图文类自媒体内容，实现销售转化的路径更短、更直接，所以方案目的要唯一，要具体和有所取舍。

②内容定位。

你要想清楚，你是面对什么人群去做内容，内容满足了目标用户群的什么需求。具体可以通过分析竞品账号，对典型的目标用户进行深度访谈来实现。定位不是一步到位的，可能需要多次调整。但是一开始要有一个方向，免得漫无目的。重复试错也得是在一定基础上做迭代才有价值。没有方向的试错，是无效的。

③内容生产。

想做一个短视频自媒体账号，账号是需要基础装修的，可以参考 QQ 空间的装修思路。头像、昵称、主页封面图、个人签名或简介等，都要符合企业的营销目标。

设计短视频内容，除了要考虑目标受众群体喜欢看什么，还要知道目前主流的短视频方向是什么。短视频的内容如果能够和热点结合起来，将会带来更多的流量。

④粉丝运营。

粉丝代表着流量，代表着收益，而如何运营好粉丝就是代表着如何提升作品流量、如何拉高作品收益。那么粉丝运营需求的则是更大的拉新，更高的活跃，持续的留存，更好的变现，更大规模的传播。其方式有利益引诱（抢红包、优惠券等）、奖品刺激（免费礼品、积分兑换等）、活动限免等。

⑤转化变现。

好的内容才能吸引大量的粉丝关注。对于企业来讲，短视频推广最重要的是进行转化变现。转化变现取决于内容，内容中应对观众进行心理暗示设置，有目的地引导观众购买下单。变现的方式有很多种，如可以引流到线下门店、线上电商店铺、接商业广告等。

1. 短视频拍摄与制作

(1) 短视频脚本类型。

短视频最大的特点就是短，将主题浓缩在短暂的时间里，既要保证主题鲜明，又要做到内容精简。所以在制作短视频时，前期的脚本策划是很重要的一项工作。短视频的脚本分为拍摄提纲、分镜头脚本和文学脚本三种类型。

①拍摄提纲。

拍摄提纲就是短视频拍摄要点，用来提示各种拍摄内容，适用于不容易预测的场景的拍摄，如采访热门事件的当事人。这种形式的脚本主要应用于纪实拍摄当中，例如 Vlog、景点讲解类、街头采访类、美食探访类等采用的都是纪实的拍摄手法。

选择拍摄提纲这类脚本，大多是因为拍摄内容与拍摄过程中存在大量不确定因素，只写一个提纲，提纲不会对脚本内容有具体要求，摄影师可以现场自由发挥。

拍摄提纲的写作方法通常有两种情况需要大纲：一是由于短视频很短，镜头很少，容易控制，不需要分镜头脚本；二是由于镜头内容无法精确掌控和预测，这些场景难以预先做出精确的分镜头。包括对选题、视角、作品体裁形式的阐述，对作品风格、画面、节奏的阐述及对拍摄内容层次的阐述等。

②分镜头脚本。

分镜头脚本是一种较为细致的脚本。每个分镜头脚本的写作会将短视频中的每一个画面都体现出来，包括对镜头的要求（如推拉摇移、远全中近特）也会写出来，所以前期创作分镜头脚本耗时、耗力且较为复杂。因为分镜头脚本对特殊选景、美术道具、演员表演走位等各方面都进行了定制化要求，所以后期拍摄的画面和要求很高，更适合微电影的短视频拍摄。分镜头脚本可参考表 3-56。

表 3-56　康师傅方便面广告分镜头脚本示例

镜头	摄法	时间	画面	解说	音乐	备注
1	采用全景，背景为昏暗的楼梯，机器不动	4秒	李蕾与韩梅梅两人忙碌了一天，拖着疲惫的身体爬楼梯	背景是傍晚昏暗的楼梯，凸显主人公的疲惫	《有模有样》插曲	女孩侧面镜头，距镜头5米左右
2	采用中景，背景为昏暗的楼梯，机器随着两个女孩的变化而变化	5秒	两个人刚走到楼梯口就闻到了一股泡面的香味，飞速跑回宿舍	昏暗的楼梯，与两人飞快的动作交相呼应，突出两人的疲惫	《有模有样》插曲	刚到楼梯口正面镜头，两人跑步，从侧面镜头一直到背面镜头
3	近景，宿舍，机器不动，俯拍	1秒	王萌萌在宿舍正准备吃泡面	与楼道外飞奔的两个人形成鲜明对比	《有模有样》插曲	偷拍，被摄主体距离镜头2米
4	近景，宿舍门口，平拍，定机拍摄	2秒	两个女孩在门口你推我搡地不让彼此进门	突出两人饥饿，与窗外的天空相互配合	《有模有样》插曲	平拍，被摄主体距镜头3米
5	近景，宿舍，机器不动	2秒	王萌萌很开心地夹着泡面正准备吃	与门外的两个女孩形成对比	《有模有样》插曲	被摄主体距镜头2米

分镜头脚本是前期拍摄的脚本，也是后期制作的依据，还可以作为视频长度和经费预算的参考。一个分镜头的时长一般在 3~10 秒，应根据具体的情节来决定。分镜头脚本写作方法如表 3-57 所示。

表 3-57　分镜头脚本写作方法

脚本细节	具体内容
信息	有用的资讯，有价值的知识，有用的技巧
观点	科学真知，观点评论，人生哲理，生活感情
共鸣	价值共鸣，观念共鸣，经历共鸣，审美共鸣，身份共鸣
冲突	角色身份冲突，常识认知冲突，剧情反转冲突，价值观念冲突
欲望	收藏欲，分享欲，饮食欲，爱情欲
好奇	怎么做，在哪里，为什么，是什么
幻想	生活憧憬，别人家的，爱情幻想，移情效应
感官	听觉刺激，视觉刺激

③文学脚本。

文学脚本不需要剧情引导，其不像分镜头脚本那么细致，适用于不需要剧情的短视频创作，例如，教学视频、测评视频、拆快递视频等。它的关键点在镜头拍摄要求上，一般创作这类脚本时，将拍摄思路罗列出来：规定好需要做的任务、说的台词、选用的镜头和节目时长即可。

（2）短视频的拍摄器材和道具。

①短视频拍摄器材。

"工欲善其事，必先利其器。"短视频的制作是一个实践性很强的工作，要完成短视频作品，要从挑选合适的短视频拍摄器材开始，可参考表 3-58。

表 3-58　短视频拍摄器材

器材	描述
手机	手机是目前短视频拍摄应用最广泛的拍摄器材。手机携带便携，可以随时取材，也是个人生活必需品，不需要额外采购，拍摄成本低
微单	微型单反相机小巧、便于携带，还可以更换镜头，并提供和单反相机同样的画质。对焦性能远弱于单反相机，体积远比单反相机小。对于预算有限又有视频画质改进需求的团队来说，微型单反相机是个不错的选择
单反	初学者要慎用，单反相机如果使用不当，很容易导致拍摄的画面模糊
GoPro 相机	GoPro 相机作为一款动作相机，可以拍摄运动过程中的视频，GoPro 相机拥有多种视频格式和帧速率，在捕捉动作时非常好用。GoPro 相机设计轻巧，可安装在头盔、冲浪板、汽车等设备上
无人机	航拍无人机已经成为拍摄某些特殊场景必不可少的工具。无人机一般体积较小，由无线电遥控设备进行控制。拍摄的效果通常比较气派，给人一种气势恢宏的感觉

②短视频拍摄道具。

灯光设备对于视频拍摄非常重要，因为视频拍摄多以人物为主体，所以很多时候都需要用到灯光设备。灯光设备并不算日常视频录制的必备器材，但是如果想要获得更好的视频画质，灯光是必不可少的，包括主灯、辅灯、轮廓光等。除了拍摄器材和灯光设备，还需要一些辅助器材：三脚架、静物台、摇臂、话筒……

③短视频拍摄原则。

  首先主体不应当居中，应当注意黄金分割和画面的平衡；其次主体应当清楚、明确，主体和陪体之间主次分明；再次人与物的连续线应高低起伏、层次分明，人与物之间的距离不应当均等，应有疏有密；最后短视频的结构应当确保均衡，要想判断画面是否均衡，可以将画面分为4等份，每等份中应当具有相应的元素，元素之间构成了画面的平衡。

（3）短视频的构图。

  在构图时，一般把图面元素分为主体、陪体、前景、后景、空白这几个元素。简单地说，主体是一幅画面的主要表现对象；陪体在画面中起陪衬、渲染主体的作用；前景是画面最靠近镜头的某个事物，增强空间感和透视感；后景位于主体之后，渲染、衬托主体的事物就是背景；空白就是留白，相对实体之外的空间。

  主体在画面中起主导作用，是全局的焦点。一般情况下，在一幅画面中只能有一个主体。在画面中，主体一方面是表达内容，另一方面是结构画面。画面中所有的元素都是围绕主体来组织的，主体具有集中观赏者视线的作用。

  主体作为主题的载体，是画面结构和视觉的中心和重心，而陪体则需要配合主体来烘托画面的主题，帮助主体更好地表达主题。陪体是在画面中渲染、突出和陪衬主体的元素，与主体构成特定的氛围。陪体的安排不能过分刻意，不能喧宾夺主，陪体的主要意义是为主体服务的，所以陪体与主体之间既不能毫无关联，也不能削弱主体，混淆画面的主体和陪体，只有这样才能拍出层次分明、关系简明的图片。

  前景是指在画面上处于主体前面的对象，可以是人和物等元素，也可以是树木、花草等静态植物。在一些场面较大、景物层次丰富的画面中，常设计前景元素来烘托氛围。例如，用一些富有季节性和地方特征的元素充当前景，渲染季节气氛，烘托主体。前景还可以增强画面视觉语言，如设置前景与主体形成画面表现形式上的对比，可以增强画面视觉语言，更深刻地表达主体思想。

  画面中位于主体之后，渲染或衬托主体的环境景物就是背景，也称作后景。主体可以没有前景，但肯定有背景，背景是无法避免的。在日常拍摄中，拍摄者很容易忽略背景，比较常见的就是"脑袋后面长树"，因为这种竖线或横线将画面分割开，会影响视觉感受和主题表现。背景对一幅作品的成败有举足轻重的作用。在布局画面时，背景简洁能够突出主体，背景复杂则容易分散观众注意力。

  空白是由单一色调的背景组成的，形成实体对象之间的空隙，来衬托其他的实体形象元素，沟通画面上各对象元素之间的联系，它在画面上是不可缺少的组成部分。空白的主要任务是突出主体，同时有助于创造画面意境。不同的空白位置安排，能表达出不同的呼应关系。

（4）短视频的制作。

①背景音乐。

  背景音乐是影响短视频传播的关键因素，有时候即使故事本身没有那么好，但背景音乐配好了，就会有"1+1>2"的效果。在制作视频时，要注意声画一体，如果故事本身不够好，音乐可以起到拯救画面的效果，好的故事配上好的背景音乐，就等于锦上添花。在制作短视频时，要按照以下方法选择背景音乐：

  与画面意境相配：音乐要与画面意境相配，唯美的画面配上唯美的音乐，只有当画面意境与背景音乐相得益彰时，整个视频才会和谐。

根据内容取舍配乐：不一定要后期配背景音乐，如果视频是动手类的短视频，本身就会自带一些音效和解说，那么不配背景音乐也是可以的。

匹配合适的画面：有的背景音乐本身就是比较火的元素，如果想蹭背景音乐的热度，就可以根据背景音乐匹配相应的动作。

制作音乐特效合成背景音乐：如果想要视频背景音乐具有特色，可以自己进行背景音乐的制作，通过音乐后期工具做剪辑，根据视频画面制作新的背景音乐。

②字幕制作。

几乎所有的短视频制作软件都可以添加字幕，短视频添加字幕的方法一般有两种：一是添加所有视频中说话语言的字幕；二是添加语言中核心关键词字幕。有字幕的短视频上热门的概率会大大增加。

③转场效果。

转场是场景或段落之间的切换，好的转场能够增加短视频的连贯性，体现视频的专业性和艺术性。为了使视频画面/镜头转换的艺术性、视觉性、逻辑性、条理性等方面更好更强，在转换中，也需要一定的手法。该专场技巧或手法分为无技巧转场和技巧转场。

无技巧转场：用镜头的自然过渡来连接上下两段内容，强调视觉的连续性。无技巧转场的方法可采用主观镜头转场、声音转场、两极镜头转场、特写转场、空镜头转场等。

技巧转场：技巧转场是利用特技的手段或方式进行画面/镜头的转场。技巧转场常用在情节之间的转换，给观众带来明确的段落感。技巧转场的方法主要有以下几种：

a. 淡入淡出转场：在影片中常见这种转场效果，溶接到黑色画面或从黑色画面溶接出来。淡入是指下一段落第一个镜头的画面逐渐显现直至正常的亮度，淡出是指上一段落最后一个镜头的画面逐渐隐去直至黑场。实际编辑时，应根据视频的情节、情绪、节奏的要求来决定。

b. 叠化转场：一般用来表现空间的转换和明显的时间过渡。叠化是指上一个镜头的画面与下一个镜头的画面相叠加，两个画面有几秒的重合，上一个画面逐渐暗淡隐去，下一个画面逐渐显现并清晰的过程。

c. 划像转场：划像效果一般用于两个内容意义差别较大的段落转换。划像是指两个画面之间的渐变过渡，分为划出与划入。划出是指上一画面从某一方向退出屏幕，划入是指下一个画面从某一方向进入屏幕。例如，划像盒、十字划像、圆形划像、星形划像、菱形划像等都是比较常用的划像转场。

d. 字幕转场：字幕转场是通过字幕交代前一段视频之后发生的事情，可以清楚地交代时间、地点、背景、故事情节、人物关系等，让观众一目了然。

④运镜技巧。

运镜也就是运动镜头，顾名思义就是通过运动摄影来拍摄动态景象。拍摄者通过使用稳定器灵活运镜，不仅可达到平滑流畅的效果，更能为影片注入气氛和情绪，让镜头充满活力，例如推镜头、摇镜头、拉镜头、跟镜头、升降镜头等。镜头的很多语言是通过运镜的方式来表现的，运镜不仅能带来视觉的冲击，还能推动故事的发展。

（5）短视频的编辑发布。

①发布渠道及规则。

抖音审核和流量推荐的特点：双重审核、智能分发、叠加推荐、流量池升级、抖音推荐机制如图 3-5 所示。

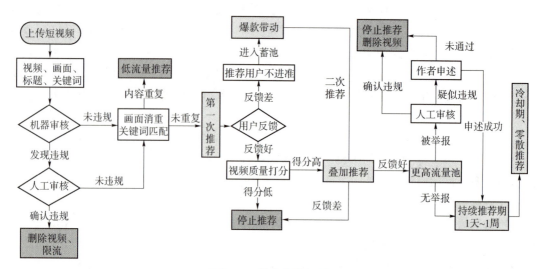

图 3-5　抖音推荐机制

快手平台的推荐流程：智能推荐、叠加推荐、权重热度加权，组合各种推荐算法，覆盖用户不同需求。

图 3-6　微信视频号推荐机制

微信视频号：依托于微信，得以建立起与抖音、快手不同的发布渠道及规则，微信视频号推荐机制如图 3-6 所示。

② 标题拟定与优化方法。

标题是短视频的重要组成部分。标题拟定包含引发好奇心、调动用户情绪、用词简洁明了、运用高频词汇、激发认同、限时法六大技巧。

③ 封面设计要点。

封面直接影响了用户对短视频的第一印象，短视频封面设计基本规范如图 3-7 所示。

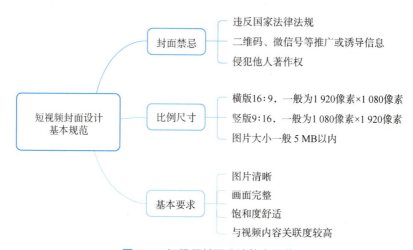

图 3-7　短视频封面设计基本规范

4. 短视频运营推广

（1）短视频推广方式。

同步推广——短视频推广平台有很多，为了能让更多的用户看到短视频，可以在多个平台注册账号，然后在一个平台上发布短视频之后，同步推广到其他平台上。

贴吧推广——短视频发布到相关产品或服务的贴吧中，可以获得很多用户的关注。其具体推广方式有直接分享或者复制链接，通过这两种方式把短视频发布到相关主题的贴吧中。

论坛推广——论坛也是基于兴趣爱好搭建的平台，只是受到流量的影响，不是所有的论坛都值得去推广，要选择在行业内有影响力的论坛，再通过直接分享或复制链接的方式发布短视频。

社群推广——微信、QQ是社群的典型代表，在微信升级之后，短视频在微信群、朋友圈和公众号的推广更加便利。相对于微信群和朋友圈，微信公众号的推广更具传播性，受到的关注更多，能被反复推广。

媒体推广——媒体报道、官网推荐、明星或名人的微博等都属于媒体推广，但不是所有短视频都能借力，只有少数短视频能有效发挥作用。

（2）短视频推广平台。

短视频可以在哪些平台上推广，如何成功变现，这是短视频营销的重心。短视频推广平台主要有以下四种类型：

①移动短视频App——如抖音、快手、火山小视频、美拍、微视等。

②资讯客户端——如今日头条、百家号、一点资讯、企鹅媒体平台等。

③社交媒体——如新浪微博、微信、QQ等。

④在线视频——如腾讯视频、搜狐视频、爱奇艺视频、哔哩哔哩等。

（3）短视频用户运营。

短视频用户运营是短视频推广中的重要环节，可以理解为依据用户的行为数据，对用户进行回馈与激励，不断提升用户体验和活跃度，促进用户转化。用户是产品生命的源泉，是产品价值的共同创作者，有了新用户才能带来新的用户价值。用户运营的核心目标主要包括拉新、留存、促活和转化四部分。一切用户运营的手段、方法都围绕以下四个核心目标展开：

①拉新。

拉新即拉动新用户，扩大用户规模。拉新是个有导向性的过程行为，涉及过程就有转化，所以核心是转化率，要关注数据不断优化，降低平均用户获取成本。拉新就是为你的产品带来新用户。带来新用户的手段和途径多种多样，可以是策划和制造一个具有传播性的话题和事件；可以是投放广告；可以是居于站内做个活动；还可以是通过微博、微信……因而，在拉新的层面上，一个运营可能会涉及以上各种手段中的一种或多种。

用户拉新说到底就是用尽各种办法找到你的用户，然后用尽各种办法让你的用户来到你的地盘，并且开始使用你的产品。拉新的方法包括以老带新、多渠道转发、撰写优质内容传播、蹭热点、合作推广等。

②留存。

留存即防止用户流失，提升留存率。留存是拉新之后的工作重点。新用户通过各种途径进来后，如果没有找到感兴趣的内容，或者后续推出的内容不符合这部分用户的兴趣喜好，都会造成用户流失。

③促活。

促活即促进用户活跃，提升用户活跃度。留存率稳定后，做好用户促活，提升用户黏性、互动度则是工作重点。例如在内容中设置讨论话题，在内容中添加互动环节，加强内容与用户的交流感，都可以加深用户对内容的印象；定期策划运营活动也可以让用户活跃起来，节庆日、周年纪念都是重要的运营活动节点。

④转化。

把用户转化为最终的消费者，将流量转化为营收才是最终目的。主流的商业化方式包括内容付费、广告植入、通过电商变现、IP衍生品开发等。通常情况下，大部分创作者会结合使用这四种商业化方式。

（4）短视频数据分析。

数据分析具有以下意义。

指导内容方向：在短视频运营初期，运营团队对目标市场和视频选题的认知、了解不全面、不充分，这就需要借助数据分析来指导方向，不断根据播放量、评论量、点赞量、收藏量等数据对比分析短视频受欢迎程度，不断优化短视频内容方向。当内容稳定以后，运营者要与竞争对手对比，进行数据分析，优化内容，提升流量。

指导发布时间：运营者要利用工具分析短视频播放数据、电商视频及排行榜等，分析平台流量高峰，进而优化短视频发布时间，逐步提升短视频的平台流量，利用数据分析提升短视频运营效果。

固有数据：视频发布时间、发布渠道、视频时长等与短视频本身发布相关的数据。

基础数据：播放量、评论量、点赞量、转发量、收藏量。

关键比率：有的视频播放量上百万，有的只有一两万，数据量是可以变化的，但是相除得到的比率基本是稳定的。这些比率是剖析基础数据的重要数据指标，是后期进行选题调整和内容改进的重要依据。关键比率分析指标如表3-59所示。

表3-59 关键比率分析指标

指标	含义	计算公式
评论率	体现出哪些选题更容易引发用户共鸣，引起讨论	评论率=评论数量/播放量×100%
点赞率	反映视频的受欢迎程度	点赞率=点赞数量/播放量×100%
转发率	展示用户的分享行为，说明视频受用户认可（表达的观点和态度）	转发率=转发数量/播放量×100%
收藏率	能够反映用户对短视频价值的认定，收藏后很可能再次观看，提升完播率	收藏率=收藏量/播放量×100%
完播率	完播率是指用户看完整个视频的人数占比	完播率=完播量/播放量×100%

运营者要进行完整的数据分析，不仅要分析自己的数据，对于同行视频数据、榜单视

频数据也要进行关联分析，并且从各个维度把握视频发展方向，可以利用数据分析工具进行这方面的分析。主流数据分析工具如表 3-60 所示。

表 3-60 主流数据分析工具

数据分析工具	功能介绍
Excel 数据分析	利用 Excel 将需要分析的数据整合起来，转化为图表。Excel 可能会增加工作量，可借助其他可视化工具进行分析
飞瓜数据	一个专业的短视频数据分析平台，各平台联名版本，分钟级实时查看数据，还原直播、达人、商品、品牌等相关数据及走势，实时掌控瞬息万变的流量及销量波动情况
蝉妈妈数据	一款垂直于短视频电商的数据服务平台，提供齐全的淘客选品库，海量商品多维度分析，了解短视频爆款商品，知晓同类商品带货攻略，帮助达人轻松高效精准带货
卡思数据	整个视频网络大数据的开放平台，可查找热门的视频、音乐及话题，追踪最新热点，多账号同时管理，自动监测视频及直播，查看各品类下的达人、商品榜单等

流程四 直播营销与运营

（一）学习目标

学习目标如表 3-61 所示。

表 3-61 学习目标

知识目标	（1）掌握主播人设定位及其方法； （2）熟悉直播选品的依据、要点与货品来源； （3）掌握直播间商品陈列方法及配置； （4）了解搭建直播场景的内容、方法、技巧与注意事项； （5）掌握整场直播脚本与单品直播脚本的设计要点； （6）掌握筹备直播宣传资料的内容，设计直播宣传资料的思路和方法； （7）掌握拍摄与编辑直播预告短视频的方法； （8）掌握直播话术的设计方法； （9）掌握付费推广与直播互动设置的方法； （10）掌握维系直播粉丝的方法； （11）掌握制作传播素材并进行传播的方法； （12）掌握数据分析的思路与具体操作； （13）熟悉直播复盘的基本思路和主要内容； （14）掌握直播电商的评估分析； （15）掌握直播电商复盘及改进的内容

续表

技能目标	(1) 能够进行主播的人设定位； (2) 能够利用直播电商数据分析工具进行选品； (3) 能够完成直播间的基本搭建操作； (4) 学会直播间的场景和灯光布置； (5) 掌握整场直播脚本与单品直播脚本的设计； (6) 能够撰写直播标题、设计直播封面、撰写宣传文案； (7) 能够拍摄与剪辑直播预告短视频； (8) 能够熟练运用开场、引关注、促留存、促转化等环节的话术； (9) 学会各种直播互动方式的运用方法和设置操作； (10) 能够查询商品订单，掌握商品订单的处理情况； (11) 能够在电商直播平台上创建粉丝群； (12) 能够通过各种途径制作直播传播素材； (13) 能够利用各种手段拉动直播间氛围； (14) 能够通过直播工具查看与分析直播数据
素质目标	(1) 具备直播行业的基本职业道德，热爱直播工作，虚心学习，遵守行业法律法规； (2) 培养正确的价值观，不发布敏感、低俗信息，不涉及违法宣传； (3) 勇于承担社会责任，提高道德素养，传播正能量； (4) 保持对直播行业的敏感性，提高沟通协调能力； (5) 养成认真踏实、注重合作、积极上进的工作作风，具有良好的服务意识； (6) 锻炼自学能力和可持续发展能力，努力增强专业能力和提高职业素养； (7) 培养用户思维、流量思维、产品思维、大数据思维等运营思维； (8) 讲究工作效率和时间观念，及时回复客户要求，有重要事项及时进行反馈

（二）明确任务

随着项目业务推动，团队打算开展直播运营与营销工作，首先就要确保每一场直播都是精心设计的，以保证直播活动有条不紊地进行，取得更好的带货效果。具体任务包括：打造直播团队、搭建直播场景、选择直播商品、设计直播脚本、筹备直播宣传资料、发布直播预告、管理直播商品、优化直播过程、直播售后管理、分析直播数据、直播复盘总结等。

（三）获取资讯

了解本流程需要掌握的内容，包括直播环境搭建、直播活动策划与实施、直播营销活动效果分析，首先需要收集相关资料。

☞引导问题1：根据项目情况，结合直播活动目标，试着写一写主播人设定位。

☞引导问题2：根据直播活动策划，试着写一写直播场景中需要哪些物品。

☞**引导问题 3**：想一想直播间商品选择应该考虑的因素。

☞**引导问题 4**：结合当前媒体平台营销情况，思考直播活动预热渠道都有哪些？

☞**引导问题 5**：在执行直播时，应该注意哪些事项，以避免平台封号或停止直播？

☞**引导问题 6**：对比分析其他直播间，试着总结在直播过程中哪些活动最容易引起直播间观众互动、点赞、购买？

互动：
点赞：
购买：

☞**引导问题 7**：在直播过程中，可以通过哪些方式增加直播间活跃度？

☞**引导问题 8**：直播结束后，应该着重复盘总结哪些数据？

（四）制订计划

根据项目情况，准备直播活动。要求团队制定直播活动策划方案；根据方案搭建直播场景（设备配置、背景设计、灯光布置、商品摆放及相关搭配物料，等等）；根据项目情况，结合产品营销，完成直播脚本设计、筹备直播宣传材料并发布工作计划；了解选品依据、要点等信息，选择直播商品。根据直播活动策划方案，结合脚本，完成直播。根据直播情况，结合商品销售情况，对本次直播进行数据分析，并对本次直播进行复盘总结。制订计划如表 3-62 所示。

表 3-62 制订计划

序号	项目	任务明细	开始时间	完成时间	负责人	备注
1	直播活动策划	明确直播活动目标及方式				
		设计直播活动策划方案大纲				
		直播平台选择				
		直播活动策划方案撰写				
2	团队组建	明确直播所需岗位及职责				
		直播账号装修				
		主播人设打造				
3	直播场景设计	选择直播间设备、灯光				
		设计直播背景				
		准备直播间商品及相关物料				
4	选择直播商品	明确选品类型、价格等要素				
		在线上平台进行选品				
5	设计直播脚本	明确直播目的与方式				
		策划商品直播活动				
		设计直播流程				
		撰写直播脚本及单品脚本				
6	筹备直播宣传材料	选择直播活动宣传渠道				
		设计直播宣传文案、海报				
		设计直播宣传短视频				
7	发布直播预告	发布直播预告				
8	直播执行	直播实施				
		商品上架				
		直播营销话术				
9	直播过程优化	直播实施推广				
		直播活动促销				
		粉丝福利				
10	直播突发情况处理	直播突发情况处理方案				
11	直播后期运营	商品订单管理				
		商品售后处理				
12	直播二次传播					
13	直播后期粉丝维护					
14	分析直播数据	直播数据获取				
		直播数据分析				
15	直播复盘总结	撰写直播复盘总结				

（五）做出决策

（1）根据直播活动目标的情况，合理分工，岗位到人、责任到人；
（2）选择适合的直播平台，进行账号装修及主播人设打造；
（3）明确直播间设备需求，并布置直播间；
（4）敲定直播商品（商品定位、价格、数量、活动等信息）；
（5）明确直播流程，按计划实施直播方案；
（6）直播后期粉丝维护；
（7）直播复盘总结，调整下一步直播方案。

（六）工作实施

1. 直播环境搭建

任务交付 1：一场好的电商直播不仅依赖于主播的专业能力，还需要直播团队成员之间的默契配合。为保证团队业务有序开展，参照表 3-63，设计出打造直播团队的方案。

表 3-63 直播团队打造

人员配置	职能分工
主播（　人）	
助播（　人）	
客服（　人）	
场控（　人）	
策划（　人）	

任务交付 2：参照表 3-64，制定直播营销活动方案。

表 3-64 直播营销活动方案制定

研究目标	研究结果
直播营销目标	
直播时间	
直播商品	
直播活动	
直播预热宣传	
直播流程	
直播实施	
工作分工	

任务交付 3：本次实战训练将收集整理资料信息，参照表 3-65 维度设置，对淘宝直播、快手直播、抖音直播等三大直播平台的平台特征进行总结分析，培养资料收集、整理、分析、总结的能力。

表 3-65　通过信息比对选择适合的直播平台

分析维度	淘宝直播	快手直播	抖音直播
平台类型			
平台调性			
用户规模			
用户属性			
流量来源			
商品供应链			
带货商品属性			
带货主播属性			
适合的主播人群			

任务交付 4：直播账号设置，填写表 3-66。

表 3-66　直播账号设置

设置项目	内容说明
账号名称	
账号简介	
账号头像与头图	
置顶视频	

任务交付 5：主播人设打造，填写表 3-67。

表 3-67　直播人设打造

人设维度	内容说明
我是谁	
目标用户是谁	
提供什么	
解决什么问题	

任务交付 6：结合直播定位，配置直播设备，填写表 3-68。

表 3-68　直播设备配置

设备名称	数量	配置说明

任务交付 7：与优质主播、优质好货一样，规划直播间场地也是直播中非常重要的一环。好的场地不仅可以为直播带货带来稳定的直播效果，还可以提升用户的购物体验，填写表 3-69。

表 3-69　直播场地布置

直播场地区域	说明
直播区	
商品摆放区	
后台区	
其他区域	

2. 直播策划

任务交付 1：选择直播商品，填写表 3-70。

表 3-70　直播商品选择

研究目标	研究结果
直播选品依据	□市场趋势 □直播行业风向 □主播粉丝画像 □账号内容垂直度
选品要点	□品牌 □品相 □品质 □多样性
选品的货品来源	□合作商 □分销平台 □自营品牌
适合直播商品	

任务交付 2：直播商品组合，填写表 3-71。

表 3-71　直播商品组合

研究目标		研究结果
引流款商品	价格	
	数量	
	活动	
常规款	价格	
	数量	
	活动	
利润款商品	价格	
	数量	
	活动	
爆款	价格	
	数量	
	活动	

续表

研究目标		研究结果
秒杀款	价格	
	数量	
	活动	
搭配款	价格	
	数量	
	活动	

任务交付3：参照表3-72，明确整场直播脚本要点。

表3-72　整场直播脚本要点

直播脚本要素	内容说明
直播时间	
直播地点	
直播主题	
商品数量	
主播介绍	
人员分工	
预告文案	
注意事项	
直播流程	

任务交付4：参照表3-73，设计直播流程。

表3-73　直播流程设计

| 时间段 | 流程规划 | 人员分工 | | |
		主播	助播	场控/客服

任务交付5：参照表3-74，根据单场直播脚本的设计要点，为本场直播中的某款商品设计单品5分钟直播脚本。

表3-74　单品直播脚本设计

步骤	话术设计
提出问题	
引入商品	
商品详解	
促成下单	

任务交付 6：参照表 3-75，设计直播文案。

表 3-75　直播文案设计

研究目标	研究结果
宣传策略	
标题	
封面	
文案	
海报	

任务交付 7：通过直播电商平台发布直播预告和通过第三方平台发布直播预告，多形式、多平台组合投放直播预告，实现更好的直播宣传预热效果。直播预告发布如表 3-76 所示。

表 3-76　直播预告发布

研究目标		研究结果
文案	直播平台	
	第三方平台	
海报	直播平台	
	第三方平台	
短视频	直播平台	
	第三方平台	

3. 直播实施

任务交付 1：直播话术即在直播场景中说话的技巧。一场完整的直播包含开场、引关注、促留存、促转化、下播等环节，每个环节都涉及相应的话术。主播话术表达是否恰当、是否有吸引力，将对直播效果产生影响。直播话术如表 3-77 所示。

表 3-77　直播话术

研究目标	研究结果
开场欢迎话术	
引关注话术	
促留存话术	
促转化话术	
商品介绍话术	
下播预告话术	

任务交付 2：直播不只是主播在直播间内讲解商品，要想吸引更多用户参与直播，必须优化直播过程。为了配合主播直播，团队需为开展的直播活动进行互动推广。优化直播过程如表 3-78 所示。

表 3-78　优化直播过程

研究目标	研究结果
引导用户参与互动	
连麦 PK	
派发红包	
发放福袋	
设置抽奖	
发放优惠券	
……	

任务交付 3：直播中突发情况处理，填写表 3-79。

表 3-79　直播中突发事件处理

研究目标		研究结果
商品相关问题	商品链接失效	
	商品优惠互动错误	
	客服无人回复	
	福利、样品漏发	
粉丝相关问题	粉丝无法加群	
	粉丝互动看不到	
	粉丝扰乱直播	
	遇到"黑粉"	
设备故障	卡顿	
	黑屏	
	闪退	

任务交付 4：直播售后管理，参照表 3-80，设计直播售后处理管理办法。

表 3-80　直播售后处理

研究目标		研究结果
商品订单查询与管理	订单查询	
	订单发货	
商品售后管理	评论管理	
	退货退款处理	
	交易纠纷处理	

任务交付 5：直播电商运营一定要重视粉丝的维护，团队全员将协助主播将粉丝转化为私域流量，并提升粉丝黏性。思考粉丝维护策略，并填写表 3-81。

表 3-81　粉丝维护策略

研究目标		研究结果
提升粉丝黏性	输出优质直播内容	
	发放粉丝福利	
粉丝转化为私域流量	加入粉丝群	

任务交付6：直播后期传播。主播直播时，直播团队可将直播视频录制下来进行剪辑加工，分享到抖音、快手、微博等平台进行二次传播，以扩大主播和商家的知名度、影响力。接下来，可以利用抖音自带的录制功能，录制直播内容，并进行二次传播。

4. 直播营销效果分析

任务交付1：数据分析是直播电商重要的运营工作，既要分析运营账号的直播数据，了解账号的运营状况，又要分析直播行业的相关数据，了解直播数据反映的用户购买需求，了解当前热门的直播带货商品等，为优化直播内容、提升直播质量和效果提供参考，具体参照表3-82。

表 3-82　直播数据分析

研究目标		研究结果
分析用户画像数据指标	用户来源数据	
分析流量数据指标	粉丝团数据	
	涨粉数据	
	在线流量数据	
互动数据指标	累计点赞数	
	累计评论数	
	点赞数	
	评论数	
分析弹幕热词	弹幕总数	
	弹幕人数	
	观众互动率	
分析转化数据指标	引导转化数据	
	直播带货数据	

任务交付2：直播复盘总结是直播运营的最后一个环节，它可以帮助直播团队"发现问题"，进而提出"解决问题"的方案。直播电商运营业务整体上仍处于起步阶段，尚有

不足之处，因此制订直播复盘总结的方案，以便为后期直播运营设计出适合的规划流程，具体可参考表3-83。

表3-83 直播复盘总结

研究目标		研究结果
归纳直播问题	本次直播活动	
	直播团队	主播状态： 团队配合：
	直播销售数据	
	直播间用户评论	
	直播间人气变化	
	直播话术	
直播经验总结		

（七）评价反馈

评价说明：在本次任务完成后，由任课教师主导，采用学习过程评价与学习结果评价相结合的方式，综合运用自我评价、小组评价及教师评价三种方式进行评价。由教师确定三种评价方式分别占总成绩的比例，并加权计算出学生个人本次任务的考核评价分。任务完成考核评价表如表3-84所示。

表3-84 任务完成考核评价表

流程名称	直播营销与运营		班级	
项目组			学生姓名	
评价方式	评价内容		分值	成绩
自我评价	负责任务的完成情况		20	
	对直播营销与运营知识和技能的掌握程度		40	
	是否胜任小组内的工作		25	
	能否积极认真负责地完成组内分配的任务		15	
	合计			
小组评价	本小组的本次任务交付情况及完成质量		30	
	个人本次任务交付情况及完成质量		30	
	个人的合作精神和沟通能力		20	
	个人针对问题的理解、分析和处理能力		20	
	合计			

续表

流程名称	直播营销与运营		班级	
项目组			学生姓名	
评价方式	评价内容		分值	成绩
教师评价	直播团队岗位设置合理，分工明确；主播人设明确，定位清晰		10	
	直播间场景/背景设计合理，配置完善		10	
	制定合理的直播商品活动或商品组合，商品类型及价格明确，商品定位清晰		10	
	明确的直播活动目标，清晰的脚本设计框架，流程清晰，要点明确		10	
	具备完整的活动预热方案，能够多渠道多方位为本场直播预热宣传		15	
	具有创作完整的直播脚本，且直播预热宣传文案设计美观、海报清晰，展示数据完整		10	
	直播效果良好，进行直播复盘，总结经验，能够进行后期粉丝维护		15	
	信息收集、分析、文字总结提炼能力，数据分析能力		10	
	团队的沟通协作情况，共同完成任务且分工明确		10	
	合计			

成绩=自我评价（　　）×0.2+小组评价（　　）×0.3+教师评价（　　）×0.5=

（八）知识园地

1. 直播环境搭建

（1）直播团队配置。

如果个人或商家的预算不高，那么可以组建一个比较精简的团队，即至少配置1名主播和1名运营人员。该配置对运营人员的要求较高，运营人员需同时承担助理、场控、策划、数据运营、客服等岗位的工作。基础团队配置1名主播存在一定的弊端，即无法实现连续直播，并且一旦主播无法出镜时，就会影响直播的正常进行。在1名主播和1名运营人员的配置基础上，也可增设1名策划人员，负责直播方案的策划工作。

如果个人或商家的预算充足，或业务规模变大，可以组建标准团队。企业或平台商家构建自营直播团队时，一般就会按直播的工作环节来选择和配置标准团队，可参考表3-85。

表3-85 标准团队的人员配置及职能分工

人员配置	职能分工
主播1名	负责直播，介绍、展示商品，与粉丝互动，引导粉丝关注，参与策划与直播复盘等
助理1名	协助主播工作，准备直播商品与道具，担任临时主播等
场控1名	负责软硬件调试及整场直播的后台操作，直播间数据监测与反馈，处理询单、答疑、售后问题等
策划1名	负责策划直播方案，设计商品脚本、活动脚本、话术脚本，直播预热宣传策划，粉丝福利方案策划等
数据运营1名	负责直播间流量采买和数据收集、分析，提供直播方案优化建议
商务拓展1名	负责商务合作、商品招商、商品信息整理、对接店铺等

· 167 ·

随着直播业务的发展壮大,以及资金方面的优势,商家可以组建成熟完善的直播团队,可以细化工作内容,由不同成员完成其对应的工作,团队成员相互配合,提高直播的效率和收益。成熟团队的人员配置及职能分工如表3-86所示。

表3-86 成熟团队的人员配置及职能分工

人员配置	职能分工
主播1名	负责直播,介绍并展示商品,引导粉丝关注与下单,复盘直播内容等
副播1名	配合主播直播,辅助说明直播间活动规则、介绍商品信息、活跃直播间气氛,担任临时主播等
助理1名	配合直播间的现场工作,摆放商品和道具,发布预热信息,配合主播完成"画外音"互动等
场控1名	负责调试软硬件,上下架商品、更改商品价格、发送红包和优惠券等
策划2名	负责策划直播方案,策划直播前的预热内容,策划粉丝福利方案,设计商品脚本、活动脚本、话术脚本等
数据运营1名	负责直播间流量采买和数据收集与分析,提供直播方案优化建议
拍摄剪辑1名	辅助直播工作,负责商品、主播、直播花絮等的拍摄与剪辑
客服2名	负责直播间的粉丝互动与答疑,解决商品发货等售后问题
直播主管1名	负责主播的日常管理、招聘、培训、心理辅导,以及招商宣传等

(2)直播团队的岗位设置。

①主播。

直播前——主播需要对直播脚本内容、商品特性与卖点、活动、粉丝福利等内容了然于心。这样才能在直播过程中更好地发挥个人能力,统筹全场。

直播中——主播需要掌控直播节奏,时刻注意自己的个人形象和直播表现,活跃直播间的氛围,促进销售等。

直播后——通过粉丝社群、微博、微信等渠道对直播进行二次宣传,或不时向粉丝分享福利,树立个人、店铺及品牌的良好形象,增加粉丝的黏性。

②助理。

助理即直播助理,主要负责辅助主播开展直播,是直播前端运营中不常出镜的一个角色。助理的工作内容包括在开播前通过各种渠道发布直播预告,确认商品和道具是否准备到位,在直播过程中配合场控提醒主播直播活动的关键时间节点。有时助理也担任副播的角色。

③场控。

场控负责执行直播策划方案,相当于直播的现场"导演",在策划人员和主播之间进行协调。

④策划。

策划是直播的幕后"导演""全局规划者"。策划主要负责制定直播的策划方案、策划促销活动、设计直播脚本,以及各种内容的制作与分发。同时,策划还需要对接企业的其他部门,协调直播团队和企业之间的工作,如组织拍摄预热短视频、商品抽样、仓库部门的协调等。

⑤数据运营。

数据运营主要负责流量采买和直播数据的收集、分析,并针对数据分析发现的问题为策划提供直播方案的优化建议,同时可以为直播复盘提供数据支撑。策划通过直播数据分析反映的情况,直接对直播方案进行优化,可以避免与数据运营沟通交流中产生信息损耗的情况。

⑥客服。

直播间的客服主要起承接的作用,负责与粉丝互动,为粉丝解疑,配合主播的直播,处理商品发货及售后问题。客服需要熟悉商品信息,以便向消费者准确描述商品的卖点与优势,同时客服还应掌握一定的沟通策略。

(3) 打造主播人设。

①构思打造主播人设的方向。

泛娱乐达人——通过展示才艺,如唱歌、跳舞,或拍摄短视频等,形成独特的个人形象,进而打造出泛娱乐达人的人设。泛娱乐达人人设需要传递出鲜明的形象和独特的魅力。

专业达人——基于自己的兴趣爱好、特长、专业领域等来打造人设。专业达人的人设,能够给主播贴上鲜明的标签,人设定位越清晰,吸粉越精准。

专家学者——一般是基于自己的职业形成的人设定位。专家学者人设较容易获得粉丝的信任和认可,但其人设设立的门槛较高,对主播的专业能力要求较高。

②打造主播人设的技巧。

主播可以通过四个维度,准确、快速地打造出属于自己的独特人设;且为了使人设更加饱满、更具有辨识度,主播在进行人设定位时,应把握一些细节问题,如图3-8所示。

价值体系	主播的价值观输出体系,如"理性消费"
镜头感	让消费者产生面对面交流的感受,可对着镜子练习自己的镜头感
语言风格	形成自己的语言风格
情绪	语调高低起伏、自然切换,音量稍大,语速稍快,用饱满的情绪表达直播内容,用良好的状态和热情感染消费者
耐心	在讲解商品的过程中,耐心解答消费者的问题

图3-8 主播人设定位

③设置凸显人设定位的主播账号。

账号是主播人设定位的直观表现,设置账号是开启直播的第一步。不同直播平台的账号设置板块略有差异,但基本都包含账号名称、账号简介、账号头像和头图、置顶视频等板块。

④主播自身素质修炼。

基本能力——一名优秀主播所必须具备的能力,基本功过硬,主播的人设才能产生影响力。

专业能力——主播是直播团队中综合素质比较全面的人员,主播不仅要保证日常直播的正常进行,还要负责直播带货的效果。

(4) 直播间的场景布置。

①为直播间规划场地。

常见的室内直播场地有办公室、会议室、直播室、工作室、线下门店、住所等,介绍工艺装饰品的种类和制作过程。主播在住所内直播,讲解服装类商品。

空间适宜——室内直播场地应空间适宜,场地面积根据直播的内容进行调整,个人主播场地面积一般为 8~15 平方米,团队直播场地面积一般为 20~40 平方米。

环境安静——室内直播场地的隔音效果要好,避免杂音的干扰;有较好的收音效果,避免在直播中产生回音。

光线充足——室内直播场地的自然光要充足,保证直播的真实感和美观度。

室外直播的类型非常丰富,包括酷玩、乡野、垂钓、旅行、汽车、萌宠等。对电商直播而言,常见的室外直播场地有商品室外产地、室外打包场所、露天集市等,一般适合直播体型较大或规模较大的商品,或用于展示货源采购现场。

天气因素——室外直播一般选择晴朗的天气,同时要做好应对下雨、刮风等天气的防范措施。

场地范围——室外直播需要限制室外场地的范围,便于主播将更多的精力放在商品讲解和与用户的互动上。

场地环境——室外场地的环境干净清洁,让用户观看直播时能保持舒适的心情,特别是对画面美观度要求较高的室外直播,更应保证场地的美观度。

②为直播间布置适合的背景。

纯色背景——纯色背景是很简单的一种背景布置方法,颜色一般以浅色为主,常用墙纸或幕布搭建,可以带给用户自然的观看感受。纯色背景常见于服装类直播。

品牌 Logo 背景——以品牌 Logo 布置直播间的背景,这类背景直观简洁,可以增强品牌效应,适用于多数直播场景。

商品摆放背景——这类背景布置一般是将商品置于展示柜进行展示,具有较强的营销目的,是十分常见的一种直播间背景布置方式。

与直播商品匹配的特色背景——这类背景的应用需要挖掘商品的特色,在背景中融入与直播主题或直播商品相关的特色元素。

(5) 直播中物料的摆放技巧。

①商品摆放。

商品是直播活动中的"主角"之一,小件商品可摆放在主播正对的陈列台或陈列桌上,让用户一进入直播间便可了解商品。针对包装可拆的商品,可以将包装拆开,直观地展示商品的细节。对于稍大件的商品,可以将其陈列在主播身后或两侧。

②宣传物料摆放。

宣传物料的类型比较丰富,包括黑板、白板,以及电子屏、海报、贴纸、胸卡、气球等一系列用于展示文字、图片信息的道具。

③饰件摆放。

如果直播间空间较大,可以放置一些玩偶、壁画等饰件,以丰富直播场景。饰件的选择应与商品特性相匹配。

（6）直播间灯光布置。

按照灯光的作用，直播间的灯光类型可以分为主光、辅光、顶光和轮廓光等。不同类型的灯光可以搭配同一型号的灯，摆放在不同的位置，调整为不同的亮度、色温等，从而创造出不同的光线效果。

主光——主光是直播间的基本光源，在直播过程中，主光通常由柔光灯箱发出，这种类型的光线比较均匀，主要用于照亮拍摄对象（人或物品）的轮廓，并突出其主要特征。

辅光——辅光也被称为辅助光，其作用是对主光没有照射到的拍摄对象的阴影部分进行光线补充，使用户能够看清楚拍摄对象的全貌。辅光通常可放置在主光两侧。

顶光——顶光从主播头顶上方的位置照射，距离主播一般不超过2米。顶光可以给背景和地面增加照明，同时有利于突出主播轮廓造型，起到瘦脸的作用。

轮廓光——轮廓光又称侧逆光，通常用于分离人物与人物、人物与背景，以此增强视频画面的空间感。轮廓光通常采用直射光，一般从主播的侧后方进行照射，勾勒出主播清晰且明亮的轮廓形状。

（7）设置直播拍摄最佳角度。

①拍摄高度的调整。

拍摄高度是指拍摄器材的镜头与被摄对象在垂直平面上的相对位置或相对高度，不同的拍摄方式下，拍摄的高度不同。

仰视拍摄——仰视拍摄是让拍摄器材的镜头低于被摄对象，与垂直平面形成一定的仰视角，从下往上拍摄。被摄对象将形成"上窄下宽"的效果，能够很好地体现出景物的高大、人物身材的高挑。通常，主播以站姿直播时，如服装类直播场景，会采用仰视拍摄，以衬托主播高挑修长的身材。

平视拍摄——平视拍摄是指拍摄器材的镜头与被摄对象处于同一水平线，是人们日常中最常采用的拍摄角度。主播以坐姿直播时一般会采用平视拍摄，同时会通过打侧光、侧脸拍摄等方法使人物的五官更具立体感。

俯视拍摄——俯视拍摄与仰视拍摄相反，是与垂直平面形成一定的俯视角，从上往下，由高到低拍摄对象。俯视拍摄适合表现场景的规模宏大，俯视角变大，俯视范围也会变大，视野更加开阔。通常，室外直播，如户外旅行直播，俯视拍摄运用较多。

②拍摄方向。

正面——正面拍摄方向是指与被摄对象正对的拍摄位置，用于表现被摄对象的正面形象特征。

侧面——侧面拍摄方向是指与被摄对象侧面呈垂直的拍摄位置，包括正左方和正右方。

斜面——斜侧拍摄方向是指与正面拍摄角度相比，偏离一定角度，向左/右围绕被摄对象移动的拍摄位置。

背面——背面拍摄方向与正面拍摄方向相反，是指被摄对象背对的拍摄位置。

2. 直播活动策划

（1）直播选品策略。

①根据市场趋势选品。

有针对性地根据市场趋势进行选品。例如，夏天卖冰箱，冬天卖暖炉；夏天卖西瓜、荔枝、火龙果等水果，冬天卖冬枣、甘蔗、苹果、柚子等水果。

对于消费者来说，在直播间购物具有一定的随机性和偶然性。通常促使消费者在直播间购买有两大因素：一是价格低廉，觉得自己"捡了便宜"；二是长期必需的商品，购买频次高、复购率高，多买一些囤着也觉得无妨。因此，满足这些条件的商品更容易促成用户在直播间的冲动消费。

对于商家来说，如果选择达人带货，除了需要支付带货主播坑位费、佣金之外，还需要以众多优惠条件吸引消费者，因此直播间商品的毛利通常是低于日常售卖的，以量大、卖爆款取胜。而直播带货的商品通常毛利较高，这样才能有较大的营销费用支出空间。

②根据直播行业风向选品。

查看商品数据信息：打开抖音直播数据的分析页面，在左侧的"商品分析"栏中选择"商品搜索"选项，在右侧的搜索框中输入商品关键词。在搜索结果中默认显示了近7天的商品综合排序数据信息。在时间栏中单击"近30天"超链接，查看近30天的商品数据信息。

调整数据的排序方式：在商品列表上方单击"昨日转化率"超链接，按昨日转化率对商品进行降序排列；单击"近30日销量"超链接，按近30日销量对商品进行降序排列。单击其他超链接可按相应条件进行商品降序或升序排列。

查看商品详情：在商品列表中选择商品选项，在打开的页面中可查看商品详情，其中左侧可查看商品的名称、分类、好评率、品牌及店铺信息等，单击商品名称超链接可在打开的页面中查看商品细节说明；右侧默认显示商品的数据概览。详细查看商品信息后，主播可以综合分析该商品的优劣、目标消费者和销量走势等情况。

查看实时销售数据：在左侧单击"加入监测"按钮，在打开的"提示"对话框中依次单击"加入监测"按钮和"确定"按钮。将鼠标指针移至账号头像区，在打开的列表中选择"商品监测"选项，在打开的页面中可查看该商品的实时销售数据，监测商品的销售数据走势。

选择商品品类设置筛选条件：在"商品分析"栏中选择"商品搜索"选项，返回"商品搜索"首页。在"商品品类"栏中单击"美妆个护"超链接，在打开的列表中选择"美容护肤/美体/精油/面膜"选项。

选择商品品类设置筛选条件：在"高级筛选"栏中单击"价格"超链接，在打开的列表中选择"100~300"选项，设置价格筛选条件。单击"佣金比例"超链接，在打开的列表中选择"20%~30%"选项，设置佣金比例筛选条件。

查看热销商品情况：在"商品分类"栏中单击"美食饮品"超链接，在打开的列表中选择"粮油调味/速食/干货/烘焙/即食火锅"选项。继续设置其他筛选条件，单击商品缩略图可进入商品详情页查看商品详情，了解该商品的优劣、目标消费者和销售情况等。

申请拿样：将鼠标指针移到商品缩略图上，在打开的页面中单击"申请拿样"按钮。扫描弹出的二维码，可与商家取得联系，申请拿样，完成直播带货对接工作。

③根据主播粉丝画像选品。

在选品时根据粉丝的不同属性特征挑选符合粉丝需求的商品。例如，粉丝以男性居多的主播，可以推荐科技数码、游戏设备等商品；粉丝以女性居多的主播，可以推荐美妆、服饰、鞋包、美食等商品。

根据主播的人设选品：主要是以客单价这个指标来挑选商品。所谓客单价，是指每一个消费者平均购买商品的金额，即平均交易金额。泛娱乐达人、专业达人和专家学者等类型的主播根据自身的人设划分，可按照不同的客单价进行选品。

根据账号内容垂直度选品：经营垂直内容（坚持输出某一个细分领域的内容）的主播，可根据内容垂直度选品，如育儿类主播可以选择与亲子、育儿有关联的商品，如奶粉、奶瓶、纸尿裤、湿巾、睡袋等。

④直播选品的要点分析。

品牌——一般，品牌商品的转化率高于非品牌商品的转化率，且商品质量和售后服务更有保障。

品相——品相好的商品，能够从外观、质地等方面对用户形成强烈的视觉冲击，更能激发用户的购物欲望。

品质——商品质量上佳，可以增强用户黏性，提高用户的复购率，以及用户对主播的信任度。

多样性——商品具有多样性，可以保持直播带货的新鲜度，也让用户更有选择性。

⑤确定货品来源。

合作商——一种是商家通过私信或商务联系的方式主动寻求与主播合作；另一种是主播对外招商与商家合作。

分销平台——主播可以向淘宝、京东、苏宁易购等电商平台的商家申请样品或购买商品试用，然后在直播间推荐商品，赚取佣金。

自营品牌——即在直播间推荐自己的商品。

（2）直播商品结构规划。

①用印象款促单。

印象款是指促成直播间消费者购买的第一单商品。印象款商品的购买体验决定着消费者对直播带货的第一印象，好的印象款商品可以提高消费者的复购率。在直播中进行商品结构规划时，一般可以先介绍印象款，促成消费者的第一次购买。印象款商品应具有较强的实用性，覆盖人群范围广。

②用引流款留存。

引流款商品能够引流，留住消费者。因此，主播在每一场直播中都应该搭配一款或多款引流款商品。主播一般可以选择高性价比、低客单价的常规商品作为引流款。主播也可以选择具有独特卖点的商品作为引流款，通过同类商品的差异化来提升直播间的人气。

③用活动款"宠粉"。

活动款就是用来做活动的商品，一般活动款是面向直播间粉丝发放的福利，即直播间的用户需要关注主播或加入主播的粉丝团以后，才有机会抢购活动款商品，所以活动款商品也被称作"宠粉款"，用于提升粉丝黏性。

④用利润款获利。

主播直播带货的目的之一是帮助商家实现盈利，因此主播在准备商品时，除了印象款、引流款、跑量款，还要搭配利润款商品，且利润款商品的数量在所有商品中应占比较高。用引流款商品让直播间人气达到一定程度之后，便可以"趁热打铁"推出利润款商品。利润款商品可以分为两种，一种是单品利润款，一种是组合利润款。

（3）直播商品价格策略。

①尾数定价。

尾数定价策略是指在确定商品价格时，基于消费者希望购买到物美价廉的物品的心理，制定非整数价格，尾数定价策略的应用十分广泛，在便利店、超市、大型百货商场中，从生活日用品到家电，都常采用尾数定价策略。

②商品组合定价。

配套商品关联度高——主播在直播前需要先做好商品的搭配，且应保证配套商品与主推商品具有较高的关联度。关联度高的商品套装可以带给消费者超值的感觉，使其获得物美价廉的心理满足感。

赠品具有实用性——赠品要有实用性。如果赠品没有实用性，那么这样的商品搭配对消费者就缺乏吸引力。

保证赠品质量——主播应保证赠品质量，赠品质量不佳消费者很可能会失去对主播的信任。

③设置阶梯型价格。

价格对比，突出体现价格优势——阶梯型价格应与原价对比，突出商品成组购买的价格优势。

营造活跃的购物氛围——主播在介绍商品的阶梯型价格时，语速可稍快，声音饱满，向消费者传达商品的巨大优惠力度，以激发消费者的购买热情。

关注消费者提问，解释如何下单——尽管商品的下单链接里往往会注明下单方法，但主播仍然需要重复引导消费者下单，避免出现消费者因不清楚下单流程而放弃购买的情况。

（4）直播用户运营。

根据用户规模、占比，定位自己的目标人群，通过为目标用户提供好内容、好商品、好服务、好营销来达成核心运营目标。目标用户运营如图3-9所示。

图3-9　目标用户运营

①"好内容"：优质内容会发光。

洞察用户兴趣，着眼用户关注点，为用户量身定制内容——好内容往往直击用户需求，能为作者带来长效价值。首先，从了解自己的用户开始，借助经营工具用心理解用户是谁。在了解用户在抖音平台的使用习惯和偏好以后，才可以在选题创作中做到有的放矢,选择接地气且具有吸引力的话题。无论实时热点如何瞬息万变,真正了解用户的内心需求,是好内容创作的源头。从把握用户群体画像开始,捕捉深层次需求,进而生产有黏性的作品,这样才能保证创作的可持续性。

在充分了解用户之外,还需要符合内容的优势标准,这样才能保证内容可持续地受到用户认可。具体来说,电商作者的内容应该是真实、可信、专业、有趣的。真实意味着内容源自作者真实的感受,让消费者所见即所得;可信意味着持续践行承诺,沉淀消费者信赖;专业意味着作者能够传递专业领域文化,赋予内容和商品深层次信息价值;有趣意味着内容新颖友好,满足消费者多元喜好。

② "好商品":让优价好物走进千家万户。

好商品是用户愿意持续在某些电商消费的原因。在抖音,电商作者需要起到链接"好商品"和广大用户需求的桥梁作用。好的商品供给,一方面需要符合用户的需求以及喜好,另一方面也需要保障丰富度和质量。利用短视频、直播间的"内容场景"可以高效覆盖用户,以较高的爆发力将好商品尽快传递给更多用户。同时,内容场也可以延伸至货架场,在橱窗、搜索、商城等场景满足更加多元且稳定的货品需求。

电商作者应围绕用户需求选择商品,通盘考虑用户购买需求。"好商品"首先要符合用户的需求,在选货之前,首要考虑的就是用户对商品是否感兴趣。一般而言,用户需求需要结合用户画像基础资料、各类用户购物品类偏好、价格等多方面考虑,在此基础上进行选品组货,才能激发真实需求,扩大粉丝钱包份额占比。

好商品也应该是"好货",作者需要保障"好货供给"。商品选择决定了用户对于商品的兴趣程度,但是商品自身呈现的质量,往往会影响用户最终是否进行购物。因此,在选择商品时,应该选择信息清晰、品质好、有履约力的优质商品,并保持商品的充足供给和丰富度。从商品头图、详情页等细节,到商品库存深度等多方面因素,都需要综合考虑。

做好商品推广"组合拳",用好货讲出新"故事"。短视频、直播都有丰富繁多的方式,能让用户更加了解商品,从不同维度感知到商品价值。以短视频为例,商品推广可以是严谨认真的产品原理科普,也可以是轻松有趣的情景植入,还可以是试用讲解。充分挖掘商品推广的潜力,通过多种形式,进一步展示商品卖点,促进商品在平台的销售和成长。

挖掘新品潜力,带动优质新品的销售增长。作者通过与用户的连接、互动以及对于粉丝的了解,主动挖掘潜力商品、扩宽商品组合,将更多优价好物推荐给用户,也为商品后续研发提供建议、反馈,甚至参与到新品的研发、推广中。

③ "好服务":让用户放心舒心购物。

在抖音电商,用户的服务体验是由商家和作者共同提供的。作者在售卖商品的时候,其实也在利用自己的影响力为商品与商家背书。对于用户而言,作者推荐的商品能够放心舒心地购买,自然也会增加对作者的购物黏性。

一般而言,电商作者需要关注的服务质量主要有三方面,分别为物流速度、客服反馈、售后保障,三个方面贯穿售前、售中、售后。

在与商家合作销售前,作者需要仔细甄别商家在三个方面上的表现,挑选服务优质的商家进行合作;在销售过程中,作者需要根据商家情况如实宣传,尤其在物流服务上;在销售之后，当用户反馈时，作者也需要积极与商家进行沟通，保障用户服务体验。

④"好营销"：加强爆发力、打造个人影响力。

酒香也怕巷子深。好的内容、商品、服务能够帮助作者更好地稳步提升经营效益；同时，作者可以通过好的营销来集中资源实现爆发，触达更多的潜在用户，提升个人影响力。作者可以通过多样的方式将营销与经营结合起来。

精准高效投放，为增长提效——广告投放是电商作者的必修课，也是电商生意增长的催化剂。抖音电商提供了多种形式的广告产品，作者可以根据自己的经营需求进行选择投放。比如在重大场次之前，提前投放品牌广告保障直播间观看人数；在直播期间，可以根据直播间的实时流量、节奏等，组合看播、互动、转化等多种形式目的投放，优化直播间表现。

积极参与平台活动，个人品牌与销售增长并举——电商提供了多种形式的平台活动，有"618""双十一"等综合型活动，也有中秋购物节等节点型活动；还提供了电商超级品牌日等与商家深度合作的营销IP。通过参与平台组织的活动，整合平台、作者、商家三方的资源，能够显著提升销售业绩与个人曝光量。

打造个人IP——积极参与平台活动，个人品牌与销售增长并举。除了积极参与平台级的活动之外，作者也可以积极打造个人活动。作者围绕自己的用户需求，打造符合个人品牌定位的活动。

（5）整场直播策划。

①直播脚本策划。

直播脚本是影响直播活动成功与否的关键因素之一。对于电商直播而言，直播脚本一般包含整场直播脚本和单品直播脚本两种类型。直播脚本就是直播的剧本，它以一篇稿件为基础，形成直播的工作框架，规范并引导直播有序地推进。在直播过程中，主播在没有脚本的情况下介绍商品容易因信息琐碎而造成重点与卖点不突出，或因时间控制不当导致商品介绍时间超时或剩余时间过多等一系列问题。

直播脚本一般以完整的直播为单位，或以单品解说为单位。一般来说，整场直播脚本应强调流程、时间、工作配合、技术指导等；单品直播脚本应侧重于突出商品卖点，强调与用户利益的结合点，以及如何在直播中以体验的方式佐证商品的真实、高效、优惠等。

在了解直播脚本怎么写之前，首先要明确直播脚本的核心要素，包括明确直播主题、把控直播节奏、调度直播分工、控制直播预算。一场直播通常会持续几个小时，在这几个小时里，主播先讲什么、什么时间互动、什么时间推荐商品、什么时间送福利等，都需要提前规划好。因此，直播运营团队还需要提前准备好整场直播活动脚本。直播脚本要点如表3-87所示。

表3-87 直播脚本要点

直播脚本要点	具体说明
直播主题	从用户需求出发，明确直播的主题，避免直播内容没有营养
直播目标	明确开直播要实现何种目标，是积累用户、提升用户进店率，还是宣传新品等
主播介绍	介绍主播、副播的名称、身份等
直播时间	明确直播开始、结束的时间

续表

直播脚本要点	具体说明
注意事项	说明直播中需要注意的事项
人员安排	明确参与直播人员的职责,例如,主播负责引导关注、讲解商品、解释活动规则;助理负责互动、回复问题、发放优惠信息等;后台/客服负责修改商品价格、与粉丝沟通转化订单等
直播的流程细节	直播的流程细节要非常具体,详细说明开场预热、商品讲解、优惠信息、用户互动等各个环节的具体内容、如何操作等问题,例如,什么时间讲解第一款商品,具体讲解多长时间,什么时间抽奖等,尽可能把时间都规划好,并按照规划来执行

②单品直播脚本设计。

单品直播脚本是围绕单个商品来设计的脚本,核心是商品卖点。在一场直播中,主播会向用户推荐多款商品,主播必须对每款商品的特点和营销手段有清晰的了解,这样才能更好地将商品的亮点和优惠活动传达给用户,刺激用户的购买欲。因此,为了帮助主播明确商品卖点,熟知每款商品的福利,直播运营团队最好为直播中的每款商品都准备一份对应的直播脚本。单品直播脚本设计如表3-88所示。

表3-88 单品直播脚本设计

项目	商品宣传点	具体内容
品牌介绍	品牌理念	××品牌以向用户提供精致、创新、健康的小家电产品为己任,该品牌主张以愉悦、创意、真实的生活体验丰富人生,选择××品牌不只是选择一个产品,更是选择一种生活方式
商品卖点	用途多样	具有煮、涮、煎、烙、炒等多种烹饪功能
	产品具有设计感	①分体式设计,既可以当锅用,也可以当碗用; ②容量适当,一次可以烹饪一个人、一顿饭的食物; ③锅体有不粘涂层,清洗简单
直播利益点	"双十一"特惠提前享受	今天在直播间内购买此款电热锅享受与"双十一"活动相同的价格,下单时备注"主播名称"即可
直播时的注意事项		①在直播进行时,直播间界面显示"关注店铺"卡片; ②引导用户分享直播间、点赞等; ③引导用户加入粉丝群

(6)直播活动方案策划。

做直播活动方案策划,切忌主观臆断,要从观看用户者的角度出发,更多地为用户考虑,从而达到更好的直播效果。

①确定直播开始时间和持续时长。

确定直播开始时间和持续时长是直播活动策划的第一项内容。规划直播时间和时长,首先要弄清楚这几个问题:什么时间开播才是最合适的?直播预计多长时间?要用多长时间做好直播收尾?

②确定直播互动方式。

直播互动可以影响直播间的氛围和人气，只有直播间有人气，观众才会停留。直播间和粉丝互动方式有很多种，要在直播间引导粉丝评论，通过游戏互动、连麦互动来活跃直播氛围。

③确定直播促销活动。

利用各种礼品促销活动、点赞活动、周期性活动、竞价活动、随机活动等促销活动留住观众和意向用户。

④确定直播引流方案。

直播引流的目的在于提升直播间人气，有更多的人进入直播间才能提升转化率。例如，是在站外做直播引流，还是直接发短视频引流？是否要借助第三方平台进行引流？是否要付费引流？确定直播引流方案，最大限度地提升直播间人气很重要。

（7）直播前的预热引流。

直播预热是为了让用户提前了解直播的内容，这样对直播感兴趣的用户就可以在直播时及时进入直播间，从而提高直播间的在线人数。下面介绍直播预热引流时机和引流渠道。直播预热发布的时机与用户在社交平台上的活跃时间、预热与正式直播的间隔时间等因素息息相关。

①直播预热的时间。

与相对固定的直播时间不同，直播预热的时间灵活很多。由于用户白天通常都在工作和学习，直播的人气峰值一般出现在19—22点，这是大多数用户的休息时间。用户利用休息时间看直播的可能性更高，因此带货效果更好，转化率也更高。

②直播预热与正式直播的间隔时间。

把握以下四个直播预热的时间段，能很好地增加直播间的流量。

开播前一周——举个例子，商家如果打算做一场新款产品推荐直播，那就需要提前一周进行预热；直播预热作品可以是一段该产品在车间里加工的视频，商家注意要在视频最后告知用户该产品直播的信息。

开播前三天——在开播前三天，商家还要再发一个直播预热作品以透露更多的信息，如这次直播会给用户带来多少福利、正式直播的时间等。

开播前一天——开播前一天商家还要继续为直播预热，此时可以发一段新品视频，然后问用户是否感兴趣，再次强调商家明天几点开始直播。

开播前半小时——最后一次预热是在开播前半小时，商家需要告诉用户今天的直播主题及直播结束前的小惊喜。

③直播预热引流渠道。

多渠道宣传预热能够让更多消费者了解直播信息，也能为直播销售营造良好的氛围，激发消费者的购物热情。常见的直播预热引流渠道有直播平台私域场景、电商平台、企业官网、社交平台以及线下实体店等。

直播平台私域场景——对于抖音、快手等短视频平台来说，商家可以利用的私域场景主要是账号名称、账号简介、粉丝群等。商家在直播之前可以更新账号名称和账号简介，如在账号名称中加括号备注直播信息，也可以在账号简介中以文案的形式说明自己的直播时间，如"每天9点和13点30分开始直播"；商家也可以创建自己的粉丝群，并将加入粉丝群的方式直接展示在自己的主页中，用户加入粉丝群后，商家可以在粉丝群里公告直播信息。

电商平台——连接商家和用户的重要渠道，因此商家可以通过电商平台进行直播预热。以淘宝平台为例，商家通过淘宝平台进行直播预热的优势是十分明显的。淘宝平台的首页有直达淘宝直播的入口，商家可以将自己的直播预告发布在淘宝平台上。但是，淘宝平台的直播信息众多，要想引起用户的注意，商家就要在设计直播预告时多花一些心思。

企业官网——拥有新闻发布、口碑营销、商品展示等功能，是企业面向社会的重要窗口。因此，主播和企业合作推销商品时，可以利用该企业的官网进行直播预热。有些消费者并不关注直播，但是他们会通过企业官网关注自己心仪的商品。主播通过企业官网进行直播预热，能够吸引这些关注该企业的消费者前来观看直播。

社交平台——随着移动互联网的快速发展，人们与各种社交平台的联系越来越紧密。人们会用QQ、微信等沟通，用微博、豆瓣等了解时事、发表看法等，很多人都把闲暇时间贡献给了各种社交平台。主播要抓住这一点，在社交平台上进行直播预热。

线下实体店——当自身拥有线下实体店或与拥有线下实体店的品牌商合作时，商家也可以把直播预告投放到线下实体店中。

许多习惯于在线下实体店购物的消费者或许没有接触过直播购物，但其对该品牌的商品是有需求的，他们极有可能成为商家直播间的粉丝。因此，商家要吸引这部分消费者关注自己的直播。在利用线下实体店为直播做宣传时，商家可以从以下两方面入手：店内宣传、店外展板。

针对直播标题的设置首先要确定直播主题，属于内容型、活动型还是福利型。其次应注重直播标题的写作方法及技巧，例如戳中痛点、传达利益点、传递紧迫感、利用好奇心、借势热点、制造娱乐效果等。

要想打造优质的直播封面图，主播在设计时要遵循以下原则：封面图要干净、清晰、整洁，图片尺寸合理、色彩构成合理等。同时要注意封面图背景禁用白色，封面图要考虑固定信息的展现，禁用合成图，不要雷同等，最重要的是符合直播主题。

3. 直播活动实施

（1）直播话术设计。

运用直播话术中的FAB（即属性、作用、益处）法则。

属性——商品所具有的属性特征。主播介绍商品时，可抓取商品的特性，彰显该商品的与众不同。

作用——商品给消费者带来的用处，也即商品属性所具有的功能或作用，是对商品属性进一步的补充介绍。

益处——商品给消费者带来的利益，也即商品所具有的功能或作用能够给消费者带来的好处。

FAB法则应用示例如表3-89所示。

表 3-89　FAB 法则应用示例

商品	一般说词	FAB 直播话术
裙子	这条裙子版型好，真的很好看	这条裙子采用贴身的版型设计，能够充分衬托您高挑的身材，也能凸显职业人士的魅力
丝巾	这条丝巾很好看，搭配上它使你更美丽	买两条，一条聚会时用，另一条上班时用，下班即使来不及换衣服，只要搭配一条丝巾，形象立刻焕然一新，休闲中不乏品味
礼服	这件礼服上使用的水晶都是××品牌的，非常亮眼	这件礼服上使用的水晶都是××品牌的，它的光泽度和质感非常好，穿上它参加宴会，在灯光下会非常耀眼，拍照也很好看
运动鞋	这双运动鞋采用弹性极佳的泡棉垫底，适合慢跑	这双运动鞋使用了泡棉垫底，十分具有弹性，穿着它慢跑时，不仅舒适，毫无束缚感，也不易受伤
衬衣	这是一件纯麻纱编织的衬衣	这件衬衣是由纯麻纱制成的，即使在炎夏时穿，也格外清爽

（2）直播间常用的开场、引关注、促转化、保留存的话术和内容说明，参考表 3-90。

表 3-90　常用的直播话术

序号	直播开场话术
1	大家好，我是一名新主播，今天是我直播的第××天，感谢大家对我的支持
2	欢迎大家来到我的直播间，今天直播间优惠多多，一定不要错过了哟
3	大家好，我们是厂家自播，没有中间商赚差价，我们会给你想象不到的折扣
4	大家好，欢迎来到××直播间，主播深耕××行业××年了，有丰富的资源和直播经验，所有的商品都是试用后才推荐给大家的，请大家放心

序号	直播引关注话术
1	欢迎××来到我的直播间，喜欢主播的点个关注哦
2	欢迎××来到直播间，想要更多福利的点个关注哦
3	刚进来的宝宝（对观看直播的用户的称呼，用以拉近与用户的距离）可以关注主播，以便领取更多福利
4	明天直播间还会抽出一名幸运免单用户，一定要先关注主播哦，我们会不定时发放惊喜福利
5	点赞/关注人数达到××，主播就开始抽奖了！想要抽大礼的宝宝快快动动手指关注起来
6	感谢××的关注，还没关注主播的宝宝们抓紧关注哟，主播每天都会赠送惊喜福利呢

序号	直播促留存话术
1	再过 5 分钟就要开始抽奖了！大家千万不要走开
2	宝宝们，20 点我们有发红包活动，21 点我们有 10 元秒杀活动哦
3	下一次抽奖将在××分钟后开始！会送出××大礼！大家千万不要走开
4	欢迎刚来的小伙伴，点击关注主播，关注人数达到 200 人就会有一大波红包福利，点赞数到 1 万，也会发红包
5	恭喜××中奖了！太幸运了吧！赶紧点击左下角的购物袋，联系客服领取奖品！没有抽中奖品的宝宝也不要走开，直播最后还会抽取 "0 元拍免单" 大奖
6	下面这套衣服非常显瘦显白，而且价格也很便宜
7	宝宝们评论 "666"，让我看到大家的热情，热情越高，商品购买价格越低
8	想看××号的评论 "1"，想看××号的评论 "2"

续表

序号	直播促留存话术
9	感谢××送的100个掌声，还没停吗？150个了，200个了，哇！掌声完全停不下来！非常感谢
10	当用户提出"不回答他的问题"时：没有不理哦，弹幕太多刷新的速度太快，我看到一定会回的，请不要生气哦
11	当用户提出"是否有优惠活动"时：提问优惠券的×××，××有优惠券××元，××点有秒杀活动

序号	内容说明话术
1	这个商品我自己也在用，真的特别好用
2	最后5件了，喜欢的宝宝抓紧拍
3	这款商品之前在××（平台）已经卖了10万套
4	数量有限，机会难得，商品即将售罄，抓紧时间
5	这款商品采用××材质，经过××认证，年产量只有××，非常难得
6	购买我家的商品，如果买贵了，15天内可以退差价，退货时免收运费
7	还有最后5分钟，没有下单的宝宝们赶紧下单，直播结束后就没有这样的价格优惠啦
8	今天这个商品数量有限，只有100件，喜欢的宝宝们赶紧下单
9	这次的商品折扣仅限本次活动期间，活动结束就恢复原价，敬请谅解
10	这次活动的力度真的很大，买两套非常划算，错过就可惜了
11	刚错过的小伙伴们，现在下单还来得及啊！特为你们开了一个末班车，下手要快，错过真没了
12	这款商品在××旗舰店的价格是99元一瓶，今天在直播间买一送一，99元可以买到两瓶
13	××旗舰店的价格是69元一瓶，今天宝宝们在直播间买两瓶直接减69元，相当于第1瓶69元，第2瓶免费，再加10元，我再送你们一瓶喷雾
14	宝宝们，我们这次活动的优惠力度非常大，现在拍立刻能省××元，还赠送一个价值××元的产品

（3）开展平台内付费推广。

①淘宝直播付费推广。

淘宝直播付费推广包括"猜你喜欢"资源位和"微淘""直播广场"等资源位，可参考直播定位及预算，选择投放合适的推广渠道。

②抖音直播付费推广。

如果抖音直播间的人气不高，主播可以付费使用"DOU+直播上热门"功能。该功能可以助力直播间迅速上热门，增加直播商品的曝光率。要想高效地投放"DOU+"，主播要做到明确投放目的，精准投放，直接"加热"直播间。

③快手直播付费推广。

在快手平台直播时，如果直播间的人气不高，也可以进行付费推广。快手直播的每位观众推广费为1快币，即0.1元，主播在选择想要获取的人数后，就可以看到支付成本。主播的出价越高，观众数量就越多，引入速度也就越快，所以在直播高峰期时可以适当调高出价，以快速提升直播间的人气值。快手直播推广的付费方式为CPC，即按照点击进入直播间的人数扣费，每位观众多次点击只扣除一次费用。

（4）调动直播间人气"五步法"。

①剧透互动预热。

一般来说，开始直播时观看人数较少，这时主播可以通过剧透直播商品进行预热。主播可以热情地与用户进行互动，引导其选择喜欢的商品。采用回复口令的互动方式很快捷，直播评论区一般会形成"刷屏"之势，从而调动起直播间的气氛，为之后的直播爆发蓄能。

②"宠粉"款开局。

预热结束之后，直播间的氛围已经开始升温，主播这时可以宣布直播正式开始，并通过一些性价比较高的"宠粉"款商品继续吸引用户，激发其互动热情，并让用户养成守候主播开播的习惯，增强用户的黏性。

③"爆款"打造高潮。

在这一步，主播要想办法营造直播间的氛围。这一步的时间可以占到整场直播时间的80%，但只介绍20%的商品。主播可以利用直播最开始的剧透引出"爆款"，并在接下来的大部分时间里详细介绍爆款商品，通过与其他直播间或场控的互动来促成"爆款"的销售，将直播间的购买氛围推向高潮。

④福利款制造高场观。

在直播的下半场，即使观看直播的人数很多，还是会有不少用户并非主播的粉丝。为了让这些用户关注主播，成为主播的粉丝，或让新粉丝持续关注主播，留在直播间，主播就要推出福利款商品，推荐一些超低价或物超所值的精致小商品给用户，引导用户积极互动，从而制造直播间下半场的小高潮，提升直播场观。

⑤完美下播为下场直播预热。

主播在下播时可以引导用户点赞，分享直播；使用秒杀、与用户聊天互动等方式，在下播之前再制造一个小高潮，给用户留下深刻的印象，使用户感到意犹未尽。同时，主播可以利用这一时间为下次直播预热，大概介绍下场直播的福利和商品等。

（5）直播互动玩法。

①点赞、评论活跃直播气氛。

直播间的点赞数量代表着主播的人气值和直播间的活跃度，点赞数量越多，主播的人气越高，也越能吸引更多消费者进入直播间。引导消费者点赞的常用方法是，点赞数量达到某个数值时发放优惠券、红包等福利。同时，主播在直播过程中可以反复提醒消费者，激发消费者点赞的热情，营造热闹活跃的直播氛围。

②巧妙派发红包提高人气。

派发红包是主播与消费者互动，提升直播间人气，延长消费者在直播间里的停留时长，提高直播间权重的有效方式之一。派发红包的方式多种多样，既可以在点赞或关注数量达到一定数值时发送红包，也可以每间隔10分钟、30分钟或在20点、21点定点发送红包。

③设置抽奖环节调动消费者积极性。

观看直播的消费者一方面想要买到实惠的商品，一方面也想体验直播的乐趣，抽奖这种互动方式就充满乐趣，是调动消费者互动积极性的有效方法之一。在直播过程中主播可以重复提醒将要开启的直播抽奖环节，说明抽奖时间节点和抽奖规则等，以延长消费者在直播间的停留时长。

设置抽奖时，主播可以让消费者关注自己并回复自己指定的关键词，即消费者在关注主播并输入正确的关键词后才可领取奖品。在抽奖时，主播可以通过截图的方式现场播报中奖名单，保持抽奖活动的公正性，抽奖完成后，还可以告知消费者下一个抽奖的时间节点。

④限时折扣、秒杀活动促成消费者下单。

主播在直播中借助商品限时折扣，可以有效刺激消费者的购买意愿，在短时间内促进销量的爆发增长。秒杀活动就是发布一些超低价格的商品供消费者抢购，它是提升直播间人气的有效方式，可以促进商品转化。

（6）做好粉丝运营。

做好粉丝运营的前提是能够洞察不同类型粉丝的心理。针对高频消费粉丝，保证SKU（Stock Keeping Unit，库存保有单位）的丰富度，保证价格和质量优势，这是吸引粉丝最本质的因素。针对低频消费粉丝，提升直播间的SKU丰富度，详细介绍商品，提供新客专属福利。针对其他电商主播的粉丝，低价引导，提供新客专属福利。

而对于平台新手粉丝，首先，要能够展现主播或直播间的专业度，加强消费引导，积极与粉丝互动。其次，通过引导粉丝加入粉丝团、打造人格化IP、创作优质内容的方式提升粉丝黏性。最后，要能够与粉丝进行高效互动，通过发起话题、抽奖、举办粉丝活动等方式与粉丝建立强关系，不断激活粉丝活跃度。

（7）直播后期传播。

二次传播，放大直播效果，需要明确传播目标，确定传播形式。可选择采用直播视频传播的方式，通过录制直播画面、直播画面浓缩摘要、直播片段截取等途径获取短视频传播素材；也可进行直播软文传播，分享行业资讯、提炼观点、分享主播经历、分享体验、分享直播心得的方式加强内容传播深度。

4. 直播营销效果分析

（1）数据分析概述。

数据分析是通过数据的形式把直播电商各方面情况反映出来，使运营者更加了解直播电商的运营情况，便于调整运营策略。

明确数据分析的目的，随着电商企业规模的不断扩大，管理数据日益复杂，运营者如果仅仅依赖于传统的管理手段已经很难适应现代化的电商企业管理。因此，为了实现现代化科学管理，实现对复杂化的管理数据的识别和分析，满足快速成长的需求，运营者就必须充分认识到数据分析对电商发展的重要性，重视数据分析的相关工作，提升数据分析的质量，保障数据的精准度。

①获取数据。

账号后台——在主播账号后台，通常会有直播数据统计，主播可以在直播过程中或直播结束后通过账号后台获得直播数据。

平台提供的数据分析工具——为了帮助商家更好地运营店铺，淘宝平台为商家提供了一些运营工具，如品牌数据银行、生意参谋、达摩盘等，这些工具也能为商家提供直播的相关数据。商家可以使用这些工具了解自己店铺的直播情况。

第三方数据分析工具——市场上有很多专门为用户提供直播数据分析的第三方数据分析工具，主播可以利用这些工具搜集自己需要的数据。

②整理和处理数据。

整理和处理数据是指将搜集来的数据进行排查、修正和加工，便于后续分析。通常来说，整理和处理数据包括两个环节，第一个环节是数据修正，第二个环节是数据计算。

③分析数据。

在完成数据的获取与处理工作后，接下来就要对数据进行分析。分析数据就是一个发现问题、分析问题和解决问题的过程。在某种程度上，分析数据是一种方法论。下面介绍常用的数据分析方法。

对比分析法——对比分析法又称比较分析法，是指将两个或两个以上的数据进行对比，并分析数据之间的差异，从而揭示其背后隐藏的规律。对比分析中包括同比、环比和定基比。

分类法——分类法是指将数据库中的数据项映射到某个特定的类别。它可以应用于用户分类、用户属性和特征分析、用户满意度分析、用户购买趋势预测分析等。例如，服装商家将用户按照对服装颜色的喜好分成不同的类别，这样客服就可以将宣传广告直接发送给有相关喜好的用户，从而大大增加成功销售的概率。

特殊事件分析法——直播数据出现异常可能与某个特殊事件有关，如淘宝直播首页或频道改版、主播变更直播标签、主播变更开播时间段等。因此主播在记录日常数据的同时，也要注意记录这些特殊事件，以便在直播数据出现异常时，找到异常数据与特殊事件之间的关系。

（2）数据分析的效果评估指标。

直播间数据分析的常用指标包括流量指标、互动指标和转化指标。下面以第三方数据分析工具蝉妈妈为例来介绍抖音直播间数据分析的常用指标。

①流量指标。

人气数据——包括累计观看人数、人气峰值、平均在线人数、累计点赞、"涨粉"人数、"转粉率"等。

在线人数和进场人数——包括累计观看人数、人气峰值和平均停留时长。

粉丝团人数——包括本场新增粉丝团、粉丝团增量峰值和峰值时间。

②互动指标。

直播间的互动越活跃，代表直播间出镜的主播与用户之间产生情感信任的概率越大。互动指标包括互动情况、关注情况和弹幕热词。

转化漏斗数据——包括累计观看人次、商品点击次数、商品销售量。

直播带货数据包括本场销售额、销量、客单价、上架商品、带货转化率和UV（用户人均）价值。直播间重中之重的数据就是销量和销售额。

（3）直播电商复盘及改进。

想要提高直播电商的转化率，最有效的方法就是进行直播复盘，而且是每一场直播都要进行复盘。直播数据是直播最真实情况的反映。关注的数据点有很多，商家需要从中挑出几个能反映整场甚至整月直播概况的数据源，来进行复盘分析。

开展流量指标的复盘及改进工作，流量指标复盘结果不佳的原因通常为以下两种情况：在线人数少和在线人数不稳定。

①在线人数少。

首先是在线人数和人气峰值少，直播间长期停留在100人以内的在线人数，可以判定为在线人数少，数量太少根本就没有变现盈利的可能。随着在线人数的增加，引流策略可以通过平台工具进行操作，但更主要的是受留存策略的影响。

②在线人数不稳定。

直播间的在线人数中老用户的比例是在线人数稳定的保障，因此要确保老用户能持续地回来看直播，增加用户的停留时长。可采取改进措施，如固定开播时间，让老用户养成观看习惯；强化直播预告，提高观看直播的新用户转化成老用户的概率；进行社群运营，运营人员通过私信的方式，组建粉丝社群，方便老用户。

③在线人数、进场人数对比。

通过直播间的在线人数和进场人数两种数据的对比，及时掌握直播间的观众流失情况，快速调整直播策略。例如在 9：32—9：48、10：02—10：56、11：14—11：44 这几个时间段，本场直播的在线人数是多于进场人数的，说明这几个时间段直播间的用户留存做得很好，但是在整场直播的大部分时间，进场人数都是多于在线人数的，说明直播间用户整体流失，需要及时复盘总结，优化直播策略。

（4）互动指标的复盘及改进。

①新用户互动量低。

直播间的新用户在进入直播间后，没有退出直播间，但是也没有参与评论互动，意味着新用户互动量低。可采取改进策略，如强化直播间运营人员的互动引导，让进入直播间的新用户可以快速参与互动；调整参与互动的方法，避免新用户不知道如何参与互动；连麦是与用户互动的有效技巧之一；利用福袋互动可提升直播间的人气和最终转化率。

②老用户互动量低。

老用户互动量低是指直播间的老用户回来观看后，大多没有参与评论互动。可采取改进策略，如尽可能多地收集老用户的反馈信息，可以通过直播时的评论、私信及客服收集问题等渠道；调整老用户的引流方式，避免吸引过多不喜欢互动的用户进入社群；积极引导直播间的老用户加群。主播要让老用户有一定的优越感与存在感，如给参与互动的老用户更多优惠。

（5）转化指标的复盘及改进。

转化率是考察主播带货能力的重要因素。转化率直接反映选品是否正确，如果直播电商转化率持续走低，且持续保持在1%以内，意味着选品和直播间的用户匹配度不高，需要进行调整。改进策略如下：

①商品调整：调整上架商品，适当上架引流款商品，让用户能够在直播间有获得感。

②价格调整：重新分析是否已经做好价格保护，或调整商品组合策略，进行差异化定价。

③转化策略调整：在活动策划上要强化互动的元素，不要让用户在直播间只"看戏"。

④商品的类目匹配：商品的性价比、价格要与目标人群相匹配。

流程五　社群营销与运营

（一）学习目标

学习目标如表 3-91 所示。

表 3-91 学习目标

知识目标	（1）了解社群的价值； （2）掌握社群的群成员结构及角色分工； （3）掌握社群的构建步骤； （4）了解群成员加群的主要动机； （5）掌握社群聚拢群成员的主要方法； （6）掌握社群分享的流程； （7）掌握社群讨论需要经历的三个阶段； （8）理解社群可通过哪些方式完成价值输出； （9）认识社群线下活动的必要性； （10）掌握线下活动的筹备流程； （11）了解线下活动的推广渠道； （12）掌握线下活动的宣传推广策略； （13）了解线下活动的现场操作注意事项； （14）掌握活动复盘的注意事项及要点
技能目标	（1）能够根据社群目标，构建一个社群； （2）能够在社群中进行人员分工； （3）能够合理地制定社群规则； （4）能够根据社群特点，设计聚拢群成员的方法； （5）能够提出培养群成员行为习惯的方案； （6）能够策划一次社群打卡活动； （7）能够完成社群福利内容的策划工作； （8）能够准确定位发红包的目的及方式； （9）能够对不同类型的社群策划相应的活动； （10）能够熟知社群线下活动的组织形式； （11）能够完成社群线下活动的嘉宾邀约； （12）能够进行社群线下活动的策划、宣传和实施； （13）能够进行线下活动复盘与总结
素质目标	（1）培养创新意识、创新精神，能够在社群商业模式方面提出自己新的观点； （2）具备网络信息搜集能力，能够在网上搜索有关社群营销的新知识； （3）具有创新意识、创新精神； （4）具有协同创新能力； （5）具备社会实践能力

（二）明确任务

完成流程一的媒体营销方案策划后，接下来就是针对该产品进行社群营销，完成社群方面的营销与推广。主要任务包括：社群平台选择与搭建、社群营销构思、社群营销方案制作、社群用户运营、社群线上活动策划与实施、社群线下活动策划与举办、社群营销活动的复盘总结等。

（三）获取资讯

了解本流程需要掌握的内容，包括营销渠道设计、整合营销传播策划、品牌危机公关处理等，首先需要收集相关资料。

☞引导问题 1：你喜欢哪个社群？你所关注的社群是怎样进行链接的？这个社群的价值输出是什么？

☞引导问题 2：根据社群性质，分析构成社群的基本要素。

☞引导问题 3：结合对品牌产品的了解，应该着重选择哪些节假日参加活动？选择推出什么样的活动类型？

☞引导问题 4：你关注的社群有哪些营销价值？社群的营销价值如何体现？你有什么好的想法和建议？

☞引导问题 5：你想建立一个什么类型的社群？社群针对哪一类人群？社群定位是什么？你觉得确定社群定位有没有必要？有哪些重要作用？

☞引导问题 6：社群结构的确定和社群的性质有关联吗？你想采用哪一种社群结构？你这样设置社群结构的合理性是什么？

（四）制订计划

制订计划如表 3-92 所示。

表 3-92　制订计划

序号	项目	任务明细	开始时间	完成时间	负责人	备注
1	社群营销认知	社群结构及要素分析				
		社群构建调研				
2	构建有效社群	社群定位构思				
		社群价值设计				
		制定社群规则				
3	社群用户运营	用户入群动机分析与引入				
		用户习惯设计				
		社群活跃度设计				
4	社群活动策划	社群线下活动策划				
		社群线下活动实施				
		社群线下活动复盘总结				
5	社群数据分析	社群数据分析				
		数据分析报告撰写				

（五）做出决策

（1）明确社群传播渠道，选择平台及营销工具；
（2）制定社群线上线下活动推广方案；
（3）团队商讨，制定适合的社群规则；
（4）团队商定，制订社群日常工作计划，落实责任到人。

（六）工作实施

1. 社群营销认知

任务交付 1：请从以下几方面分析一个你喜欢的社群，并填写表 3-93。

表 3-93　社群基本要素分析

研究目标	研究结果
社群名字	
喜欢原因	
本社群是用什么实现链接的	
你认为本社群有哪些有价值的输出	
你对这个社群不满意的地方有哪些	

任务交付 2：针对刚才你选择的社群，请分析它都从哪些方面带给你"四感"，并提出你的建议，填写表 3-94。

表 3-94 社群"四感"分析

研究目标	研究结果	
	你的感受	你认为可以改进的地方
仪式感		
参与感		
组织感		
归属感		

任务交付 3：请选择你常用的五个群（微信群、QQ 群等均可），根据社群的分类方法，对自己的这五个社群进行分类，并填写表 3-95。

表 3-95 社群分类分析

群名称	依托平台	社群分类

任务交付 4：请分析某个社群的营销价值及对你产生的影响，并填写表 3-96。

表 3-96 社群营销价值分析

研究目标	研究结果
社群名称	
营销价值分析	
其营销价值对你有哪些方面的影响	

任务交付 5：在校内进行调研，分析校园用户的网络行为特征、行为需求等，并填写表 3-97。

表 3-97 社群构建前目标用户调研

研究目标	研究结果
校园所属地区特点	
本校学生消费水平	
本校学生消费习惯	
本校学生喜欢去的网络平台/社群	
目标群体爱好	
……	

2. 构建有效社群

任务交付1：根据前期调研，共同讨论构建一个可以在校内运营的社群。要求本社群可以满足后续的日常运营、线上线下活动、商业变现等目标，并填写表3-98。

表3-98　社群定位

研究目标	研究结果	备注
社群名字		
社群目标分析		
社群目标人群		
目标人群在本群价值需求点分析		

任务交付2：对前期构思的社群进行具体设计，首先确定本社群建立的最核心的三个目标以及能给群成员提供的最好的三个输出价值，并填写表3-99。

表3-99　社群目标及价值分析

建立社群的目标	如何达到目标	备注
社群的输出价值	分析说明	备注

任务交付3：根据前面的社群构思，对社群工具进行具体设计，分析每一种交流工具的优劣势，根据社群特点，确定该社群使用哪一种工具，并填写表3-100。

表3-100　社群工具选择

工具名称	优势	劣势	群成员使用该工具的习惯
QQ			
微信			
……			
选择平台及原因			

任务交付4：根据前期构思的社群进行社群结构设置，说出设计的原因，并填写表3-101。

表3-101　社群结构设计

研究目标	研究结果
你想采用哪一种社群结构？为什么？	
画出你的社群结构图示	

任务交付5：对自己的社群进行具体实施设计，确定本社群的人员分工及工作职责，具体到执行的人员，并填写表3-102。

表3-102　社群成员分工

成员	工作职责	负责人	完成时间
创始人			
管理员			
参与者			
开拓者			
付费者			

任务交付6：对自己的社群进行群规则设计，并填写表3-103。

表3-103　群规则设计

研究目标	研究结果
引入规则	
入群规则	
交流规则	
分享规则	
……	

3. 社群用户运营

任务交付1：你社群的第一批用户来自哪里？至少写出三种用户来源，请分析用户加入群的动机，并填写表3-104。

表3-104　用户入群动机分析

研究目标	研究结果
目标人群定位	
第一批种子用户来自哪里	
用户加群动机分析	

任务交付2：策划一个线上或线下活动，吸引第一批用户，并填写表3-105。

表3-105　社群第一批种子用户招募活动

活动主题	
活动流程	
活动物料	
活动分工	
预期效果	

任务交付3：设计用户习惯的培养方案，并填写表3-106。

表 3-106　培养用户习惯实施要点

培养用户哪方面习惯	方法	如何实施

任务交付 4：根据自己创建的校园社群，分析社群性质、人员构成等，参照表 3-107，进行一次有意义的群分享活动，通过群分享。

表 3-107　活动背景分析

研究目标	研究结果
活动模式	□社群分享 □社群讨论
分享主题	
分享原因	
活动通知	
活动准备	准备事项
活动进行中	活动中的暖场、互动、控场的相关操作过程
活动结束	活动的收尾工作及活动经验总结

任务交付 5：根据所建社群设置打卡活动，打卡活动的目的有多种，在活动之初先明确开展这次打卡活动的目的。以打卡目的为前提，设置打卡主题，并填写表 3-108。

表 3-108　打卡主题活动设计

××社群打卡主题	
社群分析	
打卡活动目的	
打卡主题	
打卡形式	
××社群打卡运营措施	
设置门槛	
营造氛围	
坚持打卡人员的奖励	
……	

交付任务 6：根据自己所建社群，在群里发送红包前，想想发红包的目的不一样时，发送时间或情景是否一样，并填写表 3-109。

表 3-109　发红包目的

红包目的	发送时间/发送情境
活跃氛围	
新人报到	
活动结束	
激活成员	
宣布喜讯	
……	
发送红包类型	具体操作方法
红包接龙	
专项红包	
抢红包	
设置红包金额	
……	

　　任务交付 7：社群成立后，要有符合自己社群风格的群标识，运用所学知识和矢量图，设计简单大方的群标识，并填写表 3-110。

表 3-110　设计社群标识

研究目标	研究结果
社群类型	
社群特征	
社群标识表示	
社群标识含义	

　　任务交付 8：社群的建立需要有其独特的社群文化，根据所建或所选社群，分析打造社群文化，填写表 3-111。

表 3-111　打造社群文化

研究目标	研究结果
社群个性化标签	
社群价值观	
如何建立社群成员归属感	
社群正能量	

　　任务交付 9：实现社群变现。利用之前所建立的社群，通过商业化运营实现社群变现，制定社群变现策略，并填写表 3-112。

表 3-112 社群商业变现策略

研究目标	研究结果
社群名称	
社群用户特征	
社群变现方式	
社群变现策略与思路	
变现方法具体实施	

4. 社群活动策划

任务交付 1：制定线下活动策划方案。根据所选社群，策划社群线下活动，制作一份具体、可执行的策划方案，并填写表 3-113。

表 3-113 社群线下活动策划方案

研究目标	研究结果
社群名称	
活动主题	
活动时间	
活动地点	
活动嘉宾	
活动方式	
推广渠道	
效果预期	
成本估算	
……	

任务交付 2：制作活动推进表。根据策划方案组织人员分工，小组每个成员分到任务后要明确自己的任务职责。小组成员要全面分析每个活动环节需要在哪个时间段完成，制定活动推进表以明确任务完成节点，并填写活动推进表 3-114。

表 3-114 活动推进表

活动事项	执行时间	执行人员	备注

任务交付 3：制作活动流程表。前期准备活动完成后，小组设计活动现场流程表。活动现场的每个细节，哪个时间段做什么任务，一一罗列出来，并填写活动流程表 3-115。

表 3-115　活动流程表

时间	内容

任务交付 4：线下活动筹备，并填写表 3-116。

表 3-116　线下活动筹备表

嘉宾姓名	邀约方式	费用	邀请此人原因

场地名称	容纳人数	能够提供设备	费用	备注

任务交付 5：线下活动实施。线下活动完成后，团队共同完成活动实施报告，并填写表 3-117。

表 3-117　活动实施报告

研究目标	研究结果
活动整体执行情况	
活动现场回顾（照片）	
活动宣传情况	
费用使用情况	
其他	

任务交付 6：活动复盘总结。活动结束后，总结整场活动各个环节和执行情况，对整体活动进行全面复盘，并填写表 3-118。

表 3-118　活动复盘总结

研究目标	研究结果
活动目的	
执行情况	
活动亮点及成功经验	
活动中的不足及原因分析	
对后续活动的建议	

5. 社群数据分析

任务交付 1：用户活动数据统计分析，并填写表 3-119。

表 3-119　社群用户活动数据

研究目标	研究结果
活动 1	用户新增： 在线时长： 活跃用户数：
活动 2	用户新增： 在线时长： 活跃用户数：
活动 3	用户新增： 在线时长： 活跃用户数：
活动结果	
对后续活动的建议	

任务交付 2：社群数据分析报告，填写表 3-120。

表 3-120　社群数据分析报告

研究目标	研究结果
引言	主要包括分析背景、目的等
正文部分	地域分析
	用户人群特征分析
	用户需求分析
	用户满意度调查
	用户选择考虑因素
结尾部分	结论、建议

（七）评价反馈

评价说明：在本次任务完成后，由任课教师主导，采用学习过程评价与学习结果评价相结合的方式，综合运用自我评价、小组评价及教师评价三种方式进行评价。由教师确定三种评价方式分别占总成绩的比例，并加权计算出学生个人本次任务的考核评价分。任务完成考核评价表如表 3-121 所示。

表 3-121　任务完成考核评价表

流程名称		社群营销与运营	班级	
项目组			学生姓名	
评价方式	评价内容		分值	成绩
自我评价	负责任务的完成情况		20	
	对社群营销与运营知识和技能的掌握程度		40	
	是否胜任小组内的工作		25	
	能否积极认真负责地完成组内分配的任务		15	
	合计			
小组评价	本小组的本次任务完成质量		30	
	独立思考和创新能力		30	
	团队协作能力、沟通能力		20	
	团队学习意识强，理解能力好		20	
	合计			
教师评价	有完整的社群营销执行方案，并能获得较好的数据		15	
	有清晰合理的社群营销/平台推广预算		10	
	有明确的、完整的线上线下活动策划方案		10	
	进行社群运营数据分析，数据准确，能够为后期运营优化提供参考		10	
	进行用户细分管理，能够根据用户行为，实现精准互动营销		10	
	社群线下活动策划效果良好		15	
	针对社群活动推广进行复盘总结，提出改进建议		10	
	信息收集、分析、文字总结提炼能力，数据分析能力		10	
	团队的沟通协作情况，共同完成任务且分工明确		10	
	合计			
成绩=自我评价（　　）×0.2+小组评价（　　）×0.2+教师评价（　　）×0.6=				

（八）知识园地

1. 社群营销认知

（1）什么是社群？

社群：是有共同需求、共同爱好、共同挑战，因社交而凝聚起来的一群人，是一群有相互关系的人形成的网络。只有人和人之间产生交叉关系，有深入的情感链接，这样的一个群体才能被看作社群。

①社群的三大思维本质。

用社群作为平台凝聚粉丝与客户，并持续经营用户关系；

通过经营社群打造精神共同体与利益共同体，让社群自生长、自演进、自裂变；

持续提供个性化的服务与产品输出社群价值。

通过社群建立品牌与用户的情感链接，提升服务内涵、品牌格调，升华品牌精神，从而达到重构品牌思维。

②引流方法。

社群利用高质量的原创内容吸引用户：很多社群（或自媒体平台）在运营时不停地搬运已有的内容，这反而让用户对于原创、创新的内容更加渴望，更倾向于获取高质量的原创内容。

定期在社群内发放福利：社群建立最初，社群成员没有建立起情感链接，在社群内定期发放红包或者优惠券，能使成员逐渐活跃，有利于社群的良好发展。

转发免费领礼品：每个人的微信都会经常收到转发有奖、转发集赞超过××人返现或送精美礼物等信息，引导人们转发，进行信息的二次传播，引导用户加入微信群，这时候微信群就成了一个流量池。

利用短视频App引流：可以在美拍、抖音、快手等短视频App上定期定量上传与自己社群相关的内容或创建话题。

大平台原创账号引流：现阶段不止微信公众号上可以发布软文，其他各个平台顺应趋势，相继推出内容计划，进行内容引流，发布内容可在各大平台获得相应的搜索引擎权重，如简书、百家号、大鱼号、企鹅号、搜狐号、头条号等。

（2）社群中的链接。

①产品链接——以一款或一类产品为链接点，聚集在一起的用户；

②情感链接——因为情感聚集在一起的用户；

③兴趣链接——以一个共同的喜好/兴趣为链接点，汇集在一起的人们；

④标签链接——标签是一种很容易被识别、让人很容易记住的符号；

⑤空间链接——根据字面意思可以理解为因为所在相同空间而聚集在一起的人们。

（3）社群输出方式。

社群常见的输出方式有UGC、PGC、OGC。

用户输出内容（User Generated Content，UGC）主要是通过激励用户生产内容，形成社群氛围，任何一个用户都可以在平台上创造内容，供别人分享。

专业人士输出内容（Professionally Generated Content，PGC），从根本上对内容制造者进行了筛选，即它首先保证了内容的"优质"，主要通过专业人士生产内容，供用户浏览。

职业生产内容（Occupationally Generated Content，OGC），主要通过具有一定知识和专业背景的行业人士生产内容，并且这些内容生产者会领取相应的报酬。

UGC和OGC一般没有交集。

UGC和PGC的区别：有无专业的学识、资质，PGC模式的内容生产者在所共享内容的领域具有一定的知识背景和工作资历。

PGC和OGC的区别：以是否领取相应报酬作为分界，PGC模式的作者往往是出于"爱好"，义务贡献自己的知识，形成内容；而OGC是以职业为前提，其创作属于职业行为。

（4）社群的价值输出。

社群的运营过程很重要的一点就是要有稳定的输出，有输出才能吸引更多观点一致的人，输出的方式可以是PGC，也可以是UGC。

干货——每个用户群的痛点、需求点不一样，根据这个做出一套知识体系，然后不断输出这种干货，这是非常重要的。

知识——通过直接输出的方式实现，还有一种方式是咨询答疑，在社群中通过像专家咨询一样以一问一答的方式解决用户问题。

(5) 社群运营的"四感"。

①仪式感：入群要申请，行为要接受奖惩；

②参与感：通过有组织的话题或主题讨论、分享等，保证群内有事做、有话说、有收获的社群质量；

③组织感：通过对某活动的策划实施，保证社群行动力、执行力；

④归属感：通过举办线上线下的讨论、分享、活动等，增加社群凝聚力。

(6) 社群的分类。

①产品型社群。

在商业社会里，产品始终是第一位的。产品功能以及粉丝需求之间的持续性连接是构成社群的核心点。同时，优秀的产品能够为企业吸引更多的用户和粉丝群体，基于这个群体往往还可以开展更多业务，实现利润的倍增。

②兴趣类社群。

基于兴趣而创建的社群，通过虚拟网络，由一群具有相同爱好或感兴趣的人组成。社群成员通过网络进行互动交流，找到一群能够产生情感或行为习惯上共鸣的伙伴，实现了人与人之间的自由契合。

③品牌型社群。

品牌社群是一种新的品牌营销模式，是由 Muniz 和 O'Guinn 提出的，反映的是以某一品牌为中心的社会集合体，强调的是基于对某一品牌的使用、情感和联系而形成的消费者与消费者之间的关系。

④知识型社群。

从狭义上讲，是指透过互动机制，如讨论区、留言板、聊天室、公布栏等共同创造知识、分享知识的企业团体。从广义上讲，是指以学习知识为主要动机的社群，它提供高质量的文字、视频、分享会、课程、参观等形式的知识内容。

(7) 社群营销的概念。

社群营销是以互联技术为支撑，以社交媒体为载体，突破了以往的职业、地理位置等限制，使用户可以根据共同的兴趣爱好或共同的利益需求搭建互联网社区，以用户之间的相互信任为核心，构建社群消费和服务场景，注重人际传播，充分发挥意见领袖作用，口碑效应明显，是一种多级传播、垂直运营的营销平台。其实简单来说就是一群有相同兴趣的人聚集在一起。

社群营销的特点包括：弱中心化、互动性强、情感营销、自行运转等。

社群营销相比其他营销方式成本较低。在社群中，每一个群成员既是购买者，也是传播者。只要企业的产品过硬，运营得当，社群裂变所产生的营销效果就会巨大。

传播速度快，传播范围广。假设群内有 500 人，一个人朋友圈有 100 人，每个人转发一次产品文章，那么该文章的曝光量为 5 万，因此社群最大的优势便是传播速度及范围。

社群营销用户精准。社群里面聚集的都是有着共同需求的用户，针对性极强，每一个用户都是精准用户。

沟通畅快，减少投诉等不良沟通。当群成员购买的产品或服务出现问题时，第一时间通过社群来为他们解决，一方面反应迅速容易获得群成员认可，另一方面也会给其他群成员看到商家的服务,从而获得更多关注。

沉淀用户粉丝。传统的生意模式,卖家和买家之间关系单一,除非客户想退货,或者有质量问题,客户才会找到卖家。但采用社群营销,把用过产品的人的联系方式都沉淀到微信群里或其他的社交工具中,当你有新的产品推出后,随时推广,这些群成员都有可能再次购买。

社群营销的价值在于:感受品牌温度、刺激产品销售、维护客户黏性等。

2. 构建有效社群

(1) 分析社群价值。

建立社群的目的,如表 3-122 所示。

表 3-122 建群目的分析表

建立社群的目的	说明
销售产品	销售产品,获取盈利
提供服务	服务客户、维护客户关系、挖掘潜在客户
拓展人脉	形成自己的人脉圈
成长提升	一起学习和分享
打造品牌	打造品牌,树影响力

(2) 社群构建步骤。

①社群人群定位如图 3-10 所示。

图 3-10 社群人群定位

②引流吸粉,确定群结构。

a. 从自己身边的朋友入手,让他们帮忙推荐;

b. 利用各种社交平台发软文广告,在社区贴海报、做活动等线上线下双重吸粉;

c. 挑选活跃用户参与反馈,以此增粉和聚集人气。

③价值输出如图 3-11 所示。

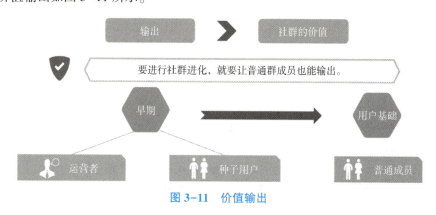

图 3-11 价值输出

④社群运营。

社群运营核心工作主要包括内容生产、活动策划、新媒体运营及客户服务等。

⑤优化迭代。

需要不断地丰富内容、丰富服务，然后结合用户需求增加新的服务、卖点等。而且要每隔一个周期形成固定模式的优化迭代。

⑥分化群规模。

要在保证社群质量的前提下适当扩大群规模。社群需要可持续性发展，能够孵化复制出新的社群，甚至能够进行迭代。

（3）社群结构设计。

①金字塔形结构。

社群中的人员组织像金字塔一样，金字塔顶端的人群属于高势能人群，一般是群的创始人、管理人、意见领袖、活跃用户、潜水用户等。金字塔类型的社群，一般是教育类社群、培训类社群、咨询类社群等以学习功能为主的社群。

优点——因为金字塔上层的人物自带光环，属于同行业间的佼佼者，并且拥有高于普通成员的能量，具有权威性，所以很容易得到成员们的认同，平时管理社群比较轻松。

缺点——金字塔形结构的社群基本需要塔顶人物持续投入精力去打造和维护社群，做价值输出。一旦灵魂人物没有足够的精力关注社群或这个人物离开了，这个群的活跃度就会迅速衰减，甚至灭亡。

②环形结构。

环形结构社群的特点是群成员之间的能量平等且互相影响，没有太强烈的跟随关系。一般出现在兴趣群、爱好群、情感交流群或商业合作群等以兴趣爱好为主的社群。

优点——环形结构的社群相对稳定，不容易灭亡，每个人平时不需要投入太多的时间和精力去维护社群，某个意见领袖或管理员离开的时候，也可以暂时由另一位代替，不影响社群的正常运转。

缺点——环形结构的社群，没有很强的向心力。此外，因为社群中多个人具备影响力，很容易形成自己的小圈子，如果管理不当，有可能后期会造成社群分裂。

（4）社群的成员结构及角色分工。

一般情况下，社群里包括：创建者、管理员、参与者、潜力发掘者、分化者、合伙人、付费者等角色，角色划分及职责需要根据社群定位及运营团队设定。

（5）社群的规则制定。

群规是为了保证后续社群能够有序运营制定的规则，也是社群运营的基础。社群的最高境界是全民自治，现实中这很难实现，需要建立在高度磨合、默契之上。因此，要长期维护社群，进一步扩大规模，群规是非常必要的。

引入规则：邀请制、任务制、付费制、申请制、举荐制等。

入群规则：社群的系列化命名和视觉统一、用好群公告告知入群须知、破冰互相认识等。

交流规则：小窗提醒、公开提醒晒群规、私下警告、直接移除等。

分享规则：领袖主导制、嘉宾空降制、轮换上台制、经验总结制等。

淘汰规则：人员定额制、犯规剔除制、积分淘汰制、成果淘汰制等。

3. 社群用户运营

（1）用户入群动机分析如表3-123所示。

表3-123 用户入群动机分析

加群动机	说明
联络的需要	同事、老乡、同学、家人保持联系
工作的需要	对内信息通报，对外客户服务
交友的需要	找到同行、同好、同城等
学习的需要	寻找比自己更专业的人的帮助
宣传的需要	加入群是为了宣传自己的产品或服务
生活的需要	吃饭、聚会、旅游的一个圈子

（2）培养用户习惯。

进入下意识——人类进行习惯行为时，大脑是基本不思考的，因为这件事没有重新"写入"大脑的必要，习惯是一种下意识动作。根据习惯特性，可以将培养用户下意识的习惯运用到社群运营方法中。

心理暗示力——要给用户心理上的暗示，只要你让他们认为你的产品是最好的，他们自然会优先选择使用你的产品，最终形成习惯。

用鼓励去刺激"习惯"——要让用户养成使用某种产品或关注某个品牌的习惯，要让用户知道习惯能够让用户获得某种回报。这可以是精神回报，也可以是物质回报，例如每日签到礼、每日登录有礼、发帖回复奖励等机制。

借助固定的活动培养用户习惯——例如，每年的"618""双十一"各大电商平台都会举办大促活动，长此以往，用户每年都会在这个时候提前关注。企业对于某些效果不错的活动，应该形成固定的举办周期，培养用户习惯。

（3）促进社群活跃。

①社群分享。

价值对于社群营销来说是第一位的。社群对群成员来说，核心价值是高效的沟通和互动讨论，而群分享是提高社群活跃度的有效方式。要做一次成功的分享，需要考虑以下环节：

确定分享模式——语音分享、微信群私密分享、纯文字分享和视频、音频直播/录播分享。

提前准备——邀约分享者，并要求分享者针对此次话题准备相关的资料。

活动通知——提前3~7天在群里多发布几次消息，提醒群员按时参加。

维护群内秩序——在每次分享开场前都需要提示。

提前活跃群内气氛——提前打开群禁言或者主动在社群讲一些轻松的话题，引导大家上线。

场内互动——分享者或话题主持人要提前设置互动诱导点，而且要有足够的耐心等待别人录入文字。

分享总结——引导大家对此次分享做出总结，甚至鼓励群员可通过一些社交软件分享自己的心得体会。

赠送福利——对总结出彩的朋友、用心参与的朋友可以赠送各种小福利。

②社群打卡。

社群打卡是社群中的成员为了养成某一个习惯所采取的某一种行为。一方面能够让用户形成习惯，能随时掌握用户的活跃数据，另一方面可以帮助筛选用户，形成一种竞争的氛围。

③红包福利。

发红包的目的：活跃气氛、新人报到、激活成员、宣布喜讯、发小广告；

发红包的方法：红包接龙、专项红包、抢红包、设置红包金额；

玩转红包的建议：要师出有名，要足够大，还可以发定向包，启动红包无敌连接模式，在正确的时间发红包效果会最大化，巧设规则会让红包成为激励的武器。

④社群福利。

结合社群价值及社群用户需求情况分析，为社群内粉丝设定包含实物产品、知识课程、荣誉头衔、积分虚拟等类别的福利，提升社群活跃度，引导用户参与及转化。

（4）打造社群品牌。

①设计社群标识。

可以将社群标识理解为社群标签，这些标签能够彰显社群的独特性，也能够提升社群的辨识度。社群标识具有辨识度的同时，也要具有内涵。在设计社群标识时，需要紧贴社群定位，挖掘自身独特的标签属性，并将之打造为标识。正如大多数品牌、产品都有自己的Logo一样，社群也需要拥有专属的Logo，并将之作为社群头像和社群活动时的"勋章"。

尽量使用矢量图——矢量就是由线条和色块组成的图案。之所以要尽量使用矢量图，就是因为在缩放时，矢量图可以实现无损。

结合品牌Logo——结合品牌Logo，对其进行改造，使其在适应社群品牌化需要的同时，也能够与品牌产生关联。一般而言，"萌化"是比较常用的改造方法。

②培养社群文化。

打造社群个性化标签：建立的社群是什么样的风格？是搞笑幽默的、热闹的还是逻辑的、情怀的？确定社群个性化标签，后续才可以以此为核心，展开宣传拉新等活动，但标签不能是单一的，而应是多元的。

确定社群的价值观：社群必须树立正确的价值观，要让社群成员知道哪些问题如何解决、哪些是倡导的、哪些问题是违背社群理念的，这样才能明确该社群的价值。

传递正能量：和一个思想积极乐观的人在一起，会让人感觉舒服快乐，对于社群也是一样，正能量好比阳光，明媚的阳光总能让群员感觉到舒心温暖。

建立社群归属感：社群活动应尽量让全员都能够参与进来，通过大大小小的活动为成员营造舒服的社群气氛；同时，通过举办活动吸引进来的新成员产生新鲜的内容来刺激老用户回应，让老用户不断制造话题来激发新成员的参与感，从而建立成员对该社群的归属感。

（5）社群变现。

①社群商业价值。

社群商业变现，是社群商业化运营发展的终极目标，也是社群形成商业闭环的关键环节。所谓的社群变现，就是将社群的凝聚力、向心力、购买力等无形资产转化成运营者想要的价值。

社群虽然不是互联网时代的新兴产物，但随着移动互联网的普及，社群突破了地域和时间限制，社群的传播速度和效果也有了进一步的跃升。我们可以用产品吸引用户，用用户吸引用户，构建起自己的社群，通过社群运营和引导将产品销售给用户。

自带营销属性：用户会在社群中对产品或品牌进行评论、分享，通过社会化媒体进行口碑传播，加之朋友间的信任背书，更能传递品牌价值，从而形成自动营销。

具备双向沟通功能：商家可以通过移动互联网快速触及目标受众，同时普通大众也可以快速接触商家。而社群则成为商家与用户接触最短和最有效的路径。社群是基于网络的双向沟通模式，用户可以快速将产品和对企业的建议反馈给企业，企业也可以快速将产品上新、优惠等信息触达消费者，实现双向价值传输。

具备高效传播属性：随着微信、微博、抖音等工具的出现，人人都是自媒体的时代真的到来了，通过社群，信息的传播形态以裂变的形式展开，社群成了最为高效的传播工具之一。

②商业变现形式。

产品变现：社群作为产品的一个销售渠道或平台，通过社群进行产品销售。包含网红社群电商模式、自媒体电商模式、直接商品售卖模式、专属订阅模式等。

会员费变现：社群成员必须向社群支付一定的费用，才能加入社群、参与社群活动、享受社群服务等。收取会员费属于较为主流的社群变现形式之一，这类社群主要通过为社群成员提供持续的服务和高价值内容输出，让社群成员对社群产生黏性，进而产生持续消费。

广告变现：社群自带媒体属性，因此也是很好的广告投放渠道。媒体通过广告投放来盈利也无可厚非。

用户打赏变现：通过撰写软文可以让阅读者进行打赏。微信端开通线上赞赏功能，不过该赞赏有两大缺点：非强制性与金额有限。每天收到的赞赏金额不能超过5万元。

产品众筹变现：众筹是社群经济中最好的商业模式，社群最大的特点就是，拥有广泛的粉丝群体。通过众筹，让社群中有想法的粉丝参与进来，从而提高社群的价值，帮助社群粉丝实现利益的最大化，帮助社群粉丝的项目和产品众筹到位。

③商业变现要素。

想要进行社群商业变现，就需要想清楚目标用户的需求是什么，企业通过哪些方式能够满足用户的需求，目标用户为何加入你的社群，用户进入社群后能得到什么样的满足。

提供的就是解决用户的需求产品：需求决定一切。要实现社群商业变现，先从用户最基本的需求开始，将用户的需求转化成一系列有规划的内容产品。

进行等价交换：社群的运营者不仅要为他们提供相应的产品或服务，还要为他们创造价值。如果你想让其成为你的粉丝，并成为社群忠实粉丝，就需要对用户进行深入了解。

打造核心内容：如果能够将自己的社群打造成为社群成员愿意给身边人分享的社群，对于社群实现商业变现的好处可想而知。因此对于社群运营者而言，就需要打造出让社群成员愿意分享的内容。

营造社群对等的关系：平等的意思是社群的组建者、运营者与社群成员之间是平等的，而不是宣教式的。让用户对社群产生信任，倾听社群成员声音。

让用户进行口碑宣传：客户见证是最强大的销售工具，社群成员是社群产品、服务的最终受益者，他们的正面声音往往是最能体现社群价值的声音。

4. 社群活动运营

（1）线下活动策划与筹备。

线下活动有助于黏合社群，增强参与感，以真实的个体打破地域、阶层的隔阂，从而产生兴趣、知识、行动上的真实联系，让虚拟环境中的人之间情感更紧密、更真实。线下活动可以集中发挥社群中知识的作用，消除社群内部信息的不对称现象，吸引更多社群新人参与进来，增加归属感和认同感。线下活动也是一场公关营销。它为公关传播提供素材，为营销提供机会，是品牌提高知名度和信誉度的常用手段，如果线下活动办得火爆，还可以反哺线上社群。

①活动策划流程。

首先，明确活动背景、活动目的及意义、活动主题、活动时间、活动地点、活动对象、活动内容、活动流程、主要流程介绍、活动规则、推广渠道、活动预算、预期效果等内容模块。参照表3-124，制作活动推进时间表。

表 3-124 活动推进时间表示例

内容	完成时间	负责单位	备注
制订计划书，协商具体的活动细节	3月1日	社区服务中心	
制作海报	3月1日	社区服务中心	
粘贴海报		管理处	
招募活动参与者	3月5日	管理处	
社工访谈发言者	3月13日	社区服务中心	
招募志愿者	3月13日	管理处、居委会	
制作PPT	3月7日	社区服务中心	
联系宠物专家	3月9日	管理处、社区服务中心	
联系"狗狗表演秀"的表演者	3月9日	管理处、社区服务中心	
确定出席领导	3月16日	工作站	
联系媒体	3月16日		

其次，制作活动执行推进表，包括以下几个方面：

确定活动场地：要考虑场地的交通、星级、档期、容纳人数、环境等。

邀请嘉宾：嘉宾是活动的灵魂，需要筹备人员不断筛选与沟通。

制作活动页面：确定文案后，与设计人员沟通需求及时间节点，可以提前找参考素材以减少沟通成本；确保活动页面信息能够准时制作完成。

设计制作物料：活动现场需要X展架、横幅、海报等宣传物料，应提前确定好尺寸、风格图案等，并跟踪设计及制作公司的设计与制作情况。

最后，策划现场活动流程，可参照图3-12。

②线下活动嘉宾邀约。

一个活动的嘉宾或演讲者，不仅是吸引参与者的重要因素、生动的营销材料，还构成

01	02	03	04	05
活动目的	活动时间地点	活动流程	物料、礼品清单	活动应急预案
简单描述活动，并说明本次活动目的。	工作人员一般要在活动正式开始时间前1~2小时到场，熟悉场地环境，准备各自负责物料和奖品。	活动流程表根据活动环节安排而定，从开始到结束每项工作分配到个人。	逐项把活动所有需要用到的物料和礼品种类、数量注明，并备注各物品在活动执行中出现在哪个环节、什么地点。	线下活动体现一个平台的品牌和服务质量，而且和用户直接接触，你永远不知道现场会有多少种突发状况等着你去解决，一旦处理不好很可能直接失去用户，并影响品牌形象。

图3-12　现场活动流程策划

了活动基调。所以，寻找合适的活动嘉宾很重要。在寻找活动嘉宾之前，要做好以下三点：

a. 明确重要的活动信息。

时间与地点：确定活动时间、地点之后，才能开始寻找嘉宾，以便确定相应的日程安排。

活动目的：活动想要达到的目的要明确。根据活动目的，创建活动主题，寻找与活动形象相符合的嘉宾。

收集参与者的活动目的：深入发掘参与者的活动目的，通过对目的细分，可以帮助活动组织者更好地了解参与者的口味，精确选择活动嘉宾。

b. 选择嘉宾。

声誉良好；

与活动主题切合。

c. 邀约嘉宾的渠道。

社群成员：在群里观察，看到有一些比较能分享的群友，约他们做一次分享。

朋友介绍：寻问朋友有没有合适的人推荐，让可靠的朋友推荐，是比较合适的。

网上大V：可以通过知乎、微博、微信等找到你想要找的人。

（2）线下活动实施与总结。

当一场线下活动的策划及基本的准备工作都完成以后，就到了最为考验运营人员执行力的时候——活动宣传。活动宣传首先要明确该活动开展的目的和背景、参会人员的特点和痛点，从而确定整体传播策略，之后可以按照流程进行活动的实施。

①活动营销植入。

活动营销植入包括内容植入、游戏植入、视频植入、主题植入等。

②活动营销宣传。

官网推广：利用企业官方网站进行推广活动，一种方式是可以在站内最显眼的区域，另一种方式是在用户关注网站最高板块添加活动引导信息，达到快速吸引用户关注活动的目的。

官方媒体：现在公司、产品、团体、组织都会建立自己的官方媒体账号，如官方头条、抖音、微博、微信等。企业官微可以加蓝V。

EDM邮件宣传：整理好用户的邮件信息，可以通过发送邮件的方式告知用户群体。

论坛发帖宣传：在线上垂直行业的论坛进行发帖，做活动推广；如果是在线下门店做活动，还需要去所在地区论坛发布消息。

垂直社群推广：制作活动海报发到图片社交网站。

③活动现场实施。

提前布置活动现场——再次对场地周围的交通线路等进行考察。

与嘉宾沟通——活动前一两天需要再次与嘉宾逐一进行接待安排及到场时间确认。

签到——既可以查看到场情况，又是进行有效信息收集的好机会。

执行活动流程——活动开始后就需要按照活动流程依次进行。

针对内部人员问题，需要在活动实施之前提前建立一个活动执行微信群，当现场出现突发情况时，可以在群内及时通报。针对用户问题，在用户签到阶段，签到负责人要及时联系尚未到达的用户，询问未准时到达原因并标记清楚，并对最终到场人数做出预估。一旦出现人数不足的情况，要及时通知总负责人，评估是否会影响后续活动环节。在活动流程有变的情况下，总负责人应趁主持人间歇的时间，快速通知主持人活动变更情况，以便主持人能够临场应对，并通知其他执行人员。

④活动的复盘与总结。

活动复盘主要考虑：回顾当初制定的活动目标是什么，对照设定的目标查看执行结果是否达标，详细分析成功或失败的原因。总结经验，整理好的方法、规律，用于下一次活动。

活动总结包括：活动效果、活动创意、筹备过程、活动宣传、活动执行过程等。

⑤新闻稿的投放。

进一步扩大活动的影响，提高品牌知名度，为下次的活动打好基础。新闻稿可以是针对社群内部人员的活动现场报道与总结，也可以是针对社会大众的新闻通稿。

5. 社群数据分析

新媒体营销数据分析是企业为更好地了解营销的质量、预测营销的方向、控制营销的成本及评估营销方案而进行的基于新媒体平台的数据分析工作。新媒体营销数据分析可以帮助企业了解新媒体营销质量，诊断问题；帮助企业预测新媒体营销风险，规避风险；帮助企业控制新媒体营销成本，提高效率；帮助企业评估新媒体营销方案，优化流程。新媒体营销数据分析主要包括用户数据分析、内容数据分析和活动数据分析。

（1）用户数据分析。

新媒体中的用户数据分析是指企业通过各新媒体平台获取用户的相关数据，对数据进行统计、分析，从中发现用户的行为规律，并将这些规律与新媒体营销方案相结合，为修正或重新制定新媒体营销方案提供依据的过程。新媒体中的用户数据分析的主要工作内容有用户需求分析、用户行为分析。

①用户需求分析。

在开展用户需求分析时，分析人员需要了解用户的分类及深入挖掘用户的需求。结合用户的分类挖掘用户的心理需求。

用户可以划分为以下几种：

迷茫型用户：不知道自己的需求是什么。

问题型用户：知道自己的需求，并在寻找满足需求的方法。

搜导型用户：知道自己的需求和满足需求的方法，但不知道自己该用什么产品。

搜寻型用户：知道自己该买什么品牌的产品，但不知道该品牌是否值得信赖。

决策型用户：知道自己该买哪个品牌，也知道现在就要买，但是缺乏决策力。

企业可针对不同类型用户的心理，挖掘其心理需求，有针对性地开展营销活动。

②用户需求的挖掘。

用户需求有时不易察觉，需要企业对用户需求进行挖掘。用户需求挖掘一般可以从两个角度进行：外部渠道，如通过用户反馈调研、用户搜索行为、同行分析、市场行业资讯、反馈调研等方式来挖掘；内部渠道，如通过产品数据分析、领导沟通、亲朋好友沟通交流、自己使用产品等方式来挖掘。

③用户行为分析。

用户行为分析是通过对用户行为进行监测所获得的数据进行分析，可以使企业更加详细、清楚地了解用户的访问及消费行为，从而使营销活动更加精准、有效，提高业务转化率。

常用的新媒体用户行为分析的方法有以下几种：

行为事件分析：即研究用户的行为对营销目标是否有影响及影响程度。

页面点击分析：即通过可视化热力图、固定埋点来分析平台存在的复杂交互逻辑。

用户行为路径分析：即明确用户的现存路径有哪些，发现路径问题或优化用户行为，让用户沿着最优访问路径前进。企业应结合业务场景需求进行前端的布局调整。

漏斗模型分析：即分析一个事件环节从最开始到最终转化成购买行为的整个流程中的一个个子环节及相邻环节的转化率。

用户健康度分析：是基于用户行为综合数据进行分析的核心指标，可体现产品的营销情况，对产品的发展进行预警。

用户画像分析：即分析根据用户属性、用户偏好、生活习惯、用户行为等信息而抽象出来的标签化用户模型。

（2）内容数据分析。

新媒体中的内容数据分析是指对内容营销的数据表现进行分析。通过内容数据分析，企业能够及时、有效地提高内容创作质量和分发效率。

①内容数据分析的作用。

比较多渠道、多内容的投放效果：企业将相同的内容投放于不同渠道，可以通过数据分析出每个渠道的推荐量和阅读量，以此判断目标用户较集中的渠道；将不同的内容投放于相同的渠道，可以了解目标用户对内容的偏好，以便更集中地输出和优化内容，增强用户黏性。

找到内容表现不佳的原因，及时调整、优化内容：企业通过数据对比，可以发现内容策划、制作与发布的问题，并查找其原因，如标题不醒目、图片没吸引力、内容不够优质、目标用户在此平台不够活跃等。找到原因后，企业可以有针对性地、及时地调整和优化内容。

②内容数据分析的主要内容。

内容营销数据主要有四类，内容数据分析主要针对这四类数据进行分析。

展示数据：展示数据能给内容营销人员比较直观的效果反馈，可以看到展示内容被点击、查阅的情况，包括覆盖人群、推荐量、阅读量、页面停留时长、阅读次数等。

转化数据：属于投入与回报数据，用于判断营销数据内容是否能够促进用户的转化，包括页面广告的点击次数、付费人数、付费金额等。

传播数据：属于分享数据，表明内容的质量、趣味性等特征，包括内容转发量、传播量等。

渠道数据：用来衡量渠道投放质量、效果的数据，包括多个平台的阅读量、分享量、点赞数、留言数、渠道销售额等。

（3）活动数据分析。

活动数据分析是指企业收集活动数据并进行分析，提取有用信息并形成结论，为活动过程控制和复盘提供依据。企业在进行活动数据分析之前，首先要收集和获取数据，应尽量保证数据的完整性、真实性和准确性，同时要做好数据的预处理工作，以便量化分析工作的开展。

活动数据分析的主要过程包括梳理活动流程、筛选主指标、设定判断标准、寻找影响活动结果的过程因素。

梳理活动流程能够清晰地展现活动各个环节的内在逻辑，是对活动数据分析的第一步。

筛选主指标时一般采用主指标加上一或两个副指标的组合，主指标越高越好，副指标应不低于或不高于某个水平值。以"拉新"活动为例，主指标是新注册用户数，如果活动目的是提高新用户留存率，副指标则应为7日内留存率。

设定判断标准有三个基本思路：一是从整体结果出发，看总量，例如，在"拉新"活动中，新增用户数比同期未开展活动时多了5万，该指标即可作为活动成效的判断标准；二是同过往活动对比，看效率，例如，以前开展的拉新活动的成本一般为100元/人，此次"拉新"活动的成本则不能超过此标准；三是同未参与活动的用户对比，看差异，例如，参与活动的用户与未参与活动的用户相比，新注册用户数、留存率是否提高，提高的量可以作为活动成效的判断标准。

情境四　新电商品牌打造

导论　情境描述

（一）学习情境

梳理产品固有的特性、独特的优点、竞争优势等，与目标市场的特性、需求、欲望等结合考虑，分析产品市场占有情况及发展趋势，得出适合的产品定位、品牌定位；能够依据分析结果，设计适合目标群体认同的品牌名；根据产品特性（地理、名人等优势），创作品牌故事，增强用户熟悉度。

根据前期进行品牌现状分析及品牌定位的相关内容，进行下一步品牌形象设计（品牌Logo、品牌 IP 形象、品牌五感设计等）；品牌形象设计要结合产品固有的特性、独特的优点、竞争优势等，突出企业品牌优势。梳理项目产品市场需求，进行产品开发，结合产品固有的特性、独特的优点、竞争优势等，进行产品定位、卖点提炼等；根据对项目产品的市场分析，进行产品形象相关设计（产品 Logo、包装设计、定价设计、H5 设计、短视频设计等），要突出该品牌产品的优势。

通过对营销环境分析、产品分析、目标市场分析，选择适合的媒体渠道进行营销；确定推广目标以及营销组合策略，以及营销预算和相关岗位职责；结合品牌定位及产品定位，制定出适合的媒体推广方案；根据以往媒体平台出现的突发事故以及品牌过往经验，制定科学的品牌危机公关处理方案。

（二）角色能力

本情境的角色划分主要围绕电商项目网店运营设定，需要确定市场调研、产品经理、品牌设计、品牌推广、质量控制等角色。本阶段设置角色及明确职责后，贯穿整个项目实施过程，与后期情境中设置的角色叠加，角色对应人员需要持续围绕职责开展工作，在不同的情境流程下带领团队成员完成阶段任务，直到最后结项进行项目总结及考核答辩。岗位划分及岗位职责如表 4-1 所示。

表 4-1　岗位划分及岗位职责

序号	岗位	岗位职责（典型工作任务）
1	市场调研	（1）制订市场调研计划，组织策划市场调研项目； （2）市场调研、竞品分析、用户需求征集等工作，完成产品可行性调研并组织立项； （3）输出相应的产品策略，例如卖点整理、定位定价、整合各销售渠道上新节奏等，并收集、整理、归档产品资料； （4）从用户及消费者的体验出发，深度挖掘产品特点，深度参与产品策划、销售策划、营销策划； （5）收集各类市场情报及相关行业政策与信息； （6）具备一定的市场洞察力、较强的业务思维和数据思维；具备较强的系统设计能力； （7）对用户反馈的业务诉求及时响应处理，能依市场情况及时调整产品的开发进程； （8）善于总结思考，具备较强的业务推动能力，具备策划能力和较强的文字功底； （9）积极主动、细致专注、责任心强，推崇高效的工作方式，能承受较大的工作压力
2	产品经理	（1）制订竞争对手、行业信息和产品信息等市场调研计划，全面开展市场调研工作； （2）根据市场调研情况，设定产品的目标，进行产品的定位； （3）制订产品的开发和管理计划； （4）制订产品的营销计划，进行产品的选型； （5）策划、组织市场活动，安排产品宣传，并反馈总结所有产品市场信息； （6）策划新品上市和已有产品的更新换代，包括：计划的制定、实施，宣传文章的撰写及活动的策划、实施； （7）工作态度认真，能在较大的压力下保持良好工作状态，作风踏实严谨
3	品牌设计	（1）品牌 CI 设计、企业与品牌识别设计、线上线下包装设计等； （2）负责公司的形象设计、产品宣传设计、公司对外宣传活动的设计； （3）负责为日常运营活动及功能维护提供美术支持，包括 H5 视觉、海报等； （4）参与作品的定位、定向、定风格的研究； （5）与市场部沟通了解需求，配合品牌推广、活动策划完成设计制作； （6）负责商品图片制作、后期处理及上传，整体把握品牌视觉效果； （7）有良好的创意思维和理解能力； （8）有较强的团队协作精神，有责任心，注重细节
4	品牌推广	（1）关注行业动向、国内外品牌发展趋势、竞争品牌的市场表现，提出产品改进建议； （2）负责产品开发前期调研、新品定位及概念设定，确定新品规划和立项； （3）挖掘产品的亮点与卖点，使产品描述实现多样化、内容化、品牌化； （4）根据市场需要进行线上平台及线下市场推广活动的策划并制定具体活动方案； （5）制作并完善产品手册、宣传折页、海报、销售支持材料等； （6）熟悉品牌推广以及运作流程、促销活动的策划及操作流程； （7）能够独立组织制定市场规划、市场销售策略、产品拓展等工作； （8）有创意，思维活跃，能够独立构建完整的产品品牌、项目推广计划； （9）熟悉线下活动流程，能够有效协调兄弟部门组织实施活动计划； （10）组织协调、表达能力出众，能够有效利用资源保证活动的正常开展
5	质量控制	（1）根据整体质量状况组织质量控制方案，监控产品全程质量（索赔、归还、监控等）； （2）参与制定项目质量管理的各项制度和标准并监督执行； （3）制定产品质量检验标准、产品信息反馈与统计流程； （4）组织开展对产品的质量监控工作，及时发现和解决产品质量问题； （5）及时处理客户反馈，依据反馈改善质量控制。

(三)工作规程

工作规程如图 4-1 所示。

图 4-1　工作规程

流程一　品牌认知定位

(一)学习目标

学习目标如表 4-2 所示。

表 4-2　学习目标

知识目标	(1) 掌握品牌现状分析的方法； (2) 掌握品牌定位的方法； (3) 掌握品牌人格化的方法； (4) 掌握品牌命名的技巧； (5) 掌握品牌广告语创作的技巧； (6) 掌握品牌故事的写作技巧
技能目标	(1) 能够分析品牌的形象与现状； (2) 能够使用品牌定位工具进行品牌定位； (3) 能够使用品牌命名的技巧为品牌命名； (4) 能够使用品牌人格化工具进行品牌人格化设计； (5) 能够进行品牌广告语的创作； (6) 能够进行品牌故事的撰写
素质目标	(1) 具有良好的道德准则和正确的价值观，有"德"有"品"，方能立足； (2) 崇尚宪法、遵法守纪，使品牌命名、广告语及品牌故事的设计符合相应的法律法规

(二)明确任务

河南某食品加工厂，主要以面食加工为主，以荞麦、菠菜等为辅料加工制作挂面、刀削面等产品，其中最畅销的产品为全麦挂面、荞麦挂面、刀削面，其营养丰富，口味鲜美，尤其是其中添加荞麦、菠菜的挂面，碳水低，深受有减肥减脂需求的用户喜欢。最近加工厂申请注册公司，扩大规模，并打算为旗下产品建设品牌。现请你们团队为其产品进行品牌打造，打响知名度。

（三）获取资讯

了解本流程需要掌握的内容，包括品牌认知、品牌定位、品牌命名及故事撰写等，首先需要收集相关资料。

☞**引导问题 1**：运用所查所学，试着思考该食品加工厂建设品牌可以选择哪几个方向。确定品牌定位，需要掌握哪些基础知识？

☞**引导问题 2**：掌握产品/品牌行业信息的途径及方法有哪些？

☞**引导问题 3**：列举品牌建设的几个方向，有哪些思考角度？

☞**引导问题 4**：为品牌命名，需要了解哪些信息？简单列举一下。

企业：
产品：

☞**引导问题 5**：撰写品牌故事，需要哪些技巧？撰写要点有哪些？

（四）制订计划

制订计划如表 4-3 所示。

表 4-3 制订计划

序号	项目	任务明细	开始时间	完成时间	负责人	备注
1	品牌现状分析					
2	品牌调研报告撰写					
3	品牌构建分析					
4	品牌定位					
5	品牌人格化					
6	品牌命名					
7	品牌故事创作					

（五）做出决策

（1）制定品牌现状调研方案，确定调研方法、调研途径、调研大纲等；

（2）根据品牌现状分析的结果，确定品牌定位；

（3）结合产品特性，为产品进行品牌命名；

（4）创作品牌故事，团队集思广益，利用产品特有的优势，提出不同的创作方向及理由，最后投票选出最佳的品牌故事。

（六）工作实施

1. 品牌现状分析

任务交付1：通过不同渠道收集资料，对行业未来发展趋势进行研究，并填写表4-4。

表 4-4 品牌行业发展趋势研究

研究目标	研究结果
行业名称	
该行业近5年的发展趋势分析	
产品品类归属	
该产品品类近5年的发展趋势分析	

任务交付2：对产品的类似品牌进行研究，了解品牌创建价值等内容；参照表4-5，制定研究方案，明确团队任务内容，并提交相关文档。

表 4-5 品牌调研实施步骤

序号	实施步骤环节	完成情况
1	明确调研背景，简要介绍项目基本情况，分析项目的现状与面临的问题	
2	确定调查主题和调查目的，根据面临的问题，有针对性地设计调查主题，明确调查是为了解决什么问题	
3	确定调研内容，在调研目的的基础上，把调研问题展开、细化，至少细化到三层指标	
4	确定调查对象，结合项目目标确定向谁调查和由谁来提供具体资料	

续表

序号	实施步骤环节	完成情况
5	确定调查方式，根据调查情况与任务决定采用何种组织方式获得资料，为全面准确地获得产品的市场信息，可采用多种调查方法相结合的方式	
6	进行调查的组织与控制、调查的组织管理、调查项目组的设置、人员的选择与调研质量的控制等	
7	确定调查工作进度，主要包括规定调查工作的开始时间和结束时间，从方案设计、数据调研与分析到提交调研报告等整个工作进度	
8	制作工作进度表，包括各个阶段工作的起止时间，主要包含方案与问卷设计、问卷调查实施、数据分析与处理、报告撰写等模块	

任务交付3：设计调研问卷，填写表4-6。

表4-6 品牌调研问卷模块设计

调研问卷设计	结果
调查目的	
调查目标群体	
调查的主要内容	
调查投放位置	
调查开始与结束时间	

任务交付4：组织市场调研活动，并完成下面相关事项的撰写。

活动工作时间：

活动地点：线上——

线下——

2. 品牌调研报告撰写

调研活动需求物料：

任务交付：根据前期调研数据，对市场数据进行分析、归纳汇总，并参照表4-7，形成市场调研报告。

表4-7 品牌市场调研报告撰写要点

报告大纲	报告内容要点
调研目的	
调研内容	
调研方法	
调研结果	

3. 品牌构建分析

任务交付1：结合前期调研，从品牌构建角度着手，参照表4-8搜集整理该加工厂产品的相关资料，对该品牌的战略方向进行分析。

表 4-8　品牌战略方向分析

研究目标	研究结果
该品牌做什么生意？（行业分析）	
该品牌卖什么产品？（产品策划）	
该品牌怎么卖产品？（商业模式）	
消费者在哪里能买到该品牌产品？（渠道策划）	

任务交付 2：品牌策略与策划分析，填写表 4-9。

表 4-9　品牌策略与策划分析

研究目标		研究结果
该品牌有什么特点？	品牌策划	
	产品策划	
该品牌叫什么名字？	品牌命名	
	产品命名	
该品牌长什么样子？	品牌 VI 设计	
	产品造型设计	
	包装设计	
	终端形象设计	

任务交付 3：品牌落地执行策略分析，填写表 4-10。

表 4-10　品牌落地执行策略分析

研究目标		研究结果
消费者为什么选择该品牌？（整合营销传播）		
消费者为什么再次/多次选择该品牌？	产品迭代	
	公关活动	
	渠道便利	
	产品促销	

4. 品牌定位

任务交付 1：使用"三轴定位法"，根据同类品牌现状分析，总结该食品加工厂产品创建品牌的消费需求、自身特质和竞争环境，找到"三轴交叉点"，填写表 4-11。

表 4-11　品牌三轴交叉定位分析

研究目标	研究结果
需被唤醒或迎合的消费者的利益需求	
企业所具有的独特优势	
竞品友商的相对弱点或弱势	
"三轴交叉点"	

任务交付 2：提炼该企业品牌核心价值，进行品牌定位，要求品牌定位的结果能够非常明确地表达"品类归属"和"消费价值"，填写表 4-12。

表 4-12　品牌定位分析

研究目标	研究结果	
品牌核心价值		
品牌定位	品类归属：	消费价值：

5. 品牌人格化

任务交付：从消费者的消费需求出发，思考品牌与消费者的关系：品牌像是消费者的什么人？然后从"品牌个性五维度量体系"中的 5 大维度、18 个层面、51 种人格中，选出符合品牌定位的品牌性格，填写表 4-13。

表 4-13　品牌个性五维度量体系分析

研究目标	研究结果
品牌与消费者的关系/情感定位	
品牌性格	

6. 品牌命名

任务交付：运用品牌命名的技巧，给品牌命名并简述理由。要求品牌命名要符合国家法律法规，不能侵权，要能够在中国商标总局查询注册。如果是自创企业，请同时为企业命名，填写表 4-14。

表 4-14　品牌命名分析

研究目标	研究结果
品牌名/企业名	
名称解析	

7. 品牌故事创作

任务交付：运用写作技巧撰写品牌故事，并简述品牌故事的创作思路，填写表 4-15。

表 4-15　品牌故事创作分析

研究目标	研究结果
品牌故事	
创作思路解析	

（七）评价反馈

评价说明：在本次任务完成后，由任课教师主导，采用学习过程评价和学习结果评价相结合的方式，以自我评价、小组评价、教师评价为出发点，由教师确定三种评价方式分别占总成绩的比例，并加权计算出学生个人本次任务的考核评价分。任务完成考核评价表如表 4-16 所示。

表 4-16 任务完成考核评价表

流程名称	品牌认知定位	班级	
项目组		学生姓名	
评价方式	评价内容	分值	成绩
自我评价	负责任务的完成情况	20	
	对品牌认知定位知识和技能的掌握程度	40	
	是否胜任小组内的工作	25	
	能否积极认真负责地完成组内分配的任务	15	
	合计		
小组评价	本小组的本次任务交付情况及完成质量	30	
	个人本次任务交付情况及完成质量	30	
	个人的合作精神和沟通能力	20	
	个人针对问题的理解、分析和处理能力	20	
	合计		
教师评价	有清晰的品牌市场调研计划，针对品牌现状的数据清晰、全面	15	
	根据前期调研数据结果，撰写对应调研报告，报告整体完整	15	
	品牌定位清晰，目标群体明确，用户画像明确	15	
	运用所学知识，进行品牌命名，符合产品特性	15	
	品牌人格化的合理性	15	
	品牌故事创作符合品牌定位，突出产品属性	15	
	团队的沟通协作情况，共同完成任务且分工明确	10	
	合计		

成绩=自我评价（ ）×0.2+小组评价（ ）×0.3+教师评价（ ）×0.5=

（八）知识园地

1. 品牌现状分析

（1）行业发展趋势研究。

一个行业的发展趋势往往决定了该行业未来的前景，缺乏吸引力的行业赚得的利润远不及颇有吸引力的行业。研究行业发展趋势，是为了了解一定时间内行业发展的规律和轨迹，再进行行业发展方向预判，帮助企业充分发挥自身优势，顺应发展大势。直接通过购买行业数据报告来获得是了解行业发展趋势最简单的方法。

（2）消费者需求与消费者行为研究。

①用户画像。

企业通过调研与数据的收集，分析得出消费者的自然特征、心理特征、行为特征等主要信息后，综合描绘出该品牌的消费者形态，这就是品牌的目标用户画像，从而指导该品牌有针对性地开展营销策略的制定与执行。

②消费行为研究。

消费行为研究是研究消费者在消费行为过程中的表现，即他们如何决策，何种关键因素最终触发他们进行消费。消费行为研究模型如图 4-2 所示。

图 4-2　消费行为研究模型

（3）竞争格局分析与竞争策略制定。

分析竞争对手是巩固企业在行业中战略地位的重要方法。

①竞争信息维度如表 4-17 所示。

表 4-17　竞争信息维度

信息维度	信息解读	自身决策
品牌知名度	品牌知名度一般能够反映市场占有率，它是决定自身品牌应以何种姿态进入市场最重要的指标之一	一般来讲，如果品牌不是第一梯队，就要考虑顺延第一品牌的产品发展方向，进行自身产品开发，但要突出产品差异性
渠道布设	包括销售渠道质量与网点数量两个关键指标	根据自身企业的资源及战略目标，选择具体战术。例如，快速铺货占领空白网点，或者精耕某一区域市场
产品造型	吸引消费者的首要因素之一	技术成熟型行业，产品造型要新颖特别、富有创意
产品概念	吸引消费者的重要因素之一	对于技术型/功能型产品，或者同质化严重的产业，产品的核心概念是重要的决策依据
产品定价	成交环节的核心因素之一	定价就是对标策略，要根据竞争对手的价格进行定价和调价

②品牌竞争模型，如表 4-18 所示。

表 4-18　品牌竞争模型

品牌地位	竞争姿态	竞争宗旨	核心动作
第一品牌	领导者	扛大旗、树标杆	要占据品类核心价值；要引领品类发展方向；保持唯一、坐稳第一
第一阵营二三位品牌	挑战者	顺大势、谋小局	要顺应领导品牌的主导方向；要跟随领导品牌的品类方向；要打价格战/促销战/渠道战；伺机超越，取代第一
第二阵营品牌	颠覆者	小创新、划地盘	要进行品类分化/再造/小创新；要主导区域战/特通渠道战；产品小创新，渠道做隔离
第三阵营品牌	跟随者	模仿秀、游击战	要跟随模仿品类核心利益；看准出击、随时调转

(4) 品牌是怎么构建的？

参照图 4-3 思考：如果你是一个创业者，从无到有打造一个品牌，你会怎么做？

Ⅰ ▶ 战略方向
- 1. 你想做什么生意？（行业）
- 2. 你想怎么卖产品？（商业模式）
- 3. 你想卖什么产品？（产品策划）
- 4. 客户在哪儿能买到你的产品？（渠道策划）

Ⅱ ▶ 策略与策划
- 5. 你有什么特点？（品牌策划、产品策划）
- 6. 你叫什么名字？（品牌命名、产品命名）
- 7. 你长什么样子？（品牌VI设计、产品造型设计、包装设计、终端形象）

Ⅲ ▶ 落地执行
- 8. 客户为什么选择你？（整合营销传播）
- 9. 客户为什么再次/多次选择你？（产品迭代、公关活动、渠道便利、产品促销）

图 4-3　品牌构建需要思考的问题

不同规模和类型的企业，由于其经营阶段、资源配置及产品特性的不同，这决定了其品牌类事务的侧重点也会有所不同，如表 4-19 所示。

表 4-19　不同规模企业事务对比

企业类型	首要工作	重要工作	常态工作	阶段性工作
大型企业	品牌管理	品牌整合传播		品牌延伸战略 品牌优化升级
中小型企业	新产品策划	品牌整合传播	品牌资产梳理与管理	品牌优化升级
初创型小微企业	品牌定位与形象系统建设	产品策划与物料设计	基于互联网的品牌传播	
工业型企业	品牌定位与形象系统建设	上层公关与定向传播		
服务型企业	品牌定位与形象系统建设	打造/打磨销售终端的极致体验	品牌整合传播	

2. 了解品牌定位

(1) 什么是品牌定位？

针对品牌定位主要从两个方向进行思考。首先是品类归属，即品牌所归属的品类。需要明确你这个品牌是做什么的、提供什么产品或服务；其次是消费价值，即品牌带给消费者的价值。需要思考：我为什么要买你的产品，而不买其他品牌的产品？

(2) 什么是品牌核心价值？

品牌核心价值既可以是情感性价值，也可以是理性价值，还可以是二者的和谐统一。

品牌的核心价值是品牌的精髓，是品牌的灵魂，是驱动消费者认同、喜欢乃至爱上一个品牌的主要力量，核心价值是品牌的终极追求。定位并全力维护和宣扬品牌核心价值已成为许多国际一流品牌的共识。而是否拥有核心价值，也是品牌经营是否成功的重要标志之一。

（3）品牌定位的工具——三轴定位法，如图4-4所示。

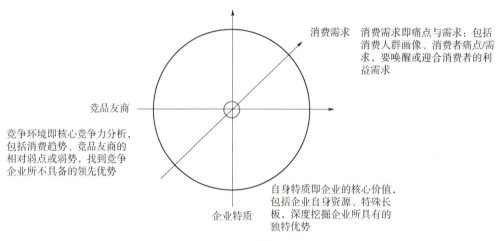

图4-4 三轴定位法

3. 品牌人格化与品牌命名

（1）品牌人格化。

①什么是品牌人格化？

品牌如人，一个品牌会是一位什么样的人？我们可以把它的性别、性格、特长、偏好等，分别按照人的角度来设定；人格化并不等于单一的人物化，还要把态度、理念、价值观等精神层面的特质一并赋予品牌，让品牌的人格更加饱满，这就是品牌人格化。品牌人格化可以唤起用户的情绪，并且拉近品牌与用户之间的距离。以此与客群间构建情感价值，继而产生情感共鸣。

②品牌人格化适用的行业。

品牌人格化一般用于决策简单、信息不复杂及产品同质化严重的行业，比如服装、餐饮等行业，这类产品往往感性价值比理性价值要高，因此更需要进行品牌人格化。举例如下：

迪奥：一位优雅知性、妩媚动人的女性；

星巴克：时尚、精致、乐于分享的白领；

淘宝网：一个神一般什么都能变出来的机器猫；

淘宝客服：服务态度超级好的大卖场导购；

逻辑思维：一个有种、有料、有趣的读书人；

海底捞火锅：一个做饭好吃、超级热心肠、特别有服务精神的邻居。

③品牌人格化的工具，即品牌个性五维度量体系如表4-20所示。

表 4-20 品牌个性五维度量体系

5大维度	18个层面	51个人格
纯真	务实	务实、顾家、传统
	诚实	诚实、直率、真实
	健康	健康、原生态
	快乐	快乐、感性、友好
刺激	大胆	大胆、时尚、兴奋
	活泼	活力、酷、年轻
	想象	富有想象力、独特
	现代	追求最新、独立、当代
称职	可靠	可靠、勤奋、安全
	智能	智能、富有技术、团队协作
	成功	成功、领导、自信
	责任	责任、绿色、充满爱心
教养	高贵	高贵、魅力、漂亮
	迷人	迷人、女性、柔滑
	精致	精致、含蓄、南方
	平和	平和、有礼貌的、天真
强壮	户外	户外、男性、北方
	强壮	强壮、粗犷

（2）品牌命名。

①品牌名与企业名的区别。

品牌名即商标，所有商标必须统一经国家知识产权局商标局审批后获得专用权，在全国范围内可查询。企业名即商号，在申请营业执照时，须提报公司名称，通过各个地方的工商局主管部门根据企业提报的经营范围进行查询审批，一般有属地范围限定。

品牌名与企业名最好一致，商标与商号最好合一。比如，小米科技，商标是"小米"，公司名是"小米科技有限责任公司"；再如，蓝章策划，商标是"蓝章"，公司名是"山东蓝章营销策划有限公司"，名称统一可以减少诸多不便。品牌命名技巧如图4-5所示。

图4-5 品牌命名技巧

②品牌命名的模式和策略。

在对品牌命名时可采取的策略包括：目标市场策略、消费感受策略、情感形象策略、独立随意与描述性的选择策略、品牌代表品类策略、互联网思维策略等。

③品牌命名的方法，如表4-21所示。

表4-21 品牌命名的方法

形象命名法	产地命名法
价值命名法	品质命名法
故事命名法	目标命名法
姓氏人名命名法	制作工艺和主要成分命名法
以现代科技为由头命名法	具有感情色彩的吉祥词或褒义词命名法

4. 品牌故事写作

（1）什么是品牌故事？

品牌故事，从商业化的角度来看，就是将品牌的价值观，通过品牌创始人经营理念、企业重大发展节点等情节的描述，串联成完整的故事链，是一种商业传播工具。

要选择符合企业价值观、具有亲和力的故事，以增加消费者对品牌的认同。

（2）品牌故事的主要形式。

①创始人初心故事。

创始人初心故事主要是创始人创立品牌的初衷，弘扬企业文化，以情感为纽带贯穿企业经营模式和管理理念的阐述，将品牌愿景作为点睛，勾画出梦想蓝图，一般作为静态的品牌核心故事进行传播。

②事件型传播故事。

事件型传播故事主要是利用品牌在发展过程中所发生的典型故事进行创作，用以展现品牌价值观，尤其适合表达产品开发理念、品质控制理念、服务理念等一般作为动态的品牌故事进行多维度传播，尤其适合各种传媒进行互动。

（3）品牌故事的写作技巧。

①紧扣品牌定位；

②明确这个故事需要表达什么，要让消费者知道什么；

③可读性强；

④有人物、有情节、有冲突、有情感；

⑤结构清晰，叙事到位；

⑥包含Who、When、Where、What、How。

流程二 品牌形象设计

（一）学习目标

学习目标如表4-22所示。

表 4-22 学习目标

知识目标	（1）掌握品牌 Logo 图形、字体、色彩设计的技巧； （2）掌握品牌 IP 构建的方法； （3）掌握品牌广告片设计的要点； （4）掌握品牌终端形象建设的要点； （5）掌握品牌感官设计的理念
技能目标	（1）能够提出品牌 Logo 图形、字体、色彩设计的想法； （2）能够提出品牌 IP 构建的建议； （3）能够写出广告片设计脚本； （4）能够提出品牌终端形象建设的建议； （5）能够对品牌感官设计提出建议
素质目标	（1）具有高尚的人格素养，表里如一； （2）具备健康的审美情趣和良好的审美素养，设计品牌形象时有驾驭、表达美的能力

（二）明确任务

完成流程一的品牌认知定位后，接下来就要对该品牌进行可视化设计，让品牌价值可以通过视觉感知到。

（三）获取资讯

了解本流程需要掌握的内容，包括品牌形象设计（Logo、IP、终端形象）、品牌宣传片设计等，首先需要收集相关资料。

☞引导问题 1：根据前期对该食品加工厂品牌的调研分析，以及对目标客户的画像，在设计时应该着重抓住哪些关键词，或是突出哪些方面？

☞引导问题 2：作为该食品加工厂邀请的品牌管理团队，你想从哪几个方面来树立品牌形象？

☞引导问题 3：为该品牌设计 Logo 的创意出发点是什么？

☞ 引导问题 4：运用所学，该品牌 IP 应该如何构建？

（四）制订计划

制订计划如表 4-23 所示。

表 4-23 制订计划

序号	项目	任务明细	开始时间	完成时间	备注
1	品牌 Logo 设计	Logo 图形/字体设计			
		Logo 色彩设计			
2	品牌 IP 形象设计	进行品牌 IP 形象设计并陈述理由			
3	品牌广告片设计	品牌形象广告片脚本设计			
		品牌形象 15 秒短视频脚本设计			
4	品牌终端形象设计	品牌线上形象设计			
		品牌线下形象设计			

（五）做出决策

（1）明确品牌设计的目的；

（2）制定品牌形象设计方案，确定设计主题、设计内容、设计风格、方案大纲等；

（3）根据前期分析的结果，确定品牌形象设计内容（如品牌 Logo、IP 形象、短视频、海报等）；

（4）结合产品特性，为产品进行品牌五感设计，团队集思广益，利用产品特有的优势，提出不同的创作方向及理由，最后投票选出最佳的品牌文案。

（六）工作实施

1. 品牌 Logo 设计

任务交付 1：参照表 4-24，首先讨论设计该品牌 Logo 要采用的形式，然后根据选定的 Logo 形式，进行该品牌 Logo 的图形或字体设计，并陈述创意思路。

表 4-24 品牌 Logo 图形/字体设计思路

研究目标	研究结果
Logo 的形式	□图形 Logo+品牌名称 □纯字体 Logo □纯图形 Logo
品牌 Logo	
创意思路解析	

任务交付 2：根据品牌定位和品牌特质，考虑目标消费者喜好，对品牌 Logo 进行色彩设定，并陈述创意思路，填写表 4-25。

表 4-25　品牌 Logo 色彩设定思路

研究目标	研究结果
品牌色彩设定	
创意思路解析	

2. 品牌 IP 形象设计

任务交付 1：根据品牌定位和品牌人格化的结果，小组讨论选择最适合该品牌 IP 形象的形式，并陈述思路，填写表 4-26。

表 4-26　品牌人格化设定思路

研究目标	研究结果
品牌人格化的结果	
品牌 IP 形式	□聘请名人代言人 □打造品牌领导人 □知名 IP 授权合作 □自行创作 IP 形象
选择原因	

任务交付 2：根据任务交付 1 选择的结果，进行品牌 IP 形象设计并陈述理由，填写表 4-27。

表 4-27　品牌 IP 形象设计思路

研究目标	研究结果
品牌 IP 形象	
思路解析	

3. 品牌广告片设计

任务交付 1：参照表 4-28，为品牌设计一则品牌形象广告片，写出广告片脚本，应符合品牌形象广告片内容的要求，有条件的小组可以录制成成品。

表 4-28　品牌形象广告片设计思路

研究目标	研究结果
品牌形象广告片主题	
品牌形象广告片故事梗概	

任务交付 2：短视频脚本设计。参照表 4-29，为品牌设计一则 15 秒以内的短视频，写出短视频脚本，应符合短视频内容的要求，有条件的小组可以录制成成品。

表 4-29　短视频脚本设计

镜号	景别	长度	画面内容	声音	字幕

4. 品牌终端形象设计

任务交付 1：对品牌的官方网站、线上网店、线上公共传播平台等线上终端提出形象建设建议并陈述理由，填写表 4-30。

表 4-30　品牌线上形象设计思路

研究目标		研究结果
官方网站	建议	
	理由	
线上网店	建议	
	理由	
线上公共传播平台	建议	
	理由	

任务交付 2：对品牌线下终端的橱窗、装修、动线、光线、陈列和人文关怀等提出形象建设建议并陈述理由，填写表 4-31。

表 4-31　品牌线下形象设计思路

研究目标	研究结果
装修设计	
光线设计	
动线设计	
橱窗设计	
陈列设计	
人文关怀设计	

（七）评价反馈

评价说明：在本次任务完成后，由任课教师主导，采用学习过程评价和学习结果评价相结合的方式，以自我评价、小组评价、教师评价为出发点，由教师确定三种评价方式分别占总成绩的比例，并加权计算出学生个人本次任务的考核评价分。任务完成考核评价表如表 4-32 所示。

表 4-32　任务完成考核评价表

流程名称		品牌形象设计	班级	
项目组			学生姓名	
评价方式		评价内容	分值	成绩
自我评价		负责任务的完成情况	20	
		对品牌形象设计知识和技能的掌握程度	40	
		是否胜任小组内的工作	25	
		能否积极认真负责地完成组内分配的任务	15	
		合计		
小组评价		本小组的本次任务交付情况及完成质量	30	
		个人本次任务交付情况及完成质量	30	
		个人的合作精神和沟通能力	20	
		个人针对问题的理解、分析和处理能力	20	
		合计		
教师评价		有明确的品牌形象设计框架	15	
		品牌 Logo 设计情况，是否符合品牌定位	20	
		品牌 IP 形象设计的合理性	15	
		品牌广告片设计的创意性和吸引力	15	
		品牌线上/线下终端设计符合品牌定位，突出品牌形象及定位	15	
		信息收集、分析、文字总结提炼能力，数据分析能力	10	
		团队的沟通协作情况，共同完成任务且分工明确	10	
		合计		
成绩=自我评价（　　）×0.2+小组评价（　　）×0.2+教师评价（　　）×0.6=				

（八）知识园地

1. 品牌 Logo 设计

品牌价值体系是一切品牌行动之根本，是形象设计之源头，品牌是消费者内心对产品和服务的主观感受，包括理性判断和感性认知。品牌建设是围绕消费者内心对品牌的认知建设过程。市场竞争越来越激烈的品牌时代，建立独特积极的认知印象，需要从品牌底层开始规划。

Logo 对于整个品牌视觉系统的重要性不言而喻，作为整个视觉体系的中心位置，企业在设计 Logo 标志时需要引起足够重视，企业产品、服务、口碑、印象都会反映到这一枚图形符号上。

品牌定位与品牌视觉识别系统（Visual Identity，VI）设计组成进攻消费者心智的两把利剑。品牌 Logo 设计属于品牌 VI 系统设计的内容之一。

（1）品牌 Logo 设计的主要形式。

品牌 Logo 的图形设计，首先要与品牌定位匹配，品类原型设计最讨巧；其次具备良好的记忆度，具有一定美感，提升品牌气质；最后要能够具备延伸应用的拓展性。

品牌 Logo 字体设计，主要考虑字体的种类，易读性要高，要能够醒目且适当考虑人性化。其次无论纯粹字体 Logo，还是与图形 Logo 匹配品牌名称字体设计，都要遵循"一眼识别"的原则。

（2）品牌 Logo 色彩设定。

从品牌定位入手——从目标客群着手，从品牌人格化设定入手进行色彩的设定。

符合色彩心理学——色彩是有情绪与气质的，赋予品牌什么样的颜色，便会产生什么样的气质和格调。成功的色彩设计不但会激起消费者的购买情绪，还会为商品带来不一样的附加值。

注意品类原色与差异化思维——可用品类原色提炼该产品本身固有的色彩认知，用于品牌 Logo 设计与传播，如追求差异化则可不必使用。

可传承既有品牌色彩——对老品牌来说，消费者对其品牌已经产生了一定认知，这种情况下一般建议传承既有品牌色彩，以确保品牌资产不流失，也可优化微调。

2. 品牌 IP 形象设计

IP 是知识产权（Intellectual Property），是指具有一定影响力的品牌形象等知识产权。IP 形象简单、识别度高、易传播，既是品牌形象的补充，又可丰富与延展品牌设计。

从视觉角度讲，IP 可以是动漫形象、影视角色等；

从文化角度讲，IP 可以是迪士尼、故宫、跑车俱乐部等；

从形态角度讲，IP 可以是栏目、会展、讲座等；

从企业角度讲，IP 可以是企业领导人、品牌代言人等。

IP 形象需要根据品牌定位或产品特性设计而成，通常是人格化的卡通形象。一个令人喜爱的 IP 形象，无论是动物，还是什么其他神奇物种，都能够作为品牌的化身，并通过自身的独特魅力为品牌赋能。品牌 IP 构建的方法包括：聘请名人代言、打造品牌领导人、知名 IP 授权合作、自行创作 IP 形象等，需结合自身定位选择合适的方法进行构建。

3. 品牌广告片设计

（1）广告片的种类。

品牌广告片一般指品牌形象广告片和产品广告片，通常以实拍视频或动画制作为主，经配音配乐而成。

①产品广告片：以凸显某款产品的特性，更好地为营销服务为主。

②品牌形象广告片：以强调品牌定位、提升品牌美誉度为主。

③企业宣传片：以全面或侧重某一视角介绍企业的状况及未来目标为主，一般时长较长（3~30 分钟不等）。

④品牌微电影：以凸显品牌价值观为主，盛行于 2010 年左右，采用电影的语言进行强化，有一定的观赏性，但侧重于后期的推广，一般小额预算难以产生效果。

⑤平台短视频广告片：通常侧重产品类销售，因为无论是线下电梯楼宇广告，还是各类 App 平台，人们的关注点都较为分散，在极其有限的时间内，尽快传播产品利益，已成

为平台短视频广告的创作要点。

（2）产品广告片、品牌形象广告片与短视频内容设计的区别。

①产品广告片。

产品广告片的内容要在最为凸显的特质和优势上下功夫。针对市场上的主要竞品，通过提炼梳理目标客群的最大痛点，总结出该款产品最为强大的"单点优势"进行放大，以形成独特的销售主张。产品广告片时长一般在30秒以内，不能过多赘述，更不能以"故事"的逻辑概念来展开创作。

USP 理论——"独特的销售主张"（Unique Selling Proposition，USP）

其理论要点有三个方面：

a. 一则广告必须向消费者明确陈述一个消费主张；

b. 这一主张必须是独特的，或是其他同类产品不曾提出或表现过的；

c. 这一主张必须对消费者具有强大吸引力和大动力。

总而言之，就是寻找与其他同类产品相比，本产品具有的独特功能，所能给消费者带来的独特利益和价值，并将它作为广告的肢解诉求，以此建立产品独一无二的卖点和说辞。

②品牌形象广告片。

此类广告片，与产品广告片最大的区别就在于"不是那么功利"，没有特别强化"消费利益"。更多是采用润物细无声的手法，来传达品牌价值观，以此达到品牌美誉度的效果。但必须明白，此类广告并不能短时间内提升营销数字，并且在投放方面，尽量避免较多干扰的投放环境和载体。例如，优酷视频在正片播放前的广告时间，干扰就会相当较小，而人员流动较大的办公楼电梯间广告就并不适合品牌形象广告的投放。

③短视频。

使用短视频作为传播手段不能沿用传统的产品广告片和品牌宣传片的拍摄逻辑。据统计，目前人们关注短视频，80%是娱乐放松，20%是打发时间。因此，短视频的内容设计，要结合消费者关注短视频的主流因素，迎合消费者碎片化、轻量级和轻松化的内容消费需求，才能带来可观的流量，达到传播目的。优秀的广告片可以直接提高广告片的传播力度，达到预期的推广效果。而决定广告片高度的直接对象就是广告片脚本，广告片脚本是整部广告片的灵魂，是至关重要的一环。

4. 品牌终端形象设计

（1）什么是销售终端？

销售终端是指产品到达消费者处并可在此完成交易的最终端口，通俗来讲，就是消费者能够买到产品的场所。

（2）品牌线上终端形象建设。

①官方网站。

官方网站是互联网上一切信息的归口单元，它是品牌的核心"门面"。官方网站构建时除了遵循品牌 VI 来设计外，更重要的是企业的产品板块信息是否能充分展示和及时更新、企业所发生的新闻动态是否及时更新。官方网站需要考虑网店和其他端口的连接通道。

②线上网店。

线上网店包括电商平台（如淘宝、京东等）、各类移动端网店（微店、有赞商城等）、企业自建商城，甚至包括微商自发的信息等。只要消费者可以从展示的页面直接下单购买产品的，都称为线上网店。无论什么平台或什么形式的线上网店，图片、文字、版面的编排都需要遵照品牌 VI 手册规定来进行。

③线上公共传播平台。

线上公共传播平台是指一切可用于品牌传播的平台：

开源型信息平台，如微博、百度百家号等；

封闭型信息平台，如微信公共号等；

各种视频分享平台，如抖音、映客直播等；

各种门户网站，如新浪网、搜狐网、凤凰网等；

行业门户网站，如财经类、能源类、汽车类等网站；

品牌要利用好这些线上公共传播平台，把其作为品牌形象传播的重要发声窗口。

（3）品牌线下终端形象建设。

线下销售终端主要包括门店（如 4S 店、品牌专卖店、商场中的店中店）和专柜（如商场或超市中的生鲜专柜、化妆品专柜）。门店与专柜形象就是品牌门脸，就是品牌定位的具体呈现，是展现品牌气质的载体，因为相同气质的人会相互吸引。线下品牌形象的展现渠道大致可以分为：光线设计、动线设计、橱窗设计、装修设计、陈列设计、人文关怀等。

①光线设计。

光是销售魔术师，整个门店的亮照度直接决定生意的好坏，因此不要吝啬电费。另外，暖光的热销效果会强过冷光，追光就是凸显舞台上的明星，因此它是促销好帮手。

②动线设计。

对于零售门店来说，行进的步伐就是销售指引术，客户进入门店先看到什么，后看到什么，都是经过策划的。一般来讲，把热销、打折、相对低频产品往前放，而高频产品则可以往门店后部放，可以让人流自然流向整个空间。

③橱窗设计。

橱窗设计被认为是实体店宣传的一个重要环节。橱窗设计一方面要突出商品的特性，另一方面使橱窗布置和商品展示与介绍契合消费者的一般心理行为，能够让消费者看到的商品有美感、舒适感，从而对商品产生好感和向往心情。好的橱窗/外立面设计不仅可以直接吸引更多人群，还能提高品牌意识。它是线下实体店的第一个视觉触点，一切产品和服务都将由此展开。

④装修设计。

门店和专柜的装修设计应将该品牌的 Logo、字体、颜色等品牌形象元素在墙面装饰、陈列装置、设施设备等地方反复出现。此外，装修材质也是品牌气质的承载体，需要根据品牌定位进行选择，如白色和原木色就是温暖知性，大理石和铜色就是高贵气质。

⑤陈列设计。

在陈列设计中，量感陈列是极其重要的概念，一定要营造出"产品丰富"的感觉。考虑人体工学，主要是指产品展柜和货架的尺寸要方便人们拿取。越方便看到、拿到的空间，产品就越热销。

⑥人文关怀。

任何理性诉求，都抵不过对消费者的真心关怀。

5. 品牌感官设计

"五感"设计是将视觉、听觉、味觉、嗅觉、触觉五种感觉相互渗透、相互联系、相互交融的信息进行组合，并将这种感觉的信息有条不紊地传递给接受者的一种设计方式。它是基于设计师各个感官对事物的感受，并通过感受来指导具体的产品设计，从而更好地表达产品的本质及设计出更加人性化的作品。

（1）视觉：塑造品牌的第一印象。

实验心理学家赤瑞特拉通过大量实验证明，人类获取的信息83%来自视觉，这说明了视觉感知在人们的感知体验中占的比重是最大的。人们在产品设计中的感知亦是如此，用户通过产品的外形、文字、色彩和图形等视觉要素进行视觉感知，并能快速构建起对于产品的"第一印象"。这种感知是最为直接和直观的，且最具传播力。

（2）听觉：调动消费者的情绪和情感。

听觉感知体验是指人的耳朵所能感受到的音频信息，进而获得的感知体验。听觉感官在产品设计上的应用有两个方面：一是利用声音提示，产品通过语言的描述完成对产品信息的直观表达；二是通过声音暗示，联合记忆印象完成产品的通用设计表达。

（3）嗅觉：增加品牌吸引力。

嗅觉感知体验是指人们从鼻子所感知到的气味信息中获得的感受。因为气味能够快速地引起人们的情绪和联想，影响到人们的使用感受以及消费行为。嗅觉是唯一我们无法关闭的感官。每个人每天平均呼吸2万次，然而每次呼吸都离不开嗅觉，所以嗅觉是最具宣传利用空间的感官。无论何种行业，嗅觉对于品牌宣传的作用正在逐步升温，气味越来越成为品牌的高效"附加元素"。

（4）味觉：增强品牌传播力度。

味觉感官表达在产品通用设计中往往不能单独出现，需要和其他感官配合，主要是联合视觉感官引发目标人群的感官经验，从而产生对味觉的影响。实际上，嗅觉和味觉是紧密相连的，二者被叫作"化学感官"，有很多研究证实，我们经常会用鼻子判断食物的好坏，也就是说，如果闻起来还不错，你也会觉得它好吃。大多数情况下食品和饮料行业会采用味觉开展营销宣传，其他产品类型运用味觉做品牌宣传还很少见。但是，这样做的确能增强品牌的传播力度。

（5）触觉：决定客户的心理认知。

触觉体验主要是指人体皮肤等感知器官同外界环境接触而获得的感知体验。在五种感官应用中，触觉感官也是可以弥补视障用户体验感官的重要部分。一个品牌的质地如何，在很大程度上影响了我们对其品质的评价。随着体验经济时代的到来及快速发展，人们将越来越重视用户体验，"五感"体验在产品设计中的应用范围将变得越来越广，会打破以往只注重视觉感知体验的设计格局。

流程三　产品规划设计

（一）学习目标

学习目标如表 4-33 所示。

表 4-33　学习目标

知识目标	(1) 了解产品架构模式和产品开发流程； (2) 掌握新产品开发策划的方法； (3) 掌握产品形象设计的方法
技能目标	(1) 能够进行产品架构模式制定； (2) 能够进行自身产品特质梳理、产品定位、产品命名、广告语设计和卖点提炼； (3) 能够进行产品 Logo、包装、照片、宣传册、推送页和广告片设计
素质目标	(1) 崇尚宪法、遵守纪法，产品开发及产品形象设计符合相应的法律法规； (2) 具备健康的审美情趣和良好的审美素养，设计产品形象时有驾驭美、表达美的能力

（二）明确任务

河南某食品加工厂，主要以面食加工为主，以荞麦、菠菜等为辅料加工制作挂面、刀削面等产品。品牌初立，打算以最畅销产品全麦挂面、荞麦挂面为核心，作为该品牌主打产品。这两种产品营养丰富，口味鲜美，且碳水低，深受有减肥减脂需求的用户喜欢。接下来请你为该产品进行规划设计。为该加工厂产品想一句广告语，根据该加工厂产品的适用人群设计出产品形态。

（三）获取资讯

了解任务流程需要掌握的内容，包括产品现状分析、产品开发（产品定价、产品卖点提炼等）、产品形象设计（包装设计、图片设计、宣传册设计等），首先需要收集相关资料。

☞引导问题 1：该加工厂产品所处的行业特点、消费人群和竞品如何？

☞引导问题 2：根据对该加工厂产品的了解与线上调查，产品应如何定位？产品的核心价值是什么？

产品定位：
产品核心价值：

☞**引导问题 3**：搭建产品框架，多方位探索产品规划点，试着叙述产品框架大纲。

☞**引导问题 4**：根据前期对项目产品的调研分析，以及对目标客户的画像，在产品形象设计时应该着重抓住哪些关键词，或是突出哪些方面？

☞**引导问题 5**：设计产品包装时，应注意哪些问题或关键点？

☞**引导问题 6**：设计产品宣传册时，应遵循什么原则？

图文：
排版：

（四）制订计划

制订计划如表 4-34 所示。

表 4-34 制订计划

序号	项目	任务明细	开始时间	完成时间	备注
1	产品现状分析	产品分析			
		产品架构模式制定			
2	产品开发策划	产品定位			
		产品定价			
		产品命名			
		产品卖点提炼			
3	产品形象设计	产品 Logo 设计			
		产品包装设计			
		产品宣传册设计			
		产品 H5 设计			
		产品视频设计			

（五）做出决策

（1）结合企业需求，进行产品现状调研分析，明确分析目标，列出工作步骤；
（2）明确产品规划内容（产品定位、定价、卖点等），列出工作计划；
（3）讨论产品外包装设计，并给出最终方案；
（4）设计产品宣传册，要符合产品定位。

（六）工作实施

1. 产品现状分析

任务交付1：结合前期品牌研究数据，针对该产品相关数据信息进一步细化，找到该产品的目标用户，填写表4-35。

表4-35　消费者需求与消费者行为研究分析

研究目标	研究结果
目标用户群	
目标用户画像	
消费需求探测	
消费行为研究	

任务交付2：结合前期品牌研究数据，针对该产品相关数据信息进一步细化，找到该产品的竞争对手，并填写表4-36，结合企业自身情况，明确自己的竞争地位。

表4-36　竞争格局分析与竞争策略制定研究

研究目标	研究结果	
	竞争对手的	自身的
品牌知名度		
渠道布设		
产品造型		
产品概念		
产品定价		
竞争地位		

任务交付3：结合企业数据及产品数据，基于针对产品的分析，归纳总结，得出分析结果。

任务交付4：产品架构模式制定如表4-37所示。

表 4-37　产品架构模式制定

研究目标	研究结果
产品架构模式选择	
产品架构模式分析	

2. 产品开发策划

任务交付 1：在产品分析的基础上，对自身产品的外观、功能、结构等内化属性进一步梳理分析，填写表 4-38。

表 4-38　自身产品特质梳理

研究目标	研究结果
自身产品特质	

任务交付 2：在产品现状分析的基础上，使用"三轴定位法"，进行产品定位，填写表 4-39。

表 4-39　基于"三轴定位法"的产品定位研究

研究目标	研究结果
需被唤醒或迎合的消费者的利益需求	
企业所具有的独特优势	
竞品友商的相对弱点或弱势	
"三轴交叉点"	
产品定位	

任务交付 3：综合使用成本导向定价法、竞争导向定价法、品类比对定价法、产品矩阵综合定价法（如果是矩阵式产品架构模式）等，对产品进行定价，并填写表 4-40。

表 4-40　产品定价研究

研究目标	研究结果
产品成本	
拟定利润	
竞品价格	
类似品类价格	
产品矩阵综合定价	

任务交付 4：运用产品命名技巧，给产品命名并简述理由，并填写表 4-41。

表 4-41　产品命名

研究目标	研究结果
产品名	
名称解析	

任务交付 5：参照表 4-42，对产品竞争优势和客户卖点进行提炼。

表 4-42　产品竞争优势与客户卖点提炼

研究目标		研究结果
运用 USP 理论提炼	概念	
	利益	
	技术支撑	
	信任背书	
运用 FABE 推销法提炼	特征	
	优点	
	好处	
	证据	

3. 产品形象设计

任务交付 1：参照表 4-43，对产品包装进行设计，并陈述创意思路。

表 4-43　产品包装设计思路

研究目标	研究结果
产品运输包装	
产品售点展示包装	
创意思路解析	

任务交付 2：参照表 4-44，对产品图片进行拍摄和制作。

表 4-44　产品图片设计思路

研究目标	研究结果
标准呈现类照片	
特质表达类照片	
调性表达类照片	

任务交付 3：参照表 4-45，先思考宣传册的内容，再进行宣传册布局，最后使用 Word 等工具，制作一份产品宣传册。

表 4-45　产品宣传册设计思路

研究目标	研究结果
产品宣传册文字和图片内容	
产品宣传册开本尺寸与版面布局	
产品宣传册印刷工艺选择与设计	

任务交付 4：选择一种 H5 页面制作工具，运用产品 H5 页面设计的方法，制作标题和文案、设计排版，并填写表 4-46。

表 4-46　产品 H5 页面设计思路

研究目标	研究结果
选择的制作工具	
标题	
文案内容	
文案配图	

任务交付 5：为品牌设计一则 30 秒以内的产品广告片，写出广告片脚本，要求符合产品广告片内容的要求，有条件的小组可以录制成成品，并填写表 4-47。

表 4-47　产品视频设计思路

研究目标	研究结果				
产品广告片主题					
产品广告片故事梗概					
镜号	景别	长度	画面内容	声音	字幕

（七）评价反馈

评价说明：在本次任务完成后，由任课教师主导，采用学习过程和学习结果评价相结合的方式，以自我评价、小组评价、教师评价为出发点，由教师确定三种评价方式分别占总成绩的比例，并加权计算出学生个人本次任务的考核评价分。任务完成考核评价表如表 4-48 所示。

表 4-48　任务完成考核评价表

流程名称	产品规划设计	班级	
项目组		学生姓名	
评价方式	评价内容	分值	成绩
自我评价	负责任务的完成情况	20	
	对产品规划设计知识和技能的掌握程度	40	
	是否胜任小组内的工作	25	
	能否积极认真负责地完成组内分配的任务	15	
	总计		
小组评价	本小组的本次任务交付情况及完成质量	30	
	个人本次任务交付情况及完成质量	30	
	个人的合作精神和沟通能力	20	
	个人针对问题的理解、分析和处理能力	20	
	总计		

续表

评价方式	评价内容	分值	成绩
教师评价	有清晰的产品开发计划，对产品市场有研究，能够明确产品发展方向	10	
	产品及服务定位清晰，目标客户群体明确	10	
	结合市场反馈，设计科学合理的产品定价	10	
	产品命名具有合理性	10	
	能够挖掘出产品卖点，并能够清楚描绘产品给客户带来的价值，说明产品竞争优势	10	
	产品 Logo 设计情况	5	
	产品包装设计情况	5	
	产品宣传设计（宣传册、H5、短视频）	10	
	产品广告片设计的创意性和吸引力	10	
	信息收集、分析、文字总结提炼能力	10	
	团队的沟通协作情况，共同完成任务且分工明确	10	
	总计		

成绩＝自我评价（　　）×0.2＋小组评价（　　）×0.2＋教师评价（　　）×0.6＝

（八）知识园地

1. 产品架构规划

产品是消费者与品牌建立情感的载体，是品牌生存的基础。要让消费者认同你的品牌，首先得让消费者认同你的产品。产品架构一般是指一个企业的产品系列规划，包括各系列的市场定位规划、各系列的型号和规格规划、各系列的生命周期规划等模块。矩阵式产品架构模式如表 4-49 所示。

表 4-49　矩阵式产品架构模式

		市场占有率	
		高	低
销售增长率	高	定义：明星 定位：标杆、旗帜 战略：维持或继续投资提高增长率，会逐渐转变为现金牛	定义：问题 定位：培育转化 战略：增加营销投入，提升竞争力，提高市场份额，向明星发展或转向瘦狗
	低	定义：现金牛 定位：利润主力军 战略：企业资金主要来源，向明星和问题提供资金供应	定义：瘦狗 定位：衰退型产品 战略：剥离战略，尽早出货，逐渐退出

2. 产品开发策划

（1）自身产品特质梳理。

产品开发思维，就是巷战思维，根据项目二"行业发展趋势研究""消费者需求与消费者行为研究""竞争格局分析与竞争策略制定研究"所述内容与工具开展相关工作后，需要根据相应结果进一步做好自身产品的特质研究。这个阶段尤其强调产品外观、功能、结构等内化属性的研究，做到有的放矢。

产品定位的方法包括消费者需求法和竞品差异法。消费者需求法是指探测到的需求是否是伪需求；企业的资源是否足以支撑、引领和推动该需求。竞品差异法是指和竞品对标，找到产品方面的差异点；甚至细化到系列或型号，并以此作为核心突破口进行营销传播。

（2）产品定价。

成本导向定价法——售价与成本之间的差额，即在产品单位成本的基础上，加上预期利润作为产品的销售价格：成本+利润+税金=价格；

品类对比定价法——适用于缺乏强关联竞品的新品类，这些品类由于没有相同品类的竞品可以对比，因此在定价时需要参考一些类似品类；

竞争导向定价法——根据市场竞争环境下主要对标对象的产品定价来确定自己的定价；

产品矩阵综合定价法——根据波士顿矩阵，同一个企业不同战略意图的产品，采用成本定价、竞争导向定价、品类比对定价等不同的定价策略。

（3）产品命名。

①营销上讲的产品名是什么：营销上指的产品名不是行业规范的品类标准名称，而是用于消费者便于记忆和传播的名称；

②产品名是重要的品牌资产：产品名也需要进行商标注册保护，尤其是快消品行业，产品在市场运作时，甚至会超越母品牌；

③如何进行产品命名：与品牌命名方法一致。此外，产品命名也可以把重点放在该产品的特点提炼上。

（4）运用FABE推销法提炼卖点。

①F（Features，特征）：描述商品的款式、技术参数、配置；

②A（Advantages，优点）：解释该产品的优点；

③B（Benefits，好处）：是将优点转化成购买动机，告诉客户购买后可以为客户带来什么好处；

④E（Evidence，证据）：是向客户证实所讲的真实性或可靠性。

FABE推销法标准句式是：因为F（特征）……，从而有A（优点）……，对您而言有B（好处）……，你看E（证据）……

3. 产品形象设计

（1）产品Logo设计。

产品Logo设计与品牌Logo设计的技巧一致，此外，还有一些独特的地方：产品Logo设计风格要匹配消费客群及产品调性；产品Logo最好以文字为主；产品Logo设计需注意应用材质与环境。

（2）产品包装设计。

在进行产品包装设计时应注意：产品包装设计要匹配其定位；包装器型与材质要考虑成本因素；包装结构创新不能与终端展示和运输矛盾；包装形态应考虑品类原型概念；不能单纯为了追求仪式感而过度包装；注意考虑包装的颜色与营销的关系。

（3）产品图片设计。

标准呈现：标准呈现类产品图片如同人们的标准证件照，以去个性化的逻辑来单纯地表达产品的形状、质地、结构、色彩等，让人可以清晰地判断出该产品的外在特质。

特质表达：特质表达类产品图片一般需要严格按图产品卖点体系来呈现，通过结构、使用场景、功能表达等各个维度展开，当然还需要更多的后续修正和效果虚拟，以实现卖点的充分表达。

调性表达：调性表达类产品图片将产品融入理想的情境中，在情境中通过图片调性来表达品牌的受众人群、品牌定位等，是要求最为高端的一种方式。

（4）产品宣传册设计。

产品宣传册以品牌定位与形象策略为基调，再根据产品竞争优势与客户买点提炼内容进行文案策划与撰写。

首先，考虑产品宣传册设计的核心逻辑与要素：产品解决了消费者什么痛点？产品在什么情境下使用？产品被什么人使用？产品的具体功能是什么？产品与竞品相比有什么独特的优势？产品的优势的佐证有哪些？产品的大致参数是什么？

其次，版面编排除了美感外，更要根据品牌调性，选择适合的编排风格，或严谨细密、或粗犷奔放、或精致、或普拙……

最后，需要注意册页的开本尺寸与印刷工艺主要取决于产品品类及售卖的场景、受众与定位。

（5）移动端产品推送页设计。

移动端产品推送页 H5（HTML5，H5）现在的定义，特指基于 HTML5 技术的交互网页应用，以商业用途为主，是近两年因移动网络的发展而兴起的一种"在线宣传册页"。

（6）产品视频设计。

①产品陈述说明片。

产品陈述说明片采用较为理性的陈述方式，把产品开发理念、产品综合特质、结构主材、应用场景等内容，甚至产品的一般故障清除、维修政策流程等各个方面，都进行较为翔实的陈述表达，时长可达 1~5 分钟。一般用于产品说明会、产品招商会、产品投标会等非最终使用客户，以代理商、经销商、大宗购买商为主。

②产品广告片。

相对于产品陈述说明片的面面俱到，产品广告片会在凸显产品的特质和优势上下功夫。产品广告片除了常规电视媒体播放使用外，可以在一切传播载体使用，如专卖店、货架上、促销现场、电梯间、手机 App、门户网站、视频网站、线上店铺等，受众对象以最终购买和使用者为主。

③短视频。

短视频没有特定的表达形式，具有生产流程简单、制作门槛低、参与性强等特点，一般用于短视频平台传播及社交传播。

流程四 品牌传播推广

（一）学习目标

学习目标如表 4-50 所示。

表 4-50 学习目标

知识目标	（1）了解品牌推广的作用； （2）掌握渠道设计的原则； （3）掌握整合营销传播的方法； （4）掌握品牌危机公关的原则
技能目标	（1）能够根据产品和企业资源进行渠道设计； （2）能够撰写整合营销活动策划方案； （3）能够对企业的品牌危机公关提出建议
素质目标	（1）崇尚宪法、遵法守纪，整合营销传播活动的策划符合相应的法律法规； （2）崇德向善、诚实守信、具有社会责任感，在处理品牌公关危机的时候能够真诚坦率地面对媒体和公众，主动承担责任

（二）明确任务

完成前期的产品规划后，接下来就要进行品牌传播推广。
（1）搭建营销渠道，建立可靠的品牌宣传体系。
（2）整合营销传播，根据目标客群的切实生活状态，针对性策划传播，与他们同频共振。
（3）品牌危机公关处理，面对营销突发事件或活动，能够明确解决问题/事件的方法方式。

（三）获取资讯

了解本流程需要掌握的内容，包括营销渠道设计、整合营销传播策划、品牌危机公关处理等，首先需要收集相关资料。

☞引导问题 1：作为该品牌的设计团队，应如何建设规划其传播体系？

☞引导问题 2：根据前期对项目品牌的调研分析，以及对目标客户的画像，在选择媒体宣传渠道方面应着重注意哪些事项，或选择什么类型的平台？

☞**引导问题 3**：通过对选定平台的了解，针对品牌推广所选择的平台，账号定位是什么？

☞**引导问题 4**：结合对品牌产品的了解，应该着重选择哪些节假日活动来参加？应推出什么样的活动类型？

☞**引导问题 5**：思考一下，一般情况下品牌危机公关会出现哪些情况？处理方式是什么？

（四）制订计划

制订计划如表 4-51 所示。

表 4-51　制订计划

序号	项目	任务明细	开始时间	完成时间	负责人	备注
1	营销渠道设计	设计渠道营销结构				
		渠道策略制定				
2	整合营销传播策划	选择整合营销媒介及营销工具				
		营销平台搭建及定位				
		根据营销渠道，制定营销预算				
		制定整合营销活动策划方案				
3	品牌危机公关策划	辨识品牌危机公关				
		制定品牌危机公关处理方案				

（五）做出决策

（1）明确品牌传播推广渠道，选择平台及营销工具；

（2）制定品牌传播推广方案（品牌/产品大小活动）；

（3）明确推广平台账号定位；

（4）商议决定品牌活动计划（活动主题、举办时间、举办方式、产品、人员工作内容等）；

（5）制定品牌危机公关策划方案，明确问题事件处理方式方法。

（六）工作实施

1. 营销渠道设计

任务交付：学生以小组为单位，沿用本小组在流程二创建的品牌，针对产品的特点和目标受众的购买习惯，根据渠道设计的原则，对其营销渠道的结构进行设计，并填写表 4-52。

表 4-52　品牌传播推广营销渠道结构设计

研究目标	研究结果
营销渠道结构图	
横向渠道结构设计结果及原因分析	
纵向渠道结构设计结果及原因分析	

2. 整合营销传播策划

任务交付 1：根据品牌及其产品的目标受众，使用整合营销传播的媒体知识和传播宗旨，填写表 4-53。

表 4-53　整合营销传播媒介选择分析

研究目标		研究结果
传播媒介选择	传统媒体	
	新媒体	
选择缘由	传统媒体	
	新媒体	

任务交付 2：参照图 4-6，为品牌设计一份完整的整合营销活动策划方案。请将研究成果做成 Word 文档或者 PPT，Word 文档要求有封面、目录、页码。

一、市场分析
　　（一）市场形势
　　（二）消费需求
　　（三）竞争状况
　　（四）企业自身资源
二、营销策略
　　（一）整体目标
　　（二）营销策略
　　（三）进度规划

三、营销方案
　　（一）活动目标
　　（二）活动主题
　　（三）活动受众
　　（四）活动内容与形式
　　（五）活动时间
　　（六）媒体策略
　　（七）活动预算
　　（八）预期效果

四、管控要求
　　（一）确定管控负责人
　　（二）确定管控要点
　　（三）确定管控节点
　　（四）每日推进与数据跟踪
　　　1. 项目执行进度表
　　　2. 指标监控进度表
　　（五）考核通报与总结

图 4-6　整合营销活动策划方案文档结构

任务交付 3：参照表 4-54，围绕产品设计一场较大的活动，可借助平台促销、节假日等事件，进行营销。

表 4-54　产品活动策划研究

研究目标	研究结果		
活动主题	☐平台大促 ☐节假日活动 ☐企业周年庆		
活动准备			
活动预热			
活动举办			
活动安排			
活动总结复盘			
序号	工作内容	负责人	完成时间
1	活动方案撰写		
2	活动预热文案/图片/视频		
3	活动物料准备（海报、条幅、活动奖品等）		
4	活动中文案/视频宣传		
5	活动中直播		
6	活动收尾		
7	活动结束后二次推广		
8	活动总结与复盘		

3. 品牌危机公关策划

任务交付 1：各小组认真阅读、倾听其他小组设计的整合营销活动方案，采取小组配对方式（或其他交叉方式），在其整合营销活动范畴内，互相提出一个可能发生的不良事件，形成品牌公关危机事件设计思路，并填写表 4-55。

表 4-55　品牌公关危机事件设计思路

研究目标	研究结果
目标小组组号	
目标小组营销活动	
公关危机事件设计	

任务交付 2：针对自己接收到的品牌公关危机事件，根据品牌危机公关的原则，设计该品牌公关危机解决思路，并填写表 4-56。

表 4-56　品牌公关危机解决思路

研究目标	研究结果
本小组品牌公关危机事件	
处理方式和步骤	

（七）评价反馈

评价说明：在本次任务完成后，由任课教师主导，采用学习过程和学习结果评价相结合的方式，以自我评价、小组评价、教师评价为出发点，由教师确定三种评价方式分别占总成绩的比例，并加权计算出学生个人本次任务的考核评价分。任务完成考核评价表如表4-57所示。

表4-57 任务完成考核评价表

流程名称	品牌传播推广		班级	
项目组			学生姓名	
评价方式	评价内容		分值	成绩
自我评价	负责任务的完成情况		20	
	对品牌传播推广知识和技能的掌握程度		40	
	是否胜任小组内的工作		25	
	能否积极认真负责地完成组内分配的任务		15	
	合计			
小组评价	本小组的本次任务交付情况及完成质量		30	
	个人本次任务交付情况及完成质量		30	
	个人的合作精神和沟通能力		20	
	个人针对问题的理解、分析和处理能力		20	
	合计			
教师评价	有完整的品牌传播推广运营执行方案，并能获得较好的数据		20	
	有清晰合理的市场营销/平台推广预算		10	
	有明确、完整的活动策划方案		10	
	针对媒体平台营销推广，进行营销数据分析及优化		10	
	进行用户细分管理，能够根据用户行为，实现精准互动营销		15	
	有明确的品牌危机公关处理方案		15	
	信息收集、分析、文字总结提炼能力，数据分析能力		10	
	团队的沟通协作情况，共同完成任务且分工明确		10	
	合计			

成绩=自我评价（　　）×0.2+小组评价（　　）×0.2+教师评价（　　）×0.6=

（八）知识园地

1. 营销渠道设计

（1）什么是营销渠道？

营销渠道——就是企业生产出来的产品通过什么方式让消费者可以买到。

营销渠道更像"一座桥梁"，把产品从生产者转移到消费者手中，它弥合了产品、服务和消费者间的缺口，主要有地点、时间、持有权等缺口。

(2) 营销渠道的职能。

订货——一方面为消费者提供产品信息，另一方面方便厂家获取消费者的需求信息，以求达到供求平衡。

配送——企业会采用物流为零售商发货，零售商需要为消费者提供快递等配送服务。

结算——商家在进货时需要给厂家付款，消费者在购买产品后需要给商家付款。

(3) 营销渠道的价值。

当企业的产品经历渠道的订货、结算、配送三大功能后，也就完成了从产品到商品，最终成为用品的转变，渠道也就实现了其基本价值。渠道的价值包括以下方面：

①疏通生产者与消费者之间的障碍，铺平产品到用品的道路。

②提高营销效率，降低营销成本，企业无须再到处寻找用户，节省了大量费用。

③发挥协同作用，市场资源共享，可分摊广告费、共享信息、确定合理的库存量、合用订货系统、使用物流基础设施等，大大提高了商品营销速度，拓展了销售空间。

④规避企业的市场风险，可抵御市场开拓风险、仓储风险、运输风险、资金风险等。

⑤渠道是企业的无形资产，可实现调研、促销、寻求客户、编配商品、交易洽谈、财务融资等多方面价值。

(4) 营销渠道的结构如图 4-7 所示。

短渠道优劣	长渠道优劣
减少渠道利润分配	需有利润空间支撑
市场反应迅速	市场反应速度慢
分散企业风险	企业风险增加
营销成本增加	营销费用较低

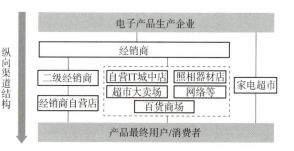

窄渠道优劣	宽渠道优劣
渠道利润集中	产品分销面广
市场易于管控	市场不易管控
渠道之间冲突小	渠道冲突增加
产品分销面狭窄	渠道利润分散

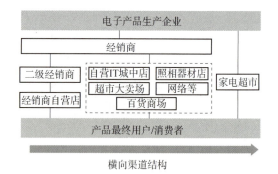

图 4-7 营销渠道的结构

(5) 渠道设计的原则。

渠道设计的核心宗旨——以消费者为导向，以企业资源为标准。

①方便购买：一切以方便客户购买为准绳；

②服务到位：根据产品类别不同，方便为客户提供适合的服务；

③资源合理：营销效率最大、费用花费最低；

④和谐共赢：厂商之间，要以和谐共赢为发展原则，互惠互利。
营销渠道的选择分析如图4-8所示。

选择短渠道的几种情况	选择长渠道的几种情况
①大型专用技术型产品、需要较强的售前售后服务顾问的产品； ②需要直接向客户介绍产品特性的产品； ③需要对渠道本身有较强控制力； ④需要降低流通费用，掌握价格主动权。	①日常用品、快消品等产品； ②需要扩大产品流通范围和销量、提供占有率； ③企业资金有限，对渠道控制力不高。
选择宽渠道的几种情况	选择窄渠道的几种情况
①产品差异性小、价格低，且客户较为集中、分布广，消费数量大； ②企业资源较少，资金紧张，需省节开支、提高效率； ③企业营销渠道未建立或不多的阶段。	①产品技术性强、复杂，需要专业性售前售后顾问服务； ②产品覆盖面小，市场风险又较大； ③市场竞争格局比较稳定； ④需要维持市场的稳定性，提高产品单价，提高销售效率。

图 4-8　营销渠道的选择分析

2. 整合营销传播策略

（1）整合营销传播。

整合营销传播，是以消费者为导向，采用统一的传播信息（诉求），协同品牌广告、促销活动、公关活动、品牌形象、产品包装、新闻媒体等所有传播渠道与载体向消费者进行传达。即"用一种声音，传播一个形象，形成一个认知"。

如果我们希望人们记住我们的品牌或产品，除了"一种声音传播一个形象"外，更重要的就是"不断重复"它。所以我们需要努力通过企业内部团队与外部资源合作，相互协同，把品牌传播信息"千人一面"地贯彻到所有品牌营销层面。

（2）整合营销传播宗旨。

①信息传播必须统一，实现单点聚焦的整合能量；

②考虑品牌目标消费客群属性与需求，结合企业自身资源，量身定制媒体专属方案；

③建立有效的传播反馈系统，以期及时修正与调整，并做好总结；

④企业内部要以营销为发展导向，并以此构建传播审核流程。

（3）整合营销传播包含以下步骤：

①制订传播计划：传播计划要根据企业经营战略中的年度营销目标和策略来制定；

②核定传播预算：营销费用包括业务人员费、广告传播费、促销费、商超等分销网点费等；

③实施整合传播：大中型企业一般会把整合营销传播分为两大部分，即"企业直接投放"的传播和"地方公关促销类"的传播；

④监控与总结：及时修正与调整。

（4）整合营销活动策划。

品牌推广的方式不仅局限于广告的投放传播，各类线上线下的营销推广活动也是非常必要的。营销活动的开展分为总部制定的全国性活动和分公司/办事处开展的区域性活动。不管是企业层面开展的全国性活动,还是各地分公司/办事处开展的区域特色性活动,都需要制定活动策划方案后再实施。

①市场分析。

市场分析是指对本次整合营销活动开展的市场形势、消费需求、竞争状况、企业自身资源等情况的分析。此部分的分析为营销策略和营销方案的制定提供决策支持。

②营销策略。

营销策略是指此次整合营销活动的整体目标、策略和进度规划,是本次活动的总体设计。

③营销方案。

营销方案是指具体的活动方案,活动方案的撰写要求能落地、可执行,是整合营销活动策划方案中篇幅最多的部分。

营销方案包括活动目标、活动主题、活动受众、活动形式与内容、活动时间、媒体策略、活动预算、预期效果等内容。

④管控要求。

活动执行需要全面推进与管控,以确保其质量。活动执行管控要求包括:确定管控负责人、确定管控要点、确定管控节点、每日推送与数据跟踪、考核通报与总结等。

3. 品牌危机公关

(1) 什么是危机公关?

公关即公共关系,是指通过一系列行为来获得公众的认可或谅解。公共关系的核心是声音的制造与平息,因此与媒体紧密相连。

危机公关,是指机构或企业在经营过程中,遇到了与公众认知不一致的言论和行为,为避免或减轻这样不一致的"冲突"所带来的损害和威胁,品牌管理机构需要制定和实施一系列措施,将品牌声誉损失降到最低。

(2) 品牌危机公关的原则主要有三点:真诚的态度是核心;速度决定影响面;冷处理是必要的方式。

品牌认知定位理论

品牌认知定位实训

品牌形象设计理论

品牌形象设计实训

产品规划设计理论

产品规划设计实训

品牌传播推广理论

品牌传播推广实训

情境五　区域产品升级与运营

导论　情境描述

（一）学习情境

在新时代发展趋势下，大多数品牌都遇到了由不确定性带来的发展瓶颈，流量成本的持续上升让品牌与消费者的关系拉近成为难题。越来越多的品牌方希望能找到更高效的品牌建设和品牌增长路径。现今，数字化为品牌建设提供了可能性，在数据的支撑下，通过科学的洞察、度量和优化，品牌不仅可以看清营销方向，敏锐地洞察消费者变化，而且可以选择更适合自身的品牌建设路径，在品牌发展的道路上走得更快、更稳、更远。数字品牌是数字时代下企业进行品牌增长的战略，通过数字媒体建立、维护和扩大品牌的过程。

企业要想实现长远发展，就需要有自己的核心竞争力，历史悠久是口碑，过硬的产品能够吸引广大消费者，在这个基础上如果借势数字经济，升级区域产品运营模式，打造数字品牌战略，就能够为消费者提供具备价值、情怀、归宿、品质的多元化产品输出。尤其是在全媒体环境下，品牌需要源源不断地打造精品创新的内容输送给用户，有了用户就有了黏度，有了黏度就有了可持久发力的战场，就能够让用户感受品牌的匠心精神及有价值的灵魂。

数字化为品牌找准目标消费者提供了明确的方向。前数字化时代，品牌理解消费者，主要是通过后置性的、长周期的市场调研、洞察分析等完成，受限于数据样本量、时间周期滞后等原因，往往会"误读消费者"。而数字时代，品牌获得了更多直接触达消费者，并与他们深度互动、及时反馈、合作共创的机会，而这个过程中带来的流量与交互，都能沉淀为品牌的数据资产，让品牌营销行为"可视化""可追踪""可度量"，能够实时地掌握消费者的兴趣心理、消费行为、消费场景，能够帮助看清自己在市场中的位置，从而找到更正确的发展目标。

本学习情境主要面向区域产品进行升级策划及数字品牌策划，团队需选择当地特色产品品牌，调研了解其市场规模、品牌发展现状、产品供应链、产品销售链等，提出区域产品升级及数字品牌建设方案。

学习案例：所有人都知道，一个好的牛奶品牌，必须从产业端开始做起，"奶牛养得好，牛奶才会好"。但拥有好的奶牛，并不一定能做出好的品牌，关键在于品牌数字化。"认养一头牛"就是典型的数字品牌。与传统牛奶品牌不同，它一开始就是在线上渠道发布上市，而不是在线下渠道铺货。它后来的一系列品牌运作，都是围绕目标顾客核心诉求做数字化链接，并以品牌故事、理念、价值承诺来赢得客户认可和品牌溢价。

当然，数字品牌不可能永远停留在虚拟世界中，也要虚实结合，真正落到消费者生活的实处，这就需要品牌管理者认真打磨其产品背后的产业链，强化品牌价值，沉淀品牌资产。

（二）角色能力

本情境的角色划分主要围绕电商项目网店运营设定，需要确定品牌策划、渠道营销优化、供应链优化、客户服务、仓储管理等角色。角色对应人员需要持续围绕职责开展工作，在不同的情境流程下带领团队成员完成阶段任务，直到最后结项进行项目总结及考核答辩。岗位划分及岗位职责如表5-1所示。

表5-1　岗位划分及岗位职责

序号	岗位	岗位职责（典型工作任务）
1	品牌策划	（1）制订竞争对手、行业信息和产品信息等市场调研计划，开展市场调研工作； （2）根据市场调研情况，设定品牌的目标，进行数字品牌的定位； （3）负责数字品牌形象设计、企业与品牌识别设计、线上线下包装设计等； （4）负责数字品牌的形象设计、产品宣传设计、公司对外宣传活动的设计； （5）负责为日常运营活动及功能维护提供美术支持，包括H5视觉、海报等； （6）参与作品的定位、定向、定风格的研究； （7）与市场部沟通了解需求，配合完成品牌推广、活动策划的设计制作； （8）负责商品图片制作、后期处理及上传，整体把握品牌视觉效果； （9）有较好的策划能力、创意思维和理解能力； （10）有较强的团队协作精神，有责任心，注重细节； （11）工作态度认真，能在较大的压力下保持良好的工作状态，作风踏实严谨
2	渠道营销优化	（1）关注行业动向、国内外品牌发展趋势、竞争品牌的市场表现，提出改进建议； （2）负责产品开发前期调研、新品定位及概念确定，确定新品规划和立项； （3）挖掘产品的亮点与卖点，使产品描述实现多样化、内容化、品牌化； （4）根据市场需要进行线上及线下市场推广活动的策划并制定具体的活动方案； （5）制作并完善产品手册、宣传折页、海报、销售支持材料等； （6）熟悉品牌推广以及运作流程、促销活动的策划及操作流程； （7）能够独立组织制定市场规划、市场销售策略、产品拓展等工作； （8）有创意，思维活跃，能够独立构建完整的产品品牌、项目推广计划； （9）熟悉线下活动流程，能够有效协调兄弟部门组织实施活动计划； （10）组织协调、表达能力出众，能够有效利用资源保证活动的正常开展

续表

序号	岗位	岗位职责（典型工作任务）
3	供应链优化	（1）调研了解公司整个供应链系统，参与制订公司发展战略与运营计划，组织制订并实施供应链战略规划； （2）完善供应链系统，制定切实可行的原料采购、仓储管理、制品入库、销售订单、销售出库、配送出库、销售退库、生产等管理工作流程，实施监控和管理； （3）建立和健全供应商和承运商的开发、维护、跟踪及评估体系，合理控制采购及运输成本； （4）进行仓储、运输物流绩效及数据分析管理，优化物流作业效率，降低储运成本并改善服务，提高客户满意度。建立盘点制度，规范仓储管理，合理规划库容及仓库设置，合理组织运输业务，降低运输成本； （5）制订长、中、短期生产计划及物料需求计划，跟进生产进度，确保满足订单需求； （6）整合供应链相关职能部门，优化发货计划、生产计划、库存计划及采购计划等，确保满足市场需求，保障生产有序进行，提高运营效率

（三）工作规程

工作规程如图 5-1 所示。

图 5-1 工作规程

流程一　数字品牌策划

（一）学习目标

学习目标如表 5-2 所示。

表 5-2　学习目标

知识目标	（1）掌握数字品牌概念及特点； （2）掌握品牌现状调研分析的方法； （3）掌握数字品牌 Logo 图形、字体、色彩设计的技巧； （4）掌握数字品牌线上形象建设的要点； （5）掌握数字品牌传播的战略； （6）掌握数字品牌成功的关键要素

续表

技能目标	（1）能够对企业品牌现状进行调研并识别发现问题； （2）能够识别数字品牌建设需求及创新点，构思企业数字品牌； （3）能够提出数字品牌线上 IP 构建的建议； （4）能够提出数字品牌社媒传播的建议； （5）能够制定数字品牌内容营销的策略； （6）能够制定数字品牌线上整合营销的方案
素质目标	（1）具有高尚的人格素养，表里如一； （2）具备健康的审美情趣和良好的审美素养，设计品牌形象时有驾驭、表达美的能力； （3）具备创新思维，敢想敢做，并且具备良好的执行力； （4）具备团队沟通协作能力，独立分析问题、解决问题的能力

（二）明确任务

以往，我们提及品牌，主要是指：标识、VI、颜色、声音、图形、文字等；现在，我们在全新阶段——数字世界，或更进一步，网络世界、元世界，媒介是交互性的，虚拟与现实互为融合与增强，消费者成了技术的增强者、主动的参与者、积极的创费者。品牌不再停留在文字、图像、声音等，它还对应着一系列用户的情绪反应和参与行为，就像在人际关系中一样，信任和忠诚是通过行为货币获得的；同样，商业模式与业务在技术加持及用户驱动下，有了更多延展与可能性。本流程任务主要是选择当地特色/知名品牌，进行品牌调研分析、数字品牌设计，并为其制定数字品牌策划方案。

（三）获取资讯

了解本流程需要掌握的内容，包括数字品牌概念、数字品牌特点及数字品牌建设要点等，首先需要收集相关资料。

☞引导问题 1：什么是数字品牌？在网上了解学习"认养一头牛"及类似案例，总结数字品牌特点。

☞引导问题 2：数字品牌和传统品牌的区别是什么？有什么共性和特性？

☞引导问题 3：分析市场上数字品牌的案例，了解数字品牌成功的关键要素。

（四）制订计划

制订计划如表 5-3 所示。

表 5-3　制订计划

序号	项目	任务明细	开始时间	完成时间	备注
1	品牌现状调研	了解企业品牌定位			
		了解企业品牌运营现状			
		识别企业品牌发展问题			
2	数字品牌构思	结合品牌发展规划构思数字品牌			
		品牌形象广告片脚本设计			
		品牌形象 15 秒短视频脚本设计			
3	数字品牌策划	品牌线上形象设计			
		品牌线下形象设计			

（五）做出决策

（1）明确数字品牌策划的背景、意义及目的；

（2）了解企业品牌定位、发展现状及现存问题；

（3）制定品牌形象设计方案，确定设计主题、设计内容、设计风格、方案大纲等；

（4）根据前期分析的结果，确定品牌形象设计内容（如品牌 Logo、IP 形象、短视频、海报等内容）；

（5）结合产品特性，为产品进行品牌五感设计，团队集思广益，利用产品特有的优势，提出不同的创作方向及理由，最后投票选出最佳的品牌文案。

（六）工作实施

1. 品牌现状调研

任务交付 1：调研企业资源、核心能力、营销策略、获利模式等情况，分析企业进行数字品牌建设的可行性，并填写表 5-4。

表 5-4　企业现状调研

企业是否有充足的资源	
企业能否满足消费者的需求	
企业是否善用网络特性	
企业是否具备核心能力，可列举	
企业是否在不断创新	
企业是否制定了良好的营销策略	
企业是否找到了正确的获利模式	
数字品牌建设思路	

任务交付 2：对接当地特色产品，调研分析品牌定位、发展现状、发展战略及发展规划等，了解进行数字品牌转型的可行性，并填写表 5-5。

表 5-5 品牌现状调研

品牌名称	
品牌定位	
品牌形象	
品牌发展规划	
品牌传播策略	
品牌打造现存问题	
品牌打造创新点	
数字品牌建设思路	

2. 数字品牌构思

任务交付：对接企业产品及品牌负责人，对企业及品牌现状进行分析，了解品牌理念、故事及创建历程等要素，结合数字品牌战略，对企业品牌 IP 进行构思，提出优化方案，以 Word 形式提交。

3. 数字品牌策划

任务交付：结合数字品牌战略及数字品牌运营策略，为企业提供数字品牌运营策划方案，包括数字品牌定位、数字品牌运营策略、数字品牌传播方案（包括但不限于媒体传播、活动策划、社群策划）等，以 Word 形式提交。

（七）评价反馈

评价说明：在本次任务完成后，由任课教师主导，采用学习过程和学习结果评价相结合的方式，以自我评价、小组评价、教师评价为出发点，由教师确定三种评价方式分别占总成绩的比例，并加权计算出学生个人本次任务的考核评价分。任务完成考核评价表如表 5-6 所示。

表 5-6 任务完成考核评价表

流程名称		数字品牌策划	班级	
项目组			学生姓名	
评价方式		评价内容	分值	成绩
自我评价		负责任务的完成情况	20	
		对数字品牌策划知识和技能的掌握程度	40	
		是否胜任小组内的工作	25	
		能否积极认真负责地完成组内分配的任务	15	
		合计		

续表

评价方式	评价内容	分值	成绩
小组评价	本小组的本次任务交付情况及完成质量	30	
	个人本次任务交付情况及完成质量	30	
	个人的合作精神和沟通能力	20	
	个人针对问题的理解、分析和处理能力	20	
	合计		
教师评价	了解数字品牌概念、数字品牌与传统品牌相比具有的共性和特性	15	
	能够对接企业，调研分析企业品牌现状，找到品牌现存问题	20	
	能够结合企业品牌问题重新进行构思，提供数字品牌升级优化方案	15	
	能够针对数字品牌运营传播，提出相应的策划方案	15	
	构思的数字品牌线上线下传播方案符合品牌定位，具备可行性	15	
	信息收集、分析、文字总结提炼能力，数据分析能力	10	
	团队的沟通协作情况，共同完成任务且分工明确	10	
	合计		

成绩＝自我评价（　　）×0.2＋小组评价（　　）×0.2＋教师评价（　　）×0.6＝

（八）知识园地

1. 数字品牌概念

品牌被理解为一个名称或符号或组合的形式，在人们的意识当中形成完整的综合反映，以独有的、可识别的概念来表现市场中的差异性，并以持续的市场行为活动来形成长期性的一种形象认知。品牌背后是企业、产品与消费者之间的关联；也可以认为，即便是相同品类的产品，但当被冠以不同的品牌时，就能带来不同理解和心感的效果。

但不可否认的是，品牌所处的时代已发生天翻地覆的变化，互联网、移动设备已成为人们工作与生活的必需品，数字化让营销人员对消费者决策过程有了非凡的洞察力，而社交媒体则以前所未有的方式赋能用户，使他们能够公开追究品牌的责任，也能轻松参与品牌的共创。

数字品牌的定义是：数字品牌主要通过企业官方数字渠道或其他数字媒体建立互动，从而形成个人或组织的身份识别，建立知名度与美誉度。数字品牌是一种品牌管理技术，主要利用互联网品牌和数字营销相结合，利用一系列数字方式包括基于互联网的关系、数字设备或数字媒体内容，开发一个品牌。

数字品牌是人们在与你的名字或业务进行在线连接时，人们所见、所听、所感及所想。数字品牌建设，是一个深思熟虑的过程，以创造一贯积极的、有吸引力的品牌形象和品牌信息。

与传统品牌相比，"数字化品牌"在运营和管理上，理念有所进化，完全直面用户，以建立持续深层关系为核心——品牌不再属于企业，而属于消费者；不再是 B2C 有组织的、受控制的，而是 C2B2C 可信赖的、透明的；不再是产品驱动、静态的独白，而是用户驱动、动态的对话。

2. 数字品牌战略

用户与品牌接触的一个重要途径，即"品牌环境"。在传统营销时代，"品牌环境"是指将一个组织的品牌体验，以名称、符号和设计表达等显著特征，扩展应用到组织的内部或外部物理环境设计中。它利用空间作为品牌的物理体现，如体验店、零售店、陈列室、贸易展览会等展位或办公环境等，为消费者创造一个"品牌空间"。面对数字化程度不断加深的消费者，"品牌环境"显然需从传统要素向数字化类型拓界，也就是品牌需要通过"数字化触点"矩阵，来构筑全新的"品牌空间"与"品牌环境"。

（1）将一方数字化平台打造成超级用户平台（通常以超级 App 为主），覆盖用户全生命周期，强化用户与品牌的深度连接、深度关系。

（2）通过社会化媒体矩阵，强化品牌的社会化人设，建立基于兴趣与关系驱动的真实沟通。

（3）新媒体触点，包括短视频、直播、音频、电子游戏等，对于数字化品牌来说，不可或缺，需要结合自身战略、目标用户群体特性进行布局和规划。

（4）线上线下触点需要围绕用户需求场景，进行打通、串联，为用户提供无缝的品牌感知和体验。

（5）数字化产品、数字化客服、数字化展厅、数字化内容，是数字化品牌不可忽略的新产品、新服务、新环境、新表达。

3. 数字品牌建设要求

（1）看企业是否拥有充足的资源。

资源包括人员、设备、技术或现金等有形资产，还有知识产权、网页网站、媒体矩阵、电商平台、商誉等无形资产，拥有取之不竭、用之不尽的资源，是网络企业永续经营的最基本条件，但若只靠资源，要在如此诡谲多变的环境中脱颖而出，是绝对不够的。

（2）判断企业是否能够满足消费者的需求。

一个以消费者为导向的时代，不再是卖方提供什么，买方就买什么；而是买方要什么，卖方就提供什么，因此企业经营的发力点，就应从消费者需求的角度出发，才能吸引客户关注，使客户感兴趣，从而在网站上产生消费行为。

（3）是否善用网络特性。

若想把商业网站、电商平台、媒体渠道等线上平台经营得与众不同，势必要好好研究网络和平台的特性。根据自己的定位，将其特性发挥至最大化。线上平台无法提供给消费者无可取代的商品，就无法立足于社会。

（4）关注强调核心能力。

企业核心能力是很难被模仿的，而企业也因拥有这项能力所包含的专业、知识、资质而卓然出众，并掌握一定的竞争力，在市场上占有独特的优势。而核心能力的重点，在于能够决定一个企业能做什么，不能做什么，因为知道不做什么，才能免去不必要的浪费。

（5）看企业是否在不断创新。

值得注意的是："今日成功的经验并不意味着未来将会适用，反之亦然。"因此，企业绝不能因眼前的成功而沾沾自喜，必须跟随社会和市场发展，锐意创新，挑战自己。最好的企业往往是颠覆者，肯义无反顾、毫不眷恋地把自己一手建立起来的东西，彻底摧毁重建，以创造企业源泉。

(6) 是否制定了良好的营销策略。

当有一个好产品、好品牌，若无良好的营销策略加以支援，也是枉然，因此举凡网站的名称、渠道、促销活动等，都是营销策略中不可或缺的一环；除此之外，在营销的世界中，品质好的产品不一定畅销，但是一旦产品先被客户认定是好的，通常都会有较高的市场占有率，因此如何让消费者认定你是好的，也是一个值得深思的课题。

(7) 是否找到了正确的获利模式。

虽然现今大部分商业网站在经营上仍处于亏损状态，但从长远的眼光来看，仍是一块大金矿，故如何在经营上找到正确的获利模式，可以说是一门大学问。

只有考察网络企业是否符合上述七项要求，才能在对品牌要素和营销模式进行有效整合的过程中，决定是否可以形成强势的数字品牌。

4. 数字品牌成功的关键

传统品牌塑造就是与人们建立有价值的联系，而不管他们是购买你的产品还是你的服务。数字营销不会建立联系或与客户互动。取而代之的是，它与客户交谈，告诉他们有关产品或服务的问题，而不是品牌的身份。数字品牌成功的关键要素包含以下几个方面：

(1) 选择品牌名称：选择一个易于记忆且完全独特的名称，并且易于发音；

(2) 高品质标志设计：综合考虑字形、颜色、图形质量、独特性和永恒性等方面；

(3) 完全优化的网站：网站的所有方面都必须与品牌其他部分保持高质量，并且易于浏览，确保其与社交媒体平台和任何应用程序上的任何其他品牌相对应；

(4) 清晰的品牌信息：品牌信息是品牌的身份，可以是标语，应具有启发性、影响力和独特性；

(5) 搜索引擎优化：提高网站在主要搜索引擎上的自然搜索结果中的排名及知名度；

(6) 有效利用社交媒体：关键在于创建一致的优质内容进行宣传曝光，并与社交媒体上的受众互动；

(7) 内容营销：共享与品牌相关且高质量的内容，例如图文、短视频或社交媒体文章；

(8) 利用有影响力的营销：与官方媒体或 KOL 达成合作，更好地宣传品牌，加大传播度。

流程二　区域产品营销链升级

（一）学习目标

学习目标如表 5-7 所示。

表 5-7　学习目标

知识目标	(1) 熟悉认知整合营销的方法和思维； (2) 掌握整合营销基础步骤和法则； (3) 掌握传统网络营销媒介的营销方法； (4) 熟悉网络整合营销策划与推广的方法； (5) 了解网络话题整合、网络事件整合、网络活动整合和电子商务整合的方式； (6) 了解数字化营销的概念及思路

续表

技能目标	(1) 能够认识整合营销的基本知识，包括营销环境和趋势、网络营销的思维和方法； (2) 能够策划或设计一个具有实际操作性的网络整合营销案例； (3) 能够分析网络营销形式，并对资源进行全面的整合和规划
素质目标	(1) 具备创新创意的能力； (2) 具备系统思考和独立思考的能力； (3) 具有团队协作的精神； (4) 具有自觉维护良好的互联网信息环境的意识； (5) 具备诚实守信的职业道德； (6) 具备尊重知识产权的工作意识； (7) 具备爱岗敬业的职业精神

（二）明确任务

完成数字品牌策划后，接下来就是对该产品进行销售渠道的整合与营销，通过线上渠道整合的模式，帮助企业进行数字化营销，让更多的用户看到产品、使用产品，增加用户对品牌、产品的认知与黏性，加快数字品牌建设与增长。

（三）获取资讯

了解本流程需要掌握的内容，包括产品销售渠道调研与分析、整合营销方案设计与实施、整合营销效果分析等，首先需要收集相关资料。

☞**引导问题 1**：运营所学知识，叙述产品销售渠道调研的关键点。

☞**引导问题 2**：结合调研结果，选择媒体营销平台有哪些需要注意的事项？

☞**引导问题 3**：在线上收集资料，制定营销方案需要明确哪些重要的内容？

（四）制订计划

制订计划如表 5-8 所示。

表 5-8 制订计划

序号	项目	任务明细	开始时间	完成时间	负责人	备注
1	产品销售渠道调研与分析	销售渠道调研与分析				
		销售渠道调研分析报告撰写				
2	销售渠道整合营销方案设计	销售渠道整合营销方案策划				
		销售渠道整合营销方案撰写				
3	渠道整合营销活动实施	营销平台分析与注册				
		网络话题整合营销策划				
		网络事件整合营销策划				
		网络活动整合营销策划				
4	渠道整合营销活动效果分析	整合营销活动效果分析				
		整合营销优化方案或总结				

（五）做出决策

（1）明确产品渠道调研的目的；
（2）制定销售渠道整合营销方案，确定营销主题、活动内容、关联产品、方案大纲等；
（3）确定整合营销策略，选定营销平台，明确平台定位。

（六）工作实施

1. 产品销售渠道调研与分析

任务交付 1：制定产品销售渠道现状研究方案，明确团队任务内容，可以结合表 5-8，撰写相关调研文档，并在表 5-9 中标注完成情况。

表 5-9 产品销售渠道调研实施步骤

序号	实施步骤环节	完成情况
1	明确调研背景，简要介绍项目基本情况，分析项目的现状与面临的问题	
2	确定调查主题和调查目的，根据面临的问题，有针对性地设计调查主题，明确调查是为了解决什么问题	
3	确定调研内容，在调研目的的基础上，把调研问题展开、细化，至少细化到三层指标	
4	确定调查对象，结合项目目标确定向谁调查和由谁来具体提供资料	
5	确定调查方式和方法，根据调查情况与调查任务明确采用哪种方式和方法获取调查资料；为全面、准确地获得产品的市场信息，可将多种调查方式和方法结合起来使用	
6	调查的组织与控制，调查的组织管理、项目组设置、人员选择与调研质量的控制等	
7	确定调查工作进度，主要包括规定调查工作的开始时间和结束时间，从方案设计到提交调研报告的整个工作进度	
8	制作工作进度表，包括各个阶段的起止时间，主要包含方案与问卷设计、问卷调查实施、数据分析与处理、报告撰写等模块	

任务交付 2：设计调研问卷，并填写表 5-10。

表 5-10　产品调研问卷模块设计

调研问卷设计	结果
调查目的	
调查目标群体	
调查的主要内容	
调查投放位置	
调查开始与结束时间	

任务交付 3：根据前期调研数据，对市场数据进行分析、归纳汇总，参照表 5-11，并形成市场调研报告。

表 5-11　产品销售渠道市场调研报告撰写要点

报告大纲	报告内容要点
调研目的	
调研内容	
调研方法	
调研结果	

2. 销售渠道整合营销方案设计

任务交付：参照新电商品牌打造情境的流程四品牌传播推广流程及要点，制定区域产品渠道整合营销方案。

3. 渠道整合营销活动实施

任务交付：参照新电商品牌打造情境的流程四品牌传播推广流程及要点，进行区域产品渠道整合营销实施，完成对应任务交付。

4. 渠道整合营销活动效果分析

任务交付：参照新电商品牌打造情境的流程四品牌传播推广流程及要点，进行渠道整合营销效果分析，完成对应任务交付。

（七）评价反馈

评价说明：在本次任务完成后，由任课教师主导，采用学习过程评价和学习结果评价相结合的方式，以自我评价、小组评价、教师评价为出发点，由教师确定三种评价方式分别占总成绩的比例，并加权计算出学生个人本次任务的考核评价分。任务完成考核评价表如表 5-12 所示。

表 5-12 任务完成考核评价表

流程名称	区域产品营销链升级		班级	
项目组			学生姓名	
评价方式	评价内容		分值	成绩
自我评价	负责任务的完成情况		20	
	对区域产品营销链升级知识和技能的掌握程度		40	
	是否胜任小组内的工作		25	
	能否积极认真负责地完成组内分配的任务		15	
	合计			
小组评价	本小组的本次任务交付情况及完成质量		30	
	个人本次任务交付情况及完成质量		30	
	个人的合作精神和沟通能力		20	
	个人针对问题的理解、分析和处理能力		20	
	合计			
教师评价	调研数据准确，能够从不同角度梳理产品销售渠道		20	
	产品渠道整合营销设计合理		15	
	制定媒体营销方案，明确营销渠道策略		15	
	能够掌握整合营销方案实施的关键点		10	
	整合营销话题/事件/活动突出，数据较好		15	
	能够对营销效果进行分析，总结原因并优化		15	
	团队的沟通协作情况，共同完成任务且分工明确		10	
	合计			
成绩=自我评价（　　）×0.2+小组评价（　　）×0.2+教师评价（　　）×0.6=				

（八）知识园地

1. 产品销售渠道设计

（1）渠道设计。

渠道设计是指企业为实现销售目标，根据自身产品的特点，结合企业内外环境条件，对各种备选渠道结构模式进行评估和选择，从而开发新型的分销渠道模式或改进现有分销渠道的过程。

长渠道：市场覆盖面广，企业可以将渠道优势转化为自身优势；可以减轻企业的费用压力；一般消费品销售较为适宜。厂家对渠道的控制程度较低；增加了渠道服务水平的差异性和不确定性；加大了对经销商进行协调的工作量。

短渠道：厂家对渠道的控制程度较高；专用品、时尚品较为适用。厂家要承担大部分或全部渠道功能，必须具备足够的资源方可使用；市场覆盖面较窄。

（2）渠道设计准备的四个步骤。

①寻找和鉴别市场机会。

可以利用现有的市场挖掘潜力，将现有产品持续渗透到目标市场中，从而扩大销售量。在原有产品没有潜力可挖掘的情况下，可以通过现有产品去开发新的市场。在市场开发没有潜力可挖时，可以考虑研发新产品。当产品开发潜力不足时，可根据自身资源条件考虑多元化经营，在多种经营中寻求新的市场机会。

市场和分析的内容包括宏观市场环境与行业环境分析、行业伙伴分析、企业竞争能力分析等。宏观市场环境与行业环境分析主要用于对企业渠道建设环境的综合评估，包括宏观环境、行业需求特征、行业供应特征、行业平衡、进入壁垒、价值链、行业业绩等分析项目，可以根据实际和所在地市情况有选择地使用。

②了解和分析消费者需求。消费者的五项服务需求如表5-13所示。

表5-13 消费者的五项服务需求

服务需求	描述	说明
购买批量	消费者每次购买商品的数量	对于日常生活用品，团体消费者喜欢到仓储商店批发购买，而普通市民偏爱到大型超市购买。因此，购买批量的差异，要求企业设计不同的销售渠道
等待时间	消费者通过某个渠道收到货物的平均时间	消费者往往喜欢反应迅速的渠道
出行距离	消费者到商品销售地点的距离	消费者更愿意在附近完成购买行为。但不同的商品，人们所能接受的出行距离是不同的
选择范围	提供给消费者的商品花色、品种和数量	一般来说，消费者更喜欢在购买商品时有较大的选择余地
售后服务	为消费者提供的附加服务，包括信贷、送货、安装、维修等	消费者对不同的商品有不同的售后服务要求，销售渠道的不同使售后服务提供的种类和水平也不同

根据分析出的消费者服务需求结果，还要求对消费者在购买不同商品时的心理和习惯了然于胸，这样才能在渠道管理工作中更好地满足其需求，实现销售目标。消费者购买不同商品时的不同购买心理优先。同时，监控消费者购买行为的变化，通过各种方式和渠道，随时监控、掌握消费者购买行为和准则的变化，以便找准其准确需求。此外，消费者购买商品时的侧重点不同，可以为他们提供不同的选择。

③挖掘竞争对手的渠道软肋。

发现竞争对手的渠道软肋是企业在进行渠道结构设计时一种最简捷的渠道设计方法。尽管这是一项长期性的系统工程，但是能够根据竞争对手的软肋设计出与之相应的渠道结构，以此达到抑制对手、实现自身长远发展的目的。如何发现竞争对手的渠道软肋？通常的方法是先开展详细周密的市场调研，然后再认真地分析。

④坚持四项基本原则，选择最佳渠道。

在选择渠道时，都以选出最佳渠道作为其目标，因为这样才能更快、更多地卖出商品，提高消费者满意程度，为企业带来更多的收益。渠道选择基本原则如表5-14所示。

表 5-14　渠道选择基本原则

原则	说明
畅通高效	这是渠道选择的第一原则。畅通的分销渠道应该以消费者需求为导向,将产品尽快、尽好、尽早地通过最短的路线送达消费者方便购买的地点
适度覆盖	营销总监应深入考察目标市场的变化,及时把握原有渠道的覆盖能力,并审时度势,对渠道结构做出相应的调整,勇于尝试新渠道
稳定可控	营销总监一般不应轻易更换渠道成员,更不应随意换渠道。只有保持渠道的相对稳定才能进一步提高渠道的效益
发挥优势	营销总监在选择分销渠道时,为了争取在竞争中处于优势地位,要注意发挥各方面的优势,将渠道结构的设计与渠道产品策略、渠道价格策略、渠道促销策略结合起来,增强营销组合的整体优势

（3）五步构建分销渠道结构。

销售渠道设计一般有两种状况：一种是对已有的渠道结构进行升级,即再设计；另一种是设计全新的渠道结构。在渠道设计前,对这两种选择进行识别、甄选,具体方法如表 5-15 所示。

表 5-15　识别渠道设计决策需求的方法

识别方向	具体方法	说明
从企业内部识别	开发新产品或产品系列	当企业开发新产品时,如果营销总监发现现有渠道不适合新产品销售,那就需要设计新的渠道或对现有渠道结构进行调整
	为现有产品确立新的目标市场	企业将已有产品开始投放到新定位的目标市场时,营销总监要根据渠道管理中的检查和评估情况,发现渠道设计应改进的需求
	建立新企业	从头开始建立新企业,或建立兼并或购置后的新企业,一般需要营销总监重新设计渠道
从企业外部识别	分销商的改变	如果分销商开始强调自己的品牌,那么营销总监就可以寻找其他更能积极推荐产品的新分销商
	遇到渠道冲突	在某些情况下,若企业失去分销商的支持,或者与中间商沟通困难,营销总监都可能考虑重新设计渠道
	目标市场变化	随着市场环境的变化及整体市场的不断细分,原有渠道已不再能达到生产企业对市场份额及覆盖范围的要求,营销总监应及时把握原有渠道的覆盖能力,对渠道结构做相应调整
	商业经营业态的发展	商业经营业态的发展迫使营销总监考虑选择更有效的分销商类型

（4）建立渠道分销目标。

渠道任务主要有：渠道支持、推销、产品修正与售后服务、物流、风险承担,需将任务合理地分配给相关成员。渠道任务的具体内容如表 5-16 所示。

表 5-16　渠道任务的具体内容

渠道任务	详细内容
推销	新产品与现有产品推广；建立零售展厅；向消费者推销；确定价格谈判与销售形式
渠道支持	市场调研；选择经销商；地区市场信息共享；向消费者提供信息；培训经销商员工；与最终消费者洽谈
物流	存货；处理订单；向消费者报单；运输产品；处理单据；与最终消费者进行信用交易
产品修正与售后服务	技术支持；调整产品以满足消费者需求；处理退货；处理取消订单；产品维护与修理
风险承担	存货融资；向最终消费者提供信用；仓储设施投资

(5) 设计可行的分销渠道结构。

在设定好达到分销目标所需要完成的各项具体任务之后，应考虑分派这些任务的方法，即选取可行的分销渠道结构。渠道的宽度是指在整个渠道设计中各层次中选择使用的同类型、同种类中间商的数量。若生产企业选择较多的同类中间商经营经销产品，则这种产品的分销渠道称为宽渠道，反之称为窄渠道。渠道宽度结构类型主要包括密集型分销、独家型分销及选择型分销三种。三种类型优缺点如表 5-17 所示。

表 5-17　三种类型优缺点

类型	含义	优点	缺点
密集型	尽可能通过更多的中间商经销企业产品	市场覆盖率高	1. 市场竞争激烈，导致市场混乱，破坏企业的营销意图。 2. 渠道管理成本较高
独家型	在特定地区仅选择一个中间商作为总经销、总代理	1. 市场竞争程度低 2. 企业与经销商关系较为密切	1. 因缺乏竞争，消费者的满意度可能会受到影响。 2. 经销商对企业的反控力较强
选择型	按照一定标准从入围者中选择一部分作为中间商	通常介于独家型和密集型渠道之间。选择型渠道多适用于消费品中的选购品和特殊品、工业品中的零配件等	

选择分销渠道宽度的限制性因素应考虑以下两个方面：

①产品因素：当产品越不便于运输、价值越高、越是非标准化、基础性越强、周期越短、越耐用时，企业越宜选用窄渠道，反之则选用宽渠道；

②市场因素：当市场规模越大、市场越不集中、客户一次性购买量越少、产品销量季节性越强、客户购买频率越高，企业越宜选用宽渠道，反之则选用窄渠道。

在实际的分销渠道建立过程中应多建立多渠道系统。

2. 整合营销方案设计

(1) "货"与"人"的关系链。

"货"（产品）与"人"（用户）的关系链是用户通过购买产品的过程产生价值交换。用户因需求产生而购买产品，企业通过产品来满足用户需求实现销售利润，这是最基础的价值交换。而企业通过营销与用户建立更深层次的联系，包括通过提升产品体验，塑造场景体验，建设宣传体系来影响用户，用户通过获取企业的这些不同层次的内容来获得对企业产品、理念的深层认知，内容平台所谓的"种草"基本就是这个阶段的事情。

企业通过自身产品的定位与调性切合用户的属性与需求，通过多元的互动活动，产品体验与广告宣传，建立与用户的情感链接，从而形成深度的用户信任，这时的用户也就成了粉丝，会更加忠于产品与品牌。"人""货""场"的关系链如图5-2所示。

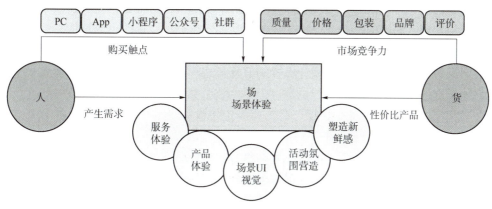

图5-2 "人""场""货"的关系链

"场"传统意义上可以理解为场地，新零售加上的是场景体验，即实现用户购买与体验的场景渠道。大营销的理论在于整合所有营销环节，线上线下，基于用户的行为路径搭建用户的多场景触点，实现用户随时随地可与产品建立触点联系（比如App、小程序、社群、朋友圈等渠道），通过线上AR、线下实体店的场景体验模式，实现产品体验、场景营销、产品购买的通路畅通。

（2）整合营销。

整合就是把各个独立的营销综合成一个整体，以产生协同效应。其包括广告、直接营销、销售促进、人员推销、包装、事件赞助和客户服务等。整合营销是一种对各种营销工具和手段的系统化结合，根据环境进行即时性的动态修正，以使交换双方在交互中实现价值增值的营销理念与方法。整合营销可以让每个营销渠道互相关联促进，相辅相成，达到"1+1>2"的效果。

整合营销是以消费者为核心重组企业行为和市场行为，综合协调地使用各种形式的传播方式，以统一的目标和统一的传播形象，传递一致的产品信息，实现与消费者的双向沟通，迅速树立产品品牌在消费者心目中的地位，建立产品品牌与消费者长期密切的关系，更有效地达到广告传播和产品行销的目的。

一般来说，整合营销包含两个层次的整合：一是水平整合，二是垂直整合。

其中水平整合包括三个方面：

①信息内容的整合。企业所有与消费者有接触的活动，无论其方式是媒体传播还是其他的营销活动，都是在向消费者传播一定的信息。企业必须对所有这些信息内容进行整合，根据企业想要的传播目标，对消费者传播一致的信息。

②传播工具的整合。为达到信息传播效果的最大化，节省企业的传播成本，企业有必要对各种传播工具进行整合。所以企业要根据不同类型客户接收信息的途径，衡量各个传播工具的传播成本和传播效果，找出最有效的传播组合。

③传播要素资源的整合。企业的一举一动、一言一行都是在向消费者传播信息,应该说传播不仅是营销部门的任务,也是整个企业所要担负的责任。所以有必要对企业所有与传播有关联的资源(人力、物力、财力)进行整合,也可以说是对接触管理的整合。

垂直整合包括四个方面:

①市场定位整合。任何一个产品都有自己的市场定位,这种定位是在市场细分和企业产品特征的基础上制定的。企业营销的任何活动都不能有损企业的市场定位。

②传播目标的整合。有了确定的市场定位以后,就应该确定传播目标了。想要达到什么样的效果?多高的知名度?传播什么样的信息?这些都要进行整合,有了确定的目标才能更好地开展后面的工作。

③4P整合。其主要任务是根据产品的市场定位设计统一的产品形象。各个P之间要协调一致,避免互相冲突、矛盾。

④品牌形象整合。其主要是品牌识别的整合和传播媒体的整合。名称、标志、基本色是品牌识别的三大要素,它们是形成品牌形象与资产的中心要素。品牌识别的整合就是对品牌名称、标志和基本色的整合,以建立统一的品牌形象。传播媒体的整合主要是对传播信息内容的整合和对传播途径的整合,以最小的成本获得最好的效果。

(3)案例分析——龙门石窟推广方案。

网络广告是投入较大、效果明显的线上推广方式之一。广告投放对象选择要符合网站访问群特征,并根据网站不同推广阶段的需要进行调整,制订相应的网络广告投放计划。

广告投放对象:网站定位为一群热爱互联网、热爱生活、喜欢冒险、敢于接受新事物、勇于尝试的年轻人。针对该定位,广告投放对象选择为时尚资讯网站、娱乐网站、地方门户网站等。

网站推广目标:通过龙门石窟旅游网站的推出,以提升龙门石窟旅游的知名度和美誉度。

①搜索引擎优化。调查数据显示,网站71%的访问量来自各类搜索引擎,因此龙门石窟旅游网站将针对各大搜索引擎展开推广,网站内容的推广也将成为重要内容。根据龙门石窟旅游网站的定位及地方特色,我们的关键词确定为:龙门石窟旅行、龙门石窟景区特色、龙门石窟自助游、龙门石窟旅游指南、龙门石窟酒店预订等。搜索引擎优化流程如表5-18所示。

表5-18 搜索引擎优化流程

流程	核心点	内容点
1	确定核心关键词	选定核心关键词,比如龙门石窟旅行、龙门石窟酒店预订、龙门石窟自助游等
2	网站内部优化	围绕选定的核心关键词,在网站页面进行关键词密度布局、内容(软文、图片、视频)更新以及内部链接优化
3	外部链接策略	通过论坛发帖、相关网站友情链接添加、软文发布、短视频拍摄等方式增加网站外部链接

②社媒推广。

在各大博客网站建立以"龙门石窟旅行"命名的博客空间,定期撰写龙门石窟旅行指南及景区配套设施,加入龙门石窟旅游相关博客圈子,增加曝光量。

微博平台申请企业账号（带"V"账号），通过龙门石窟相关软文/短视频发布、活动推广等方式提高微博的影响力，吸引流量，提升景区曝光度、企业美誉度等。

携程网、马蜂窝、飞猪、驴妈妈、去哪儿等旅游类社会化网络媒体推广：分享龙门石窟的旅行指南、提供车票预订、景区门票折扣、附近酒店/民宿折扣、租车信息等对旅游人士有帮助、有价值的内容，并建立与该类网站的友好合作关系。

有奖调查：激发接收人参与调查的兴趣，在线邀请进入网站的用户填写问卷，完成后，前 2 000 名用户将获得网站送出的旅游门票一张及景区相关礼品一份。

龙门石窟旅游系列活动公告：面向所有参加活动和对活动感兴趣的网民，在线上及时公布活动情况。

各类网站的友情链接：广泛征求各类网站的链接互换，如娱乐、资讯、地方门户、个人等网站的友情链接，扩大网站外部链接活力。

公关软文推广：就龙门石窟旅行指南、自驾游指南、周边各类活动开展情况（牡丹花会、节假日游等）等主题，撰写公关文稿，吸引线上用户注意力，同时与相关地方门户、旅游论坛、旅游达人等合作，及时发布龙门石窟旅游软文及相关主题活动信息。

（4）网络整合营销思路。

从本质上来说，策划网络整合营销活动是为了给企业创造价值。无论使用哪些整合营销手段和营销工具，营销效果始终是整合营销的最终追求。从整合资源的配置上进行分析，营销信息、营销工具、传播资源、营销市场、营销目标、品牌形象等众多因素都将对整合营销的策划产生影响。只有清楚了解了整合营销的不同层次和影响因素，才能有一个清晰的整合营销思路，策划出完善的整合营销方案。现代营销策划以消费者的需求为营销重心，力求通过完善的双向沟通树立起品牌在消费者心中的形象，建立长期稳定的销售关系，这就要求品牌能够建立起合适的沟通渠道，实现对消费者的全面触达。所以企业在策划长期的整合营销方案时，必须以用户为基础，围绕用户厘清整合营销思路。

（5）网络整合营销策划与推广。

网络整合营销是现在大多数企业普通应用的营销模式，一般来说，要想更好地进行整合营销的策划和推广，必须理解网络整合营销的核心思想，认识常见的营销模式，同时掌握主要的网络整合营销模式的应用方法。

①了解网络整合营销的核心思想。

企业策划网络整合营销通常是为了建立、维护、传播品牌，强化与消费者之间的关系，促成更多转化。然而不管是传播品牌，还是维护消费者关系，消费者始终是网络整合营销的重点和核心。从传播的有效性上分析，更受消费者青睐的传播、与消费者接触更频繁的传播，通常在营销表现上更加理想。

在网络整合营销中，营销即传播。传播应该以消费者为核心，与消费者建立多渠道沟通，建立并加强消费者与品牌之间的联系。网络整合营销必不可少的一环就是要关注消费者的需求，为消费者提供能够满足其需求的产品及信息，关注消费者为了满足自身需求可能支付的成本，考虑消费者接触信息的渠道、方式，以及购买的便利性。

②了解网络整合营销的传播法则。

消费者消费行为、消费习惯、消费喜好的不断变化，让企业营销人员越来越难以摸清消费者的口味，营销成本的增加、目标用户覆盖难度加大等问题与营销效果不理想的矛盾不断突出。企业要想在现在的网络营销市场中找到正确的发展之道,利用所有可用资源进行全网整合营销已经成为必然。

③熟悉网络整合营销的推广策略。

随着媒体环境的日益多样化、碎片化,越来越多的新媒体形式进入了人们的生活。信息传播方式的变化要求网络营销方式也要发生相应的改变,而不同的形式变化出无数的媒体组合,网络整合营销就是对这些组合的具体表现。

3. 渠道整合营销实施

(1) 网络话题整合营销。

话题营销以策划和传播话题、吸引用户关注和讨论为根本,成功的话题营销可以极大程度地激发用户的参与性和活跃性,获得大量忠实粉丝,甚至可以快速将部分粉丝转化为实际用户,为企业带来十分显著的营销收益。

①了解话题营销的价值。

多角度的话题传播可以帮助用户进一步了解并熟悉品牌和产品,影响潜在用户,促进潜在用户的转化。多渠道的话题传播可以有力提升品牌的影响力和曝光率,在新品推广上也可以建立起领先于同类产品的竞争优势。话题的传播热度如果具有相当的持久性,则话题可以长时间影响品牌和产品,发挥长时间的营销作用。正面的话题传播在提升品牌口碑方面也具有较大的价值,特别是用户自发评论和转发的话题,对提升用户对品牌的正面印象,建立牢固的情感联系非常有利。话题可以充分调动和提升用户与品牌之间的互动,通过互动进一步影响用户,提升用户对品牌的记忆和对品牌的黏性。

②认识话题营销的关键。

话题营销主要有两种形式:一种是企业主动制造话题、组织传播并结合多种营销方式展开的营销;一种是企业因产品、服务等方面的良好口碑而形成了话题趋势,用户自发传播话题形成的营销。两者相比,第一种方式企业具有更大的主动性,可以全程对话题进行预热、传播、控制和管理,而第二种出现的概率更低,很多时候也需要企业对话题进行引导和发酵。

③策划和组织话题的传播。

企业开展话题营销前,必须对话题内容进行详细策划,一般来说,行业中的一种现象、一则事件、一个观点,在合理的引导下都可以发酵成一次话题,为品牌推广和产品销售提供助益。

话题营销虽然影响力巨大,但设计话题、吸引大量网友参与和分享话题却并不容易,企业需要对话题进行全程控制,在适当的时候推波助澜,使话题尽量波及更广泛的群体。

(2) 网络事件整合营销。

事件营销立足于具有新闻价值的事件,可以快速吸引用户和媒体的关注,提高品牌和产品的知名度,在广告效应、形象传播、公共关系方面起到非常积极的作用。

①了解影响事件营销的关键因素。

事件营销是极易引起用户共鸣的一种营销方式,在"以用户为中心"的营销环境下,借助互联网的传播优势,策划一起成功的事件营销可以为企业带来非常显著的价值;反之,如果事件营销策划失败,也会为企业带来重大的声誉损失。事件营销的策划要关注传播重点、事件场景、传播渠道和舆论导向等。

②认识事件营销的常见类型。

对于企业来说，容易吸引用户关注，同时有利于提升品牌形象的事件主要包括公益活动、热点事件、危机公关等三种类型。

③熟悉事件营销的常见模式。

借势热点——借助已有的社会热点话题策划事件营销活动，将公众对热点话题的关注度转移到产品或品牌上。这种模式在实际的网络营销中应用非常广泛，比如 2017 年国足 1∶0 击败韩国时，各品牌立刻借势推广，各种营销文案层出不穷。

主动策划——企业根据产品品牌的定位、目标用户定位等进行分析，再结合自身的营销目的和发展需求，主动去策划、传播一起可以引起公众关注度的事件。比如卫龙食品模仿"苹果风"的营销案例，卫龙食品官方旗舰店曾经模仿 iPhone 的平面设计风格，设计了自己的平面广告图和文案。

④掌握事件营销的造势技巧。

相比借势热点，主动打造热点在成本、策划、运营上的投入更大，然而与之相对的优势也是独一无二的，有实力的企业营销不仅要懂得借势，还要学会如何造势，通过主动塑造和延续热点，打造出自己独有的话题和影响力。

（3）网络活动整合营销。

网络活动营销具有非常丰富的表现形式，比如用户体验式的网络活动，论坛盖楼式的网络活动，图片征集、视频征集、文案征集类的网络活动，还有比较常见的有奖转发活动等，甚至线下开展的公益、比赛、新闻发布、研讨等活动也往往会通过线上渠道进行宣传和展示，借助网络专题和新闻媒体，结合话题、事件、视频等营销形式，实现线上线下的全面整合传播。网络活动营销在实际营销中应用十分广泛，策划成功的网络营销活动不仅可以吸引大量关注，还可以立即为产品带来大量的转化。

①了解网络活动营销的作用。

网络活动营销是十分流行的一种公关传播和市场推广手段。网络营销活动如果能够有效传达出企业想要推广的信息，则在提升品牌影响力、用户忠诚度和关注度等方面都将发挥极大的作用。

②了解进行网络活动营销的主要步骤。

网络营销活动为产品或品牌而服务，只有将品牌核心价值契合地融入营销活动的主题中，才能自然而然地让用户在参与活动时形成情感共鸣，加深对品牌的认知。而为了保证活动的有效性，首先应该明确活动策划的主要步骤。

③促进网络活动营销的传播。

开展网络活动营销的目的是迅速提高品牌和产品的知名度、美誉度和影响力，进而促进产品销售，不管企业是直接介入大型社会活动进行营销，还是整合有效的资源主动策划大型活动，都需要一个完整恰当的传播方案。活动的传播效果直接影响着活动的最终效果，所以大型活动的传播通常需要整合多个传播点。

线上主流的新媒体传播渠道都可以利用起来，如文字、音乐、视频、图片和 H5 等形式，通过各种类型的社交平台进行传播，吸引有影响力的人加入，扩大活动的关注度。活动传播期间可以对有趣、有意义的事情和现象等进行总结，进一步提升用户的互动性，扩大活动的影响力。

流程三　区域产品营销链升级

（一）学习目标

学习目标如表 5-19 所示。

表 5-19　学习目标

知识目标	（1）了解供应链及供应链管理的基本概念； （2）理解供应链与物流的相互作用与相互影响； （3）掌握供应链管理的内容； （4）熟悉库存管理的方法与要求； （5）掌握货物规划和统一编号作业的方法； （6）理解电子商务环境下配送的特点
技能目标	（1）熟悉供应链物流运作模式； （2）具备物流管理策略分析能力； （3）熟悉商品入库的操作流程； （4）熟悉商品出库的操作流程； （5）熟悉仓库保管的原则、方式以及注意事项； （6）具备运用 ABC 分析法控制库存的能力； （7）具备仓储管理信息系统的实践操作能力； （8）具备配送模式的选择与分析能力
素质目标	（1）具有良好的道德准则和正确的价值观； （2）具备爱岗敬业的职业精神； （3）具备创新创意的能力； （4）具备系统思考和独立思考的能力； （5）具备团队协作的精神； （6）具备诚实守信的职业道德

（二）明确任务

完成数字品牌策划及整合营销策划后，接下来就是对企业供应链进行设计与优化，完成产品供应链与物流设计，使产品流转畅通，推动企业供应链数字化发展。

（三）获取资讯

了解本流程需要掌握的内容，包括产品供应链设计与优化、物流设计与管理（仓储设计与管理、出入库设计与管理、配送设计与管理）以及物流企业的选择等，首先需要收集相关资料。

☞引导问题 1：运用所学内容，请简述供应链设计要点。

情境五　区域产品升级与运营

☞**引导问题2**：结合项目整体情况，请描述产品供应链设计步骤。

☞**引导问题3**：如何才能在供应链设计环节中体现出自身产品的优势？

☞**引导问题4**：在选择物流企业时，需要考虑哪些因素？

☞**引导问题5**：在产品出入库设计中，需要注意的事项有哪些？

（四）制订计划

制订计划如表5-20所示。

表 5-20　制订计划

序号	项目	任务明细	开始时间	完成时间	负责人	备注
1	供应链调研分析					
2	供应链设计					
3	物流企业选择					
4	仓储设计					
5	入库设计					
6	出库设计					
7	配送设计					

（五）做出决策

（1）团队商讨供应链设计要点；
（2）结合项目情况，团队讨论，设计适合的供应链；
（3）对物流企业进行分析，选择适合的物流企业进行合作；
（4）根据产品情况，选择适合产品存储的地方及所需配置；
（5）团队分工合作，完成产品入库、出库、配送设计。

· 273 ·

（六）工作实施

1. 供应链调研分析

任务交付：产品供应链调研分析。通过不同渠道收集资料，对该产品供应链数据进行调研分析，并填写表5-21。

表5-21　供应链调研设计

研究目标	研究结果
调研目的	
调研方式	
调研内容	
调研时间	

2. 供应链设计

任务交付：产品供应链设计，填写表5-22。

表5-22　产品供应链设计

研究目标	研究结果
供应链设计目标	
供应链设计图	

3. 物流企业选择

任务交付1：产品物流企业选择，填写表5-23。

表5-23　产品物流企业选择

研究目标	研究结果
物流企业分析	
选定物流企业	
物流企业服务内容	

4. 仓储设计

任务交付：产品仓储设计。结合前期调研，从品牌构建角度着手，搜集整理该加工厂产品的相关资料，对该品牌的战略方向进行分析，并填写表5-24。

表5-24　仓储设计思路

研究目标	研究结果
产品存放要求	
仓库硬性配置	
仓库软性配置	
仓库内部分区设计图	
仓储检项	

5. 出入库设计

任务交付：产品出入库设计，填写表 5-25。

表 5-25　产品出入库设计思路

研究目标	研究结果
产品入库设计思路	
入库设计图	
产品入库检核	
产品出库设计重点	
出库设计图	
产品出库检核	

6. 配送设计

任务交付 5：产品配送设计，填写表 5-26。

表 5-26　配送设计思路

研究目标	研究结果
产品配送途径	
配送设计图	
产品配送检核	

（七）评价反馈

评价说明：在本次任务完成后，由任课教师主导，采用学习过程评价和学习结果评价相结合的方式，以自我评价、小组评价、教师评价为出发点，由教师确定三种评价方式分别占总成绩的比例，并加权计算出学生个人本次任务的考核评价分。任务完成考核评价表如表 5-27 所示。

表 5-27　任务完成考核评价表

流程名称	区域产品供应链优化		班级	
项目组			学生姓名	
评价方式	评价内容		分值	成绩
自我评价	负责任务的完成情况		20	
	对区域产品供应链优化知识和技能的掌握程度		40	
	是否胜任小组内的工作		25	
	能否积极认真负责地完成组内分配的任务		15	
	合计			
小组评价	本小组的本次任务交付情况及完成质量		30	
	个人本次任务交付情况及完成质量		30	
	个人的合作精神和沟通能力		20	
	个人针对问题的理解、分析和处理能力		20	
	合计			

续表

评价方式	评价内容	分值	成绩
教师评价	产品供应链调研	10	
	产品供应链设计	15	
	产品信息化管理框架设计	10	
	产品仓储设计	15	
	产品出入库设计	15	
	产品配送设计	15	
	产品物流企业选择	10	
	团队的沟通协作情况，共同完成任务且分工明确	10	
	合计		

成绩=自我评价（ ）×0.2+小组评价（ ）×0.3+教师评价（ ）×0.5=

（八）知识园地

1. 产品供应链设计与优化

（1）供应链的基本概念。

供应链是指生产及流通过程中，涉及将产品或服务提供给最终用户活动的上游与下游企业所形成的网链结构。围绕核心企业，通过对三流（物流、资金流、信息流）的控制，从产品的原材料采购开始，制成中间产品以及最终成品，接着由销售网络把产品运输到消费者手中，将供应商、分销商，直到最终消费者连成一个整体的功能网链结构模式。供应链主要包含以下环节：

客户订购环节——该阶段发生在客户与零售商之间，该环节是接受并满足客户订购直接涉及的所有过程。该环节包含客户抵达、客户订单递交、客户订单完成、客户接受所购买商品四大内容。

补充库存环节——该阶段发生在零售商与分销商之间，该环节包括补充零售商品库存清单上所涉及的所有过程。当零售商发出订单，以更新库存清单、满足未来需求的时候，补充库存环节就开始了，由制造商的生产线直接启动补充库存环节或者是拥有最终产品库存清单的分销商启动补充库存环节。该环节包括零售订货发起、零售订单的完成、零售订货的接收和零售订单的递交。

生产环节——该阶段发生在分销商和制造商之间，并包括与更新分销商或零售商库存有关的信息过程。生产环节由分销商、零售商或客户订单补充库存订单引发。该环节包括订单到达、生产安排、生产和运输以及订货接收四大内容。

原材料获取环节——该阶段发生在制造商与供应商之间，采购、生产及运输计划的过程。该环节包括基于需要的订购生产计划、零部件的生产和运输、接收原材料三大内容。

因此，如何合理地管理这三个环节是供应链取得成功的关键。供应链的主要内容是对这些流程和环节进行管理，以实现供应链利润的最大化。

（2）供应链管理的基本概念。

①什么是供应链管理？

我国国家标准《物流术语》是这样定义供应链管理的："供应链管理，即利用计算机网络技术全面规划供应链中的商流、物流、信息流、资金流等，并进行计划、组织、协调与控制。"通俗点讲，供应链管理就是整合供应商、制造部门、库存部门和配送商等供应链上的诸多环节，减少供应链的成本，促进物流和信息流的交换，以求在正确的时间和地点，生产及配送适当数量的正确产品，提高企业的总体效益。

供应链管理是以同步化、集成化生产计划为指导，以各种技术为支持，尤其以互联网为依托，围绕供应、生产作业、物流（主要指制造过程）、满足需求来实施的。供应链管理包括计划、采购、制造、配送、退货五大基本内容。供应链管理的目标在于提高用户服务水平和降低总的交易成本，并且寻求两个目标之间的平衡（这两个目标往往有冲突）。

供应链管理主要涉及四个领域：生产计划、物流、供应、需求。在四个领域的基础上，可以将供应链管理细分为职能领域和辅助领域。职能领域主要包括产品工程、采购、产品技术保证、库存控制、仓储管理、生产控制、分销管理。而辅助领域主要包括制造、设计工程、客户服务、会计核算、市场营销、人力资源。

②供应链绩效的驱动要素。

企业实现战略匹配需要在效率和响应性之间寻找适当的平衡，而供应链绩效的跨职能驱动因素（采购、信息、定价）与物流驱动因素（库存、设施、运输）中的任何一种因素都有可能影响到这一平衡。

a. 设施。

当供应链发展到一定阶段就要建设物流基础设施，它是用来制造库存或存放或装配的设备或物品；在竞争战略中，设施容量大小、所处的地理位置、能力高低及柔性程度都可以直接影响供应链的效率和响应性。

决策因素：产能、选址布局、作用、设施的衡量指标。

b. 库存。

整个供应链的库存是以原材料、半成品或在制品、成品的形式存在的；在竞争战略中，库存在企业竞争战略能力方面起到很重要的作用。

决策因素：产品可获性水平、季节性库存、周转库存、安全库存。

c. 运输。

运输使产品在供应链不同节点间移动，实现供应链库存的有效位移；在竞争战略中，运输使企业在竞争战略中表现在，其对目标客户需求的考虑，以及确认客户对供应链响应程度的需求情况。

决策因素：运输网络的设计、运输方式的选择。

d. 采购。

采购为购买产品和服务所必须经过的一整套业务流程，是物料供给与生产需求之间的联系，是供应链上下游企业之间在生产制作方面的合作；在竞争战略中，采购决策影响着供应链可达到的效率和响应性的水平。

决策因素：供应商的选择、供货、企业内部生产或外包第三方。

e. 定价。

定价主要研究商品和服务的价格制定与变更策略，直接影响着消费者购买商品的心理与期望，也直接决定着供应链成员企业的销售数量和销售收入以及决定着企业市场份额的大小和盈利率的高低；在竞争战略中，对于大多数消费者，价格是影响购买行为的一个主要因素，所以定价是影响企业执行竞争战略的重要因素。

决策因素：每日低价与高低定价、定价与规模经济、固定价格与菜单定价。

f. 信息。

信息不仅是供应链的驱动因素，还是其设施、运输、定价、库存、采购的驱动因素，信息包含整个供应链中关于所有驱动因素和消费者的全部数据和分析；在竞争战略中，信息可被企业用来提高供应链的效率和响应性。

决策因素：预测与综合计划、协调和信息共享、支持技术。

不同企业供应链设计的过程不尽相同，遵循一些设计原则是确保供应链设计顺利进行的基础。供应链设计应考虑供应商管理、客户需求以及企业自身资源的合理配置，更需要考虑到企业在整个供应链中的位置。完美的供应链设计可以助力企业提高企业竞争力、提高用户服务水平、实现成本与服务之间的有效平衡。

2. 产品物流设计与管理

（1）供应链与物流。

供应链管理的目的是使供应链运作达到最优化，以最少的成本，让供应链从采购开始，到满足最终客户的所有过程，包括工作流、商流、物流、资金流和信息流等均能高效率地操作，把合适的产品、以合理的加工，及时、准确地送到消费者手上。可见，物流是供应链系统的一个重要组成部分。

物流（Logistics）最初的意思是"货物配送"。它是一个规划、实施和控制商品和服务消费以及相关信息从原产地到消费地的高效低成本流动和存储的过程，以满足客户的需求。物流以仓储为中心，促进生产与市场同步。物流是指以最低的成本，通过运输、储存、配送等手段，对原材料、半成品、成品及相关信息从商品原产地到商品消费地进行规划、实施和管理的全过程，以满足客户的需求。

物流活动广泛存在于社会再生产过程的各个环节，基本物流活动包括包装、装卸搬运、储存、运输、流通加工、配送、信息处理等。

在企业供应链管理中，物流贯穿于整个供应链，它连接了企业内部的各个部门，从原物料的采购收货到最终的成品出库并最终配送到客户手中。同时，物流作为企业之间合作的纽带，紧密连接着行业内供应链上的各个企业。物流管理俨然已经成为供应链管理体系中的重要组成部分，供应链部门也已由过去的一个辅助部门，上升为与销售、市场、制造等部门同等重要的战略构成。

物流管理与供应链管理常常被混同起来。事实上，两者既有紧密的联系，又有本质上的区别。它们之间是一个继承与发展的关系。

①从管理理论的角度来看，两者看待物流活动的基本出发点是一致的，但侧重点不同。

②从实践应用的角度来看，物流管理是供应链管理的实践应用基础。

（2）供应链库存管理。

库存：为了将不用于生产或销售的物品保持为储存状态，于是产生了库存概念。

库存管理：企业资源的占用消耗是企业日常生产中主要的问题，由于库存管理能够有助于减少库存并且满足生产需要，因此受到了国内外各大企业的重视。库存管理是提高客户服务水平的需要，是供应链管理的核心内容，同时也是企业回避风险的重要手段。

库存管理的目标：为了最大限度去库存而引入的库存管理，其主要的目的在于保障生产供应的前提之下降低库存成本，为了维持客户服务水平需要定量地衡量库存管理，这就需要引入平均库存值、库存周转率等两个评价指标。

供应链库存管理：将库存管理设计为供应链的一部分，以降低企业库存管理成本、提高企业市场反应能力为目的，全面考虑从点到链、链到面的库存管理方法。

①供应链库存管理方法。

供应商库存管理（VMI）顾名思义是对多级供应链的库存管理，英语中对应 Vendor Managed Inventory。实际上是针对传统用户发出订单持续补货的模式，将多级供应链问题转化为单级库存，并通过市场需求预测在供应链环境下进行库存管理。库存管理整体流程如图 5-3 所示。

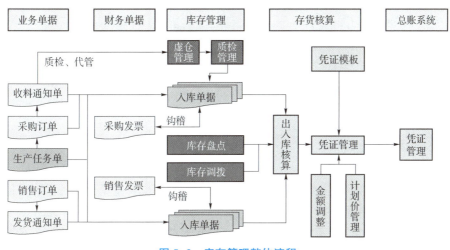

图 5-3　库存管理整体流程

②库存保管方法。

物品保管是指根据仓库的实际条件，对不同的物品进行保护和保存以及对其数量、质量进行管理控制活动。仓库储存保管作业原则有两个：一是效率原则；二是经济效益原则。储存原则及方法如下：

分区分类作业：仓库商品的分区分类储存，根据"四一致"原则（养护措施一致、性能一致、消防方法一致、作业手段一致）把整个仓库划分为若干个不同的商品保管区域，把储存的商品划分为若干类别，以便于统一规划储存和保管。

分区分类储存原则：商品的作业手段应一致；商品的养护措施应一致；商品的自然属性和性能应一致；商品的消防方法应一致。

分区分类储存方法：分区分类储存商品能保证商品储存的安全，减少商品耗损，有利于商品的合理堆码，便于熟悉商品的性能特点，做好商品的养护工作，便于查找，有利于检查、入库和出库。

货物规划和统一编号作业：货位编号是将库房、货场、货棚、货垛、货架按物品的存放具体位置顺序，统一编列号码，并做出明显标志，以方便仓库作业管理。

③库存保管技术。

温度与湿度密切相关，在一定湿度下，随着温度的变化空气中的水分可以变成水蒸气,也可以变成水滴。要关注空气温湿度的变化对货物质量的影响,通过选择适合的方案进行仓库温湿度的调节与控制,例如密封仓库、通风、吸潮技术等。同时要进行商品霉变的防治和虫害防治。

④入库、理货、出库流程如图5-4所示。

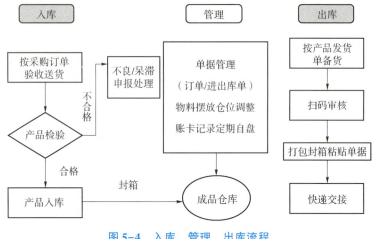

图5-4 入库、管理、出库流程

(3) 物流体系搭建。

①物流体系建设步骤。

a. 明确建设目标。明确物流体系建设的目标就必须要配合整个公司的发展目标。简单地说,就是该目标是侧重市场份额、利润、客户服务或是销售规模的哪一方面。

b. 制定物流体系相应的策略。主要有市场营销策略、库存政策和客户服务政策。

c. 制定物流体系配套的操作流程。主要涉及以下几个方面:订单管理和订单处理、物流计划、销售预测、仓储管理、销售渠道管理、运输管理、采购、信息处理。

d. 评估企业自身的优劣势或资源。如果企业自身的资源(主要是资金和人力资源)不能够支持设计好的物流体系建设,脱离实际,那么必须对之前设计的目标、策略、操作流程进行修正,以符合实际情况。

②物流体系建设需要考虑的因素。

第一,要考虑企业核心竞争力是什么?在哪里?企业的优势如何体现?

第二,要考虑物流建设成本与规模因素。电子商务企业在建设物流体系时,在设计运输线路、配送网点位置、车辆配载等多个方面,必须考虑建设成本的可操作性。特别是B2C企业配送产品,具有频次多、批量小的特点,势必会造成物流成本的压力。

第三,客户的地区分布和商品品种也是不可忽视的重要因素。客户的地区分布是企业物流体系建设要考虑的因素,不同地区的客户分布的集中度是不一样的,从营销角度分析,商品销售要对客户提供一定的物流承诺,从经济性分析,在客户集中的大城市起步开展物流更易于操作,成本也会降低。商品品种不同也要求企业在物流要求及成本等方面存在不同,比如贵重物品的配送、易碎易损品的配送、大家电的配送、服装鞋帽的配送,等等。又如,"两双鞋"政策目前得到鞋类B2C的默认。用户在线上购物时,如果对于鞋码尺寸不确定,可以选择货到付款的形式一起下单两双鞋,鞋子收到货试穿后,选择留下合适的尺码,另一双则由配送员拿回,被退回鞋子所产生的所有费用由厂家承担。

第四,物流体系建设一定要符合企业的战略规划。比如京东"物流干线"和"物流基地"建设、淘宝"大物流"体系建设等都和企业的战略规划紧密相连。

③物流系统优化的10项基本原则。

目标(Objectives):设定的目标一定是可测评的和定量的。

计算(Computing):计算平台一定具有足够的容量在可接受的时间段内给出优化方案。

数据(Data):数据一定全面、准确和及时。

过程(Process):商务过程一定支持优化并具有持续的改进能力。

表述(Delivery):系统优化方案一定以一种便于控制、执行和管理的形式来表述。

模型(Models):模型一定忠实地反映实际的物流过程。

算法(Algorithms):算法必须灵活地利用独特的问题结构。

集成(Integration):系统集成一定全面支持数据的自动传递。

人员(People):负责物流系统优化的人员一定具备数据收集、支持建模、优化方案所需的领导和技术专长。

回报(ROI):投资回报一定考虑技术、人员和操作的总成本,一定是可以证实的。

数字品牌策划理论

数字品牌策划实训 区域产品营销链升级理论

区域产品营销链升级实训

区域产品供应链优化理论

区域产品供应链优化实训

参考文献

[1] 蔡跃. 职业教育活页式教材开发指导手册 [M]. 上海：华东师范大学出版社，2020.

[2] 李凌宇，李丛伟. 新媒体营销 [M]. 北京：中国人民大学出版社，2021.

[3] 张晓红，金宏星. 品牌策划与推广实战 [M]. 北京：人民邮电出版社，2021.

[4] 白东蕊. 网店运营与管理（视频指导版）[M]. 北京：人民邮电出版社，2021.

[5] 欧阳红巍，王晓亮. 淘宝网店运营与管理（微课版）[M]. 北京：人民邮电出版社，2021.

[6] 秋叶，邻三月. 社群营销实战手册：流量运营+私域转化+团队建设+品牌打造 [M]. 北京：人民邮电出版社，2022.

[7] 郭义祥，李寒佳. 新媒体营销 [M]. 北京：北京理工大学出版社，2022.

[8] 阮伟卿. 网络营销实务（活页式教材）[M]. 北京：理工大学出版社，2021.

[9] 林颖. 电子商务实战基础新媒体营销实战 [M]. 北京：北京理工大学出版社，2019.

[10] 李远博. 从零开始做短视频——视频策划、拍摄与剪辑 [M]. 北京：电子工业出版社，2021.

[11] 佩弦. 运营公式：短视频·社群·文案的底层逻辑 [M]. 北京：电子工业出版社，2021.

[12] 邹益民，马千里. 直播营销与运营（微课版）[M]. 北京：人民邮电出版社，2022.

[13] 赵溪，张艳，胡仕龙. 全媒体运营师 [M]. 北京：清华大学出版社，2021.

[14] 秋叶. 直播营销（慕课版）[M]. 北京：人民邮电出版社，2021.

[15] 秋叶. 短视频：策划、制作与运营（慕课版）[M]. 北京：人民邮电出版社，2021.

[16] 左美云. 电子商务项目管理（普通高等学校应用型教材·电子商务）[M]. 北京：中国人民大学出版社，2021.

[17] 赵雨，刘敏. 社群营销（微课版）[M]. 北京：人民邮电出版社，2020.

[18] 人力资源社会保障部教材办公室，中国物流与采购联合会. 供应链管理师（二级）[M]. 北京：中国劳动社会保障出版社，2022.

[19] 王润. 区域品牌构建研究——基于特色农产品视角新媒体营销实战 [M]. 北京：经济管理出版社，2021.